월급이 평생 오르는
미국 배당주에 투자하라

월급이 평생 오르는

미국 배당주에 투자하라

이의석(모니뜨리) 지음

RHK
알에이치코리아

2020년의 날씨가 쌀쌀했던 어느 날 저녁, 저는 부산 서면 뒷골목에 있는 삼겹살집에서 중학교 때부터 절친인 친구와 술을 마시고 있었습니다. 술이 어느 정도 얼큰하게 들어가자 친구는 내게 고민을 털어놓기 시작했습니다.

"이놈의 돈은 도대체 어떻게 모아야 하는 거야? 재테크를 어떻게 해야 해?"

작은 골프장에서 캐디 일을 하고 있던 그 친구는 돈을 모으는 방법을 몰랐습니다. 수입이 나쁜 편은 아니었지만, 30대 중후반의 나이임에도 전세보증금을 제외하면 수중에 남아 있는 돈이 없었죠. 당시 유행하던 표현으로 소위 '욜로(YOLO)족'이었던 친구는, 미처 쓸 시간이 없어서 통장에 방치되어 있던 현금들을 1년에 한 번 해외여행을 다니면서 모두 털어버리는 게 유일한 취미였습니다. 아뿔싸 그러니 돈이 모일 수 있을 리가…….

마침 그 당시에 저는 미국 배당주에 관심을 가지고 있었고, 처음으로 미국 배당주 투자를 테스트해보던 시기였습니다. 저는 이 좋은 걸(?) 함께 해보면 좋겠다 싶어서, 친구에게 미국 배당주에 대해 설명했습니다.

"친구야, 미국 배당주라는 게 있단다. 매달 배당금을 받을 수 있는 기가 막힌 재테크 수단이지. 예를 들어, 배당수익률이 6%인 미국 배당주가 있다고 생각해보렴. 여기에 100만 원을 넣으면 너는 매달 5,000원씩 배당금을 받을 수 있어. 언제까지? 네가 죽을 때까지! 어때? 솔깃하지 않니?"

하지만 나의 권유가 영 사기꾼 약장수 같았는지, 친구의 반응은 시큰둥했습니다.

"주식은 위험하지 않나? 주식에 투자하는 건 좀……."

당시에는 저도 미국 배당주에 대한 경험이 많지 않았고, 친구가 주식투자에 보수적이라는 점도 잘 알고 있었기 때문에 그 이상으로 투자설명회(?)를 이어가진 않았습니다.

그로부터 5년이 넘는 시간이 흘렀습니다. 그 사이에 저의 미국 배당주 투자는 어떻게 되었을까요?

이번 달에 저는 배당금으로 380달러를 받았습니다. 현재 환율이 1,400원 정도이니, 약 53만 원에 해당하는 금액이군요. 간단히 말해, 저는 미국 배당주 계좌에서 한 달에 53만 원씩 용돈을 받고 있는 것입니다. 이것은 제가 매월 50만 원씩 미국 배당주를 꾸준히 사 모아서 이루어낸 결과물입니다.

미국 배당주 투자를 하는 목적

미국 배당주에 투자하는 목적은 급여소득 이외에 추가로 소득을 얻기 위해서입니다. 나의 노동력을 투입하지 않고, 내 돈이 또 다른 돈을 벌어오게 하는 시스템을 만드는 것이죠.

미국 배당주 투자는 부동산 임대 사업과 비교해보면 이해하기 쉬워요. 만약 제 수중에 여유 자금이 있어서 1억 원짜리 원룸을 매입했다고 생각해보겠습니다. 그리고 이 원룸을 임차인에게 빌려준 뒤 월세를 받겠다는 계획을 세웠죠. 월세는 50만 원입니다. 계획대로 순조롭게 일이 잘 풀린다면, 저는 1억 원짜리 원룸을 보유하고 매월 50만 원의 월세를 받는 건물주가 됩니다.

이번에는 제가 1억 원짜리 원룸을 사는 대신에 같은 금액만큼의 미국 배당주를 샀다고 생각해볼게요. 배당수익률 6%의 포트폴리오를 만들어 적절히 투자했다면, 저는 월세 대신에 매월 50만 원의 배당금을 받게 됩니다. 그럼 저는 계좌에 1억 원어치 주식을 보유하고 매월 50만 원씩 배당금을 받는 주주가 됩니다.

여러분은 건물주와 미국 배당주, 둘 중에 어떤 것이 더 좋아 보이나요? 만약 여러분에게 1억 원 이상의 목돈이 있다면 건물주를 선택하든, 미국 배당주를 선택하든 아무런 상관이 없습니다. 하지만 (안타깝게도 저와 마찬가지로) 그만큼의 목돈을 가지고 있지 않다면, 현실적으로 부동산에 투자하기란 쉽지 않습니다.

반면 미국 배당주 투자는 오늘 당장 바로 시작할 수 있어요. 매월 적금을 넣을 돈 정도만 있다면 여러분은 배당금을 받는 주주가 될 수 있습니다.

배당주에 투자해 매월 얼마의 추가 소득을 얻을 수 있는지는 쉽게 예측할 수 있습니다. 배당수익률이 6%인 미국 배당주에 50만 원을 투자한다면, 매월 받게 될 배당금은 2,500원입니다(50만 원×6%÷12개월).

50만 원을 추가로 넣어서 총투자액이 100만 원이 된다던, 매월 5,000원씩 받게 될 테고요. 마찬가지로 총투자액이 200만 원으로 늘어난다면, 여러분이 매월 받게 되는 용돈도 1만 원으로 늘어납니다.

매월 입금되는 배당금을 바로 꺼내 쓰지 않고 재투자한다면, 배당금이 늘어나는 속도는 더욱 빨라집니다. 복리 효과 때문이죠.

적립식 투자와 배당금 재투자로 투자액을 꾸준히 늘렸더니, 저의 월 배당금은 투자 1년 만에 7만 원으로 늘어났습니다. 2년차에는 11만 원이 되었고요. 3년차에는 22만 원, 4년차에는 39만 원, 그리고 5년차에는 53만 원까지 늘어났습니다. 지금까지의 페이스대로 투자를 계속한다면, 8년차에는 배당금을 100만 원까지 늘릴 수 있을 것이고, 13년차에는 200만 원까지 달성할 거라고 예상하고 있습니다.

이처럼 미국 배당주에 투자하면, 급여소득 이외에 추가로 소득을 얻을 수 있을 뿐 아니라 매월 배당금이 늘어나는 재미도 함께 느낄 수 있습니다.

주식은 위험하지 않을까?

앞서 소개해드린 제 친구가 도중에 책을 덮지 않고 여기까지 읽었다면, 몹시 곤란한 표정을 지으며 이렇게 말할 것 같아요.

"그래도 주식은 위험하지 않아? 주가가 떨어져서 오히려 돈을 잃으면 어떻게 하니? 게다가 미국 주식이라니……. 나는 영어도 잘 못하는데 말이야."

미국 배당주 투자도 주식 투자의 일종이기 때문에 위험이 아예 없다고 말할 수는 없습니다. 주가는 매일매일 오르기도 하고, 떨어지기도 하죠. 내가 투자한 종목에 치명적인 악재가 터진다면 주가가 떨어져서 손해가 발생할 수도 있습니다.

하지만 어떤 방법으로 투자하느냐에 따라 결과는 달라질 수 있습니다. 위험을 최소화하면서 안정적으로 배당소득을 얻을 수 있는 투자 방법은 분명히 있거든요. 제가 5년 넘게 투자하며 쌓아온 배당금 데이터가 이를 증명합니다.

농구에는 농구의 룰이 있고, 축구에는 축구의 룰이 있습니다. '공을 골대에 넣는 게임'이라고 해서 같은 방식으로 경기를 할 수는 없는 법이죠. 마찬가지로 가치주나 성장주에 투자하는 방법과 배당주에 투자하는 방법은 모두 다릅니다. '수익을 얻기 위한 투자'라고 해서 같은 방식으로 투자해서는 안 된다는 뜻입니다.

미국 배당주에 투자하는 방법은 일반적인 주식 투자와 반드시 달라야 합니다. 투자 종목을 선정하는 방법도 달라야 하고, 매도 결정을 내리는 기준도 달라야 합니다. 계좌를 관리하는 방법도 달라야 하죠.

하지만 투자하는 방법을 제대로 모른 채로, 미국 배당주를 성장주 사고팔 듯이 매매하면 그냥 똑같이 위험한 주식 투자가 될 뿐입니다. 위험을 줄이고 안정적인 소득을 얻기 위해서는 우선 제대로 된 미국 배당주 투자 방법을 알아야 합니다.

　이 책은 미국 배당주 투자 지침서입니다. 지난 5년간 저의 투자 경험을 토대로 미국 배당주에 투자하는 방법을 제대로 알려드리기 위해 이 책을 쓰게 되었습니다. 미국 배당주에 이미 경험이 있는 분들은 물론이고, 미국 배당주를 처음 접하는 분들도 쉽게 따라 하실 수 있도록 최대한 상세히 설명하기 위해 노력했습니다.

　이 책에서는 크게 5단계의 스텝들로 구분해 투자 방법을 알려드릴 텐데요. 5단계 스텝은 1) 틀 만들기, 2) 매수하기, 3) 매도하기, 4) 관리하기, 5) 세금 이해하기로 구성되어 있습니다.

　미국 배당주 투자의 1단계 스텝은 '틀 만들기'입니다. 제대로 된 투자를 하기 위해서는 주먹구구식으로 이것저것 주식을 마구 사들여서는 절대 안 됩니다. 우리가 어떤 방향으로 투자할 것인지 정확히 이해하고, 정돈된 방식으로 투자를 진행해야 하지요.

　이를 위해서는 먼저 미국 배당주 투자의 틀을 잡아놓는 작업이 필요합니다. 이 장에서는 우리가 앞으로 어떻게 투자할 건지 큰 그림을 그려

봄과 동시에, 이를 토대로 이 책의 핵심인 [6×3+2] 투자 프레임을 만드는 방법을 소개하겠습니다.

2단계 스텝은 '매수하기'입니다. 배당주 투자에서 가장 중요한 원칙은 '좋은 주식을 골라서 장기간 보유'하는 것입니다. 즉 어떤 종목을 선택하느냐에 따라 투자의 결과도 크게 달라지죠.

이 장에서는 '누구나 스스로' 미국 배당주 투자 종목을 발굴할 수 있도록 종목을 고르는 방법에 대해 중점적으로 다룹니다. 그리고 여러분이 직접 따라 할 수 있도록 종목을 발굴하는 실습도 함께 해볼 예정입니다.

3단계 스텝은 '매도하기'입니다. 주식시장의 상황은 항상 변화합니다. 오늘 매력적이었던 투자 종목이 영원히 지속되리라는 보장은 없습니다. 중요한 것은 투자 상황이 변할 때 우리가 어떻게 대응해야 하는지가 되겠네요. 이 장에서는 우리가 선택한 종목을 매도해야 하는 두 가지 경우에 대해 구체적으로 다루고 있습니다.

4단계 스텝은 '관리하기'입니다. 우리가 추구하는 목표는 돈이 스스로 돈을 벌어오는 자동 시스템을 만드는 것입니다. 이 시스템이 제대로 작동만 한다면 우리는 매일 밤마다 미국 주식 호가창을 들여다보면서 주가가 혹여나 떨어지지 않는지 노심초사할 필요가 없습니다. 호가창의 노예가 되지 않아도 주식 계좌는 알아서 잘 굴러갈 테니까요.

그럼에도 불구하고 최소한의 계좌 관리는 필요합니다. 배당금은 제대로 입금되고 있는지, 혹시 배당컷의 위험은 없는지 정기적으로 체크해야 하거든요. 이 장에서는 '한 달에 한 번', 5분 정도 시간을 내어서 내 계좌의 어떤 부분을 점검하고 관리해야 하는지 알아보겠습니다. 배당가계부도 함께 작성해보면서요. 이와 더불어, '1년에 한 번' 양도소득세 관리는 어떻게 해야 하는지도 알아봅니다.

당장은 아니겠지만, 투자 금액이 커지고 금융소득이 많아지면 우리는 금융소득종합과세와 건강보험료 문제에 직면하게 됩니다. 마지막 5단계 스텝인 '세금 이해하기'에서는 이 문제들을 집중적으로 다뤄보겠습니다.

이 세상에는 여러 가지 금융 상품이 있고, 다양한 투자 수단들이 존재합니다. 저는 은행과 선물(Futures)회사, 증권회사, 보험회사에서 근무하며, 누구보다도 다양하게 여러 투자 상품들을 경험해왔다고 자부합니다. 주식 투자도 대학생 때부터 지금까지 쉬지 않고 계속 해오고 있고요.

미국 배당주 투자는 제가 경험해본 수많은 금융 상품들 가운데 경제적 자유라는 목표를 달성하기 위한 최고의 선택이라고 생각합니다. 안정적인 배당소득은 물론 부수적으로 시세차익까지 얻을 수 있으니까요.

이 책을 읽는 독자 중에도 경제적 자유를 목표로 하시는 분들이 많을 거라 생각해요. 부디 이 책이 여러분의 경제적 자유를 달성하는 데 든든한 디딤돌이 되었으면 좋겠습니다.

차례

8. 1년에 한 번, 양도소득세를 계산하라

스텝 5: 세금 이해하기 ······························

9. 금융소득종합과세와 건강보험료를 검토하라

황금알을 낳는 거위,
3I 배당 시스템

농부에게는 비밀이 하나 있었다. 거리에서 우연히 사온 거위가 매일 아침마다 황금알을 하나씩 낳는다는 사실을 알게 된 것이다. 농부는 그 황금알을 하루에 한 알씩 비밀스럽게 시장에 내다 팔아서 돈을 벌었고, 그 덕분에 남부럽지 않은 생활을 할 수 있었다.

하지만 어느 날부터인지 농부의 마음속에는 욕심이 자라나기 시작했다. 하루에 단 한 알씩만 생겨나는 황금알로는 그 욕심을 채우기에 턱없이 부족했고, 농부는 더욱더 많은 황금을 갖고 싶었다. 그는 이렇게 생각했다.

'매일매일 황금알을 낳는다면, 그 거위의 뱃속에는 얼마나 많은 황금이 들어있겠어?'

탐욕스러운 농부는 날카로운 식칼을 꺼내들고 음흉한 눈빛으로 거위의 배를 바라보았다.

위 내용은 이솝 우화에 나오는 '황금알을 낳는 거위' 이야기 중 일부입니다. 우리 모두는 이 이야기의 결말을 알고 있습니다. 농부는 황금알을 낳는 거위의 배를 갈랐지만, 그 안에는 단 한 조각의 황금도 들어 있지 않았죠. 거위마저 죽어버렸기 때문에 더 이상 황금알을 얻을 수 없었던 농부는 결국 쫄딱 망해버렸습니다.

이 이야기의 교훈은 간단합니다. '욕심을 부리지 말자'는 것이지요. 어린 시절에 이 우화를 접했던 우리들은 누구나 이렇게 생각했을 것입니다. '쯧쯧, 정말 바보 같은 농부잖아! 괜히 욕심을 부리다가 결국 황금알도 얻지 못하게 되어버리다니. 거위만 죽이지 않았어도 매일 황금알을 팔아서 경제적으로 여유 있게 살 수 있었을 텐데.'

'욕심을 부리지 말자'라는 정의로운(?) 교훈에 이의를 제기할 사람은 아무도 없습니다. 하지만 어딘가 삐딱했던 저는 발칙하게도 이런 생각을 했습니다.

'아니, 욕심이 지나치면 나쁘다는 걸 누가 몰라? 욕심을 버리려고 해도, 가진 게 있어야 욕심을 버리든 하지. 나에게도 황금알을 낳는 거위 같은 게 있다면, 나도 그 이상은 욕심을 부리지 않을 자신이 있다 이 말이야!'

우리 모두는 욕심 없이 살 준비가 되어 있습니다. 만약 우리의 통장에 매일 아침마다 충분한 돈이 따박따박 입금된다면 말이죠. 문제는 딱 한 가지입니다. 우리에게는 아직 황금알을 낳는 거위가 없다는 것이죠. 이 사소한(?) 문제를 해결하는 것이 바로 이 책의 목표입니다.

이런 금융 상품이 있다면 어떨까?

재테크에 관심이 많은 여러분이라도 돈을 모으기 위해서 금융 상품을 선택해야 할 상황이 오면 고민이 생기기 마련입니다. 안정적인 은행에 돈을 맡기려고 하니(적금, 예금) 이자가 너무 적다는 사실이 마음에 걸립니다. 요즘 누구나 다 하는 주식 투자를 하려고 하면, 수익은커녕 오히려 큰돈을 손해 봤던 과거의 기억이 먼저 떠오릅니다. 이런 것들 말고, 어디 마음에 쏙 드는 그런 금융 상품은 없을까요? 지금부터 설명해드릴 이런 상품은 어떤지 한번 생각해보세요.

이 금융 상품은 무려 내가 맡긴 돈의 연 6%를 이자로 줍니다. 그런데 우리가 알던 예금처럼 1년에 한 번만 이자를 주는 것이 아니라, 그 이자를 12개월로 나눠서 매월마다 지급합니다. 만약 여러분이 100만 원을 넣었다면, 다음 달에는 5,000원(100만 원×6%÷12개월)을 주겠네요. 그리고 그다음 달에도 또 5,000원을 줍니다. 그다음 달에도, 다다음 달에도……. 이렇게 매월 5,000원씩을 꼬박꼬박 내 계좌에 넣어줍니다. 언제까지냐고요? 죽을 때까지요. 만기가 특별히 정해져 있지 않습니다.

이를 그림으로 표현하면 다음과 같습니다.

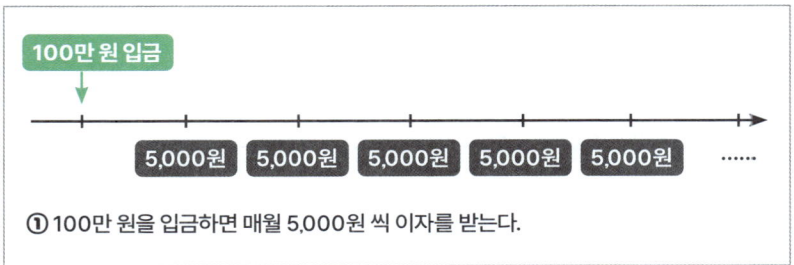

① 100만 원을 입금하면 매월 5,000원 씩 이자를 받는다.

그런데 여기서 끝이 아닙니다. 그 이후에도 여러분은 여윳돈이 생길 때마다 추가로 돈을 맡길 수 있어요. 며칠 후일 수도 있고, 몇 달 후가 될 수도 있겠네요. 금액은 꼭 100만 원이 아니라도 상관이 없습니다.

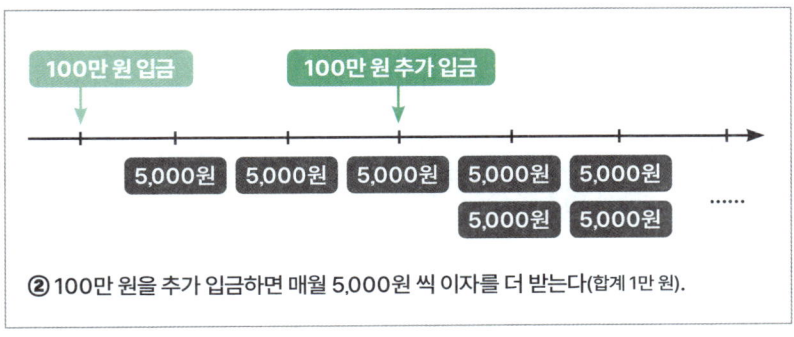

② 100만 원을 추가 입금하면 매월 5,000원 씩 이자를 더 받는다(합계 1만 원).

단순하게 예를 들어서, 세 달쯤 후에 100만 원을 추가로 넣었다고 생각해볼게요. 그럼 어떻게 되나요? 새로 입금을 하는 그 순간부터 매월

5,000원씩 받던 이자가 1만 원으로 늘어나게 됩니다.

이와 같은 방식으로 저축액을 계속 늘려나간다고 생각해볼까요? 돈이 생길 때마다 입금하는 거죠. 이렇게 100만 원씩 대략 200번 정도만 입금하면 여러분은 아무것도 하지 않아도 원금 훼손 없이 매월 100만 원(5,000원×200회)씩을 꼬박꼬박 받을 수 있게 됩니다. 아무것도 하지 않더라도 말이죠! 말 그대로 '황금알을 낳는 거위'라고 할 수 있습니다. 솔깃하지 않나요?

물론 여러분이 계좌에 넣은 원금은 필요할 때마다 얼마든지 꺼내 쓸 수 있습니다. 돈을 꺼내 쓰는 만큼 매월 받게 되는 이자는 당연히 줄어들겠지만 말이죠. 그러니 돈이 꼭 필요한 상황이 아니라면, 황금알을 낳아주는 소중한 거위의 배를 굳이 가르지 않을 것을 추천합니다.

어떤 분들은 이런 불만을 가질 수 있습니다. 200회나 입금해야 한다면 입금 횟수가 너무 많은 거 아니냐고요. 매월 100만 원을 입금한다고 가정했을 때, 200회씩이나 입금하려면 약 16.7년(200회÷12개월)이라는 오랜 시간이 걸릴 테니까 말이에요.

성격이 급하신 여러분들을 위해서 이 상품은 이자 지급 방식을 단리와 복리 가운데 선택할 수 있도록 설계되었습니다. 먼저, 단리를 선택한다면 매월 받는 이자를 재투자하지 않기 때문에(이자로 받은 돈은 여러분이 치킨을 사 먹는 데 쓰셔도 됩니다), 앞서 설명한 대로 월 100만 원의 이자를 만드는 데 약 16.7년의 시간이 걸립니다. 하지만 복리를 선택한다면 매월 받는 이자를 다시 재투자할 수 있기 때문에 100만 원까지 도달하는 데 걸리는 시간을 크게 단축할 수 있어요. 139회차(약 11.6년)만에 월 이자 100만 원을 달성할 수 있네요.

이 상품에 대한 좋은 소식이 한 가지 더 있습니다. 월 이자가 매년 자체적으로 늘어나기도 한다는 것입니다. 100만 원에 대한 월 이자로 1년차에 매월 5,000원씩을 지급했다면, 2년차에는 이자가 조금 늘어서 5,100원이 입금될 수도 있다는 뜻입니다. 이자가 늘어나는 게 항상 확정된 것은 아니라서 조금 조심스럽긴 합니다만, 이런 특성까지 감안한다면 목표 금액까지 달성하는 기간을 좀 더 줄일 수 있겠습니다.

이 금융 상품의 특성을 정리해보면 아래와 같습니다.

상품 특성 정리

① 이자를 달마다 지급함
② 추가 입금을 할 때마다 월 이자가 늘어남
③ 출금도 자유로움(하지만 출금을 하면 월 이자가 줄어듦)
④ 단리와 복리 중 선택 가능
⑤ 월 이자가 자체적으로 늘어나기도 함

어떤가요? 꽤 괜찮은 상품이지 않나요? 만약 이런 금융 상품이 실제로 존재한다면, 여러분은 이 상품에 가입을 하고 싶지 않으신가요?

성장주와 배당주 구분하기

결론부터 말하자면, 안타깝게도 이런 금융 상품은 현실에 존재하지 않습니다. 생각해보세요. 연 6%의 높은 이자를 챙겨주면서, 이자도 매월 지급해주고, 입출금도 자유롭고, 단리와 복리를 선택할 수도 있으며, 심지어 이자가 매년 오르는 (고객의 입장에서) 매력적인 금융 상품을 판다면, 은행의 입장에서는 수지타산이 맞을 리가 없겠죠. 그런 마음씨 좋은 은행이 있다면 금방 쫄딱 망해버릴지도 모릅니다.

하지만 다행인 점은 그 매력적인 '현금 흐름의 구조(쉽게 말해, 일정 금액을 맡기고, 매월 이자를 받아먹는 계좌)'를 우리가 자체적으로 만들어낼 수 있다는 것입니다. 바로 '미국 배당주'라는 좋은 재료를 활용해서 말입니다.

주식을 분류하는 방법은 다양합니다. 기왕 배당주 얘기가 나왔으니, 성장주와 배당주를 구분하는 방법에 대해서 얘기해보도록 하죠.

우리가 아는 어떤 회사는 열심히 장사를 해서 얻은 이익을 주주들에게 한 푼도 나눠주지 않고(배당을 하지 않고), 오로지 연구개발을 하거나 새로 공장을 짓는 데 모두 사용합니다. 회사의 빠른 성장을 위해서 끊임없이 투자하는 것이죠.

이처럼 회사의 이익을 주주들에게 배분하지 않고, 성장을 위해서 투자하는 회사의 주식을 일컬어 '성장주'라고 합니다. 대표적으로 테슬라 같은 주식이 있겠네요. 테슬라는 창사 이래 지금까지 단 한 번도 주주들에게 배당금을 지급한 적이 없습니다.

반대로 어떤 회사는 열심히 장사해 얻은 이익의 일정 부분을 주주들에게 골고루 나눠주는 데 사용합니다. 산업이 이미 성숙기에 도달했기 때문에 새롭게 투자하는 것보다는 주주들에게 이익을 돌려주는 일에 중점을 두는 것이죠. 이런 회사의 주식을 일컬어 '배당주'라고 합니다.

예를 들어 펩시콜라 같은 회사는 매년 벌어들이는 순이익 중에 60~80% 정도를 주주들에게 배당금으로 지급하고 있습니다.

앞서 설명해드린 '황금알을 낳는 거위' 금융 상품은 성장주와 배당주 중에 오직 배당주만을 재료로 해 만들어집니다. 성장주가 나쁘다거나 혹은 제가 성장주로 돈을 잃은 경험이 있기 때문에(?) 배당주만을 고집하는 건 아니에요. 우리의 목표(매월 현금이 들어오는 상품 구조를 만드는 것)를 달성하는 데, 성장주보다는 배당주가 훨씬 더 적합하기 때문입니다.

우리는 배당주 중에서도 특히 미국 주식시장에 상장되어 있는 '미국 배당주'를 활용할 계획입니다. 한국 배당주나 일본 배당주는 일단 한 주도 매수하지 않아요. 오로지 미국 배당주만이 우리의 투자 대상입니다. 왜 그런지는 잠시 후에 차차 설명해드리도록 하겠습니다.

나의 미국 배당주 투자 성과

미국 배당주라는 재료를 활용해서 매월 현금이 따박따박 입금되는 시스템을 만들겠다고 말씀을 드렸지만, 아직까지 무엇을 어떻게 하겠다는 건지 명확하게 그림이 그려지지 않으시겠죠? '도대체 미국 배당주로 뭘 어떻게 하겠다는 거지?'라는 의문이 드는 것이 당연합니다.

이럴 때는 백번 얘기하는 것보다 실제로 한 번 보여드리는 게 나을지 모르겠네요.

다음의 그림은 제가 2020년 8월부터 2025년 5월까지 약 5년의 기간

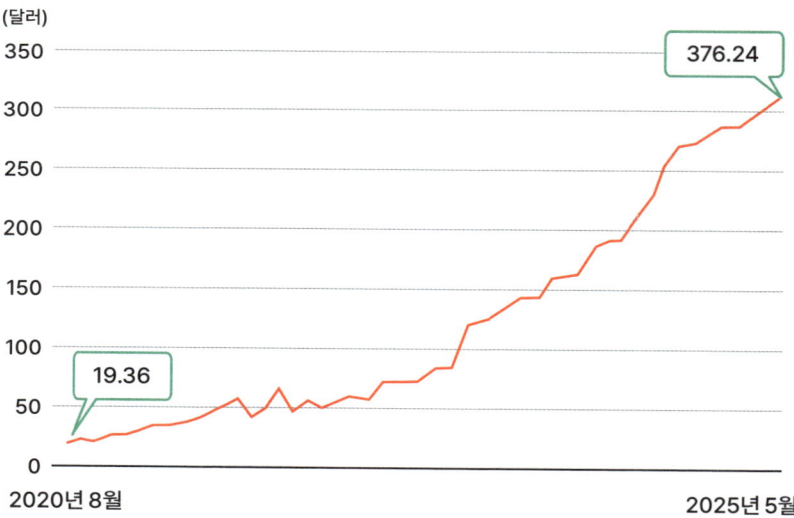

⑤ 3I 시스템 월 배당금 증가 추세

(달러)

350

300

250

200

150

100

50

0

376.24

19.36

2020년 8월

2025년 5월

동안 미국 배당주에 투자하면서 매월 받은 배당금을 정리해 그래프로 나타낸 것입니다. 시간이 지남에 따라 빨간색 곡선이 우상향으로 올라가는 모습을 볼 수 있습니다. 5년 동안 배당금이 매월 증가했다는 뜻이지요.

2020년 중반쯤에 저에게 500만 원이라는 목돈이 생겼습니다. 아내가 직장을 옮기면서 받은 퇴직금인데요. 저는 그 소중한 돈으로 미국 배당주 첫 투자를 시작했습니다. 그리고 그 투자가 지금까지 꾸준히 이어오고 있는 것이죠.

초기 투자금 500만 원을 투입한 이후로 저는 돈이 생길 때마다 조금씩 계좌에 입금했습니다. 5년 동안 제가 계좌에 입금한 금액을 합산해보니, 약 7,600만 원 정도가 되더군요. 그 사이에 제 계좌에는 몇 가지 변화가 있었습니다.

첫 번째 변화는 한 달에 받는 현금(배당금)의 액수가 크게 늘어난 것입니다. 처음 투자를 시작했을 때, 한 달에 19.36달러(원화 환산 약 2만 7,000원)에 불과했던 배당금이 지금은 376.24달러(원화 환산 약 52만 6,000원)까지 증가했어요. 앞으로도 이 추세대로 배당금을 계속 증가시켜 나갈 계획입니다.

한 달에 50만 원 남짓한 돈이 그리 크게 느껴지지 않을 수도 있습니다. 하지만 이렇게 생각해보세요. 여러분이 7,600만 원짜리 주택을 사서 매월 50만 원의 월세를 받는 임대 사업을 한다고요. 한마디로 집주인(건물주)이 되는 거죠.

실제로 집주인이 되는 일에는 의외로 많은 노력과 비용이 필요합니다. 집주인이 된다면 계약 기간이 끝날 때마다 새로운 세입자를 구하는 데 노력과 비용(부동산 중개비)이 필요하겠죠. 또한 부동산을 가지고 있다는 이유로 매년 재산세나 종합부동산세도 내야 할 테고요.

하지만 미국 배당주를 사면, 주식을 가지고 있다는 이유만으로 매년 세금을 떼어가는 일은 없습니다. 임차인이 구해지지 않아서 공실이 될까 봐 전전긍긍하지 않아도 되고요. 옵션으로 달아두었던 에어컨이 고장 났다며 수리를 해달라는 임차인의 전화를 밤늦게 받지 않아도 됩니다. 부동산에 투자하는 것보다 미국 배당주가 훨씬 깔끔하지 않나요?(애초에 7,600만 원으로 살 수 있는 부동산을 찾는 것 자체가 힘들겠지만요!)

두 번째로 투입한 금액 대비 얻는 보상의 비율(단순하게 이자와 같은 개념으로 생각하시면 됩니다)이 늘었습니다. 연환산 방식으로 계산해보면, 2020년 8월에는 6.48%[(27,000원×12개월)/500만 원]이었던 보상 비율이 지금 현재 8.30%[(526,000원×12개월)/7,600만 원]까지 상승했습니다. 은행의 예금 이자와 비교해서 나쁘지 않은 수준이죠?

세 번째 변화로는 계좌 잔고가 약 1억 100만 원으로 증가했습니다. 원금 대비 2,500만 원 정도 수익이 생겼어요. 수익이 발생한 원천은 두 가지로 나눠볼 수 있습니다. 바로 배당수익과 시세차익입니다.

우선 저는 매월 들어오는 배당금을 항상 재투자했기 때문에 기본적으로 배당금 총액만큼 계좌 잔고가 늘어났습니다. 수익금 2,500만 원 가운데 배당수익이 차지하는 역할은 1,100만 원 정도인 것으로 집계되었습니다.

⑤ 미국 배당주, 지난 5년간의 투자 성과

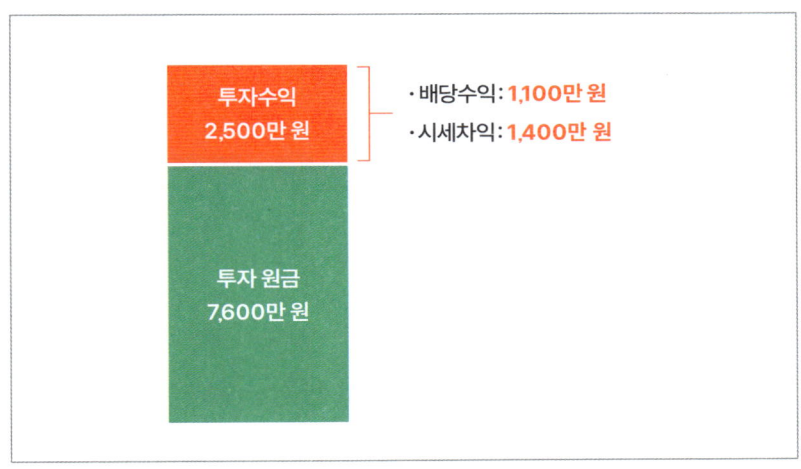

투자수익
2,500만 원

· 배당수익 : **1,100만 원**
· 시세차익 : **1,400만 원**

투자 원금
7,600만 원

배당주 투자는 시세차익을 목표로 하는 것이 아니기 때문에, 한 번 매수한 종목을 금방 매도하는 일은 없습니다. 하지만 특정 종목의 주가가 많이 올라서 배당수익률이 낮아진다면(지금은 이게 무슨 말인지 모르셔도 전혀 상관없습니다!) 다른 종목으로 교체해야 하는 상황이 발생하기도 합니다. 시세차익은 이때 생긴다고 생각하시면 됩니다. 저의 경우에는 투자수익 2,500만 원 가운데 시세차익으로 인한 증가분이 1,400만 원 정도 되었습니다.

하지만 시세차익은 어디까지나 부수적인 것이지 배당주 투자의 본질은 아니에요. 배당주 투자를 하는 동안, 저의 목표는 딱 한 가지였습니다.

"이번 달 배당금이 지난 달보다 단 1원이라도 더 늘어나도록 만들자."

이렇게 매월 배당금을 조금씩 늘려나가다 보면, 언젠가는 배당금만으로도 은퇴를 할 수 있을 정도로 금액이 커질 테니까요.

매월 소득이 늘어나는 3I 시스템

지금까지 저의 투자는 위의 목표에 따라서 잘 진행이 되고 있습니다. 투자 체계가 완전하게 자리를 잡지 못했던 처음 2년차까지는 전월에 비해 배당금이 줄어들었던 경우도 몇 번 있었습니다. 하지만 2년차 이후로 저의 배당금은 전월에 비해서 단 한 번도 줄어든 적이 없어요.

저는 또한, 앞으로의 성과도 기대하고 있습니다. 시간이 지날수록 재투자하는 배당금의 크기가 늘어나기 때문에 월 배당금 증가 속도도 함께 늘어날 예정이거든요. 투자에 가속도가 붙는 것이지요. 개인적으로 저는 향후 3년 이내에 월 배당금 100만 원을 달성하고, 8년 이내에 월 배당금 200만 원을 달성하는 것을 목표로 삼고 있습니다.

사실, 미국 배당주에 투자해 '황금알을 낳는 거위'를 만드는 일은 저뿐만 아니라 어느 누구나 할 수 있는 일입니다. 성장주에 투자하는 것과 비교해보면, 배당주 투자는 난이도도 그리 높지 않거든요.

실제로 재테크 커뮤니티 몇 군데만 살펴보아도, 미국 배당주에 투자해 자본소득을 늘려나가려는 투자자들을 쉽게 찾아볼 수 있어요. 하지만 안타깝게도, 이들 모두가 만족스러운 현금 흐름을 만들어내는 데 성공하는 것은 아닙니다.

훌륭한 요리를 만드는 일은 좋은 재료를 고르는 데서부터 시작됩니다. 하지만 좋은 재료를 골랐다고 해서 아무렇게나 요리한다면, 결코 제대로 된 결과물을 만들어낼 수 없겠죠.

미국 배당주 투자 역시 마찬가지입니다. 재료(미국 배당주)가 아무리 좋다고 해도, 아무렇게나 요리(투자)한다면, 제대로 된 결과물(자동 소득 구조)을 만들어낼 수 없습니다. 재료를 온전히 이해하고, 어떤 방식으로 요리해야 하는지 알아야 제대로 된 결과물을 얻을 수 있다는 뜻입니다.

미국 배당주의 특성을 제대로 이해한다면, 적은 돈을 가지고도 효율적으로 배당금을 늘릴 수 있습니다. 반대로 잘 이해하지도 못한 상태로 투자한다면, 더 많은 돈을 가지고도 도박을 하듯이 위험하게 투자하게 될 것입니다.

배당주도 결국은 주식이기 때문에 성장주만큼은 아니더라도 변동성을 가지고 있습니다. 섣부르게 투자한다면 당연히 손해를 볼 수밖에 없죠. 그래서 더 많이 공부하고, 조심스럽게 접근해야 합니다.

저 역시 처음에는 시행착오가 있었습니다. 배당락일을 잘못 알고 돈을 넣어서 계획했던 배당금이 제대로 나오지 않았던 일도 있었고, 기업 정보를 정확히 알아보지 않고 투자해서 배당컷을 당했던 경우도 있었습니다. 책으로 공부할 때는 보이지 않았던 것들을 직접 투자하면서 새롭게 알게 되는 경우도 많았지요.

저는 앞으로도 계속될 저의 투자를 위해서, 그리고 미국 배당주 투자를 시작해보기로 마음먹은 여러분을 위해서 저의 노하우들을 '체계적으로' 정리해야겠다는 필요성을 느끼게 되었습니다. 처음 미국 배당주 투자를 시작하는 초보자도 누구나 따라 할 수 있을 정도로 '쉬운' 언어를 사용해서 말입니다. 그리고 그 결과물로 나온 것이 바로 이 책에서 소개할 '3I(three I) 시스템'입니다.

3I 시스템이란 성공적으로 미국 배당주 투자를 하기 위한 과정을 5단계로 체계화해 정리한 투자 방법입니다.

3I 시스템은 Increasing Income Investment의 약자입니다. 우선, Investment라는 단어가 들어갔으니, 투자법을 정리해놓은 내용이라는 것을 알 수 있어요. 그럼 어떤 투자법일까요? Income, 즉 매월 소득이 들어오는 투자법을 말합니다. 그렇다면 그 소득의 특징은 무엇일까요? Increasing, 매월 늘어나는 소득입니다. 그래서 이 투자법의 이름을 Increasing Income Investment, 줄여서 3I 시스템이라고 짓게 되었습니다.

한 문장으로 정리하자면, **3I 시스템은 매월 늘어나는 소득을 만들어내는 투자법입니다.** 미국 배당주 투자를 누구나 쉽게 따라 할 수 있도록 정리한 것으로, 이를 따라 해보는 것만으로도 누구나 안정적으로 매월 늘어나는 배당소득을 얻을 수 있도록 체계화한 투자법이죠.

3I 시스템은 크게 다섯 단계의 순서로 진행되며, 세부적으로는 여덟 가지의 행동 수칙을 담고 있습니다. 저는 이 다섯 단계를 각 단계의 첫 글자를 따서 F·B·S·M·T라고 부릅니다.

💲 3I 시스템의 F·B·S·M·T 5단계

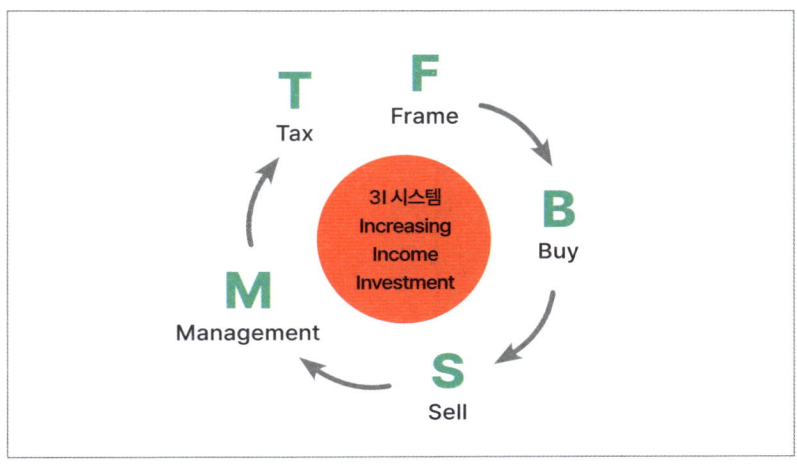

각 과정을 대략적으로 살펴보도록 하죠.

화가가 그림을 그릴 때는 먼저 밑그림을 그린 이후에 그 안에 색깔을 칠해나갑니다. 우리의 3I 시스템도 마찬가지입니다. 처음에는 ① 시스템의 틀(Frame)을 만드는 작업부터 시작합니다. 투자의 밑그림을 그리는 단계지요.

밑그림이 그려졌다면, 그다음 단계는 이 밑그림을 조화롭게 채워줄 미국 배당주 종목들을 선별해 ② 매수(Buy)하는 과정입니다. 투자에 있어 좋은 종목을 선별할 수 있는 능력은 매우 중요합니다. 좋은 종목만 골라낼 수 있어도, 미국 배당주 투자의 절반 이상은 성공한 것이라고 할 수 있어요. 전체 과정 가운데 가장 핵심이 되는 단계이므로, 이 책에서도 가장 많은 분량을 차지할 예정입니다.

한 번 매수해 포트폴리오에 편입한 종목은 특별한 이유가 없으면 계속 보유할 계획입니다. 가급적이면 매도하지 않으면서 쓸데없는 거래를 최소화하는 편이 좋아요. 하지만 어쩔 수 없이 내가 가진 종목을 ③ 정리(Sell)해야 할 상황이 발생하기도 합니다. 나의 예상과는 다르게 회사의 실적이 급격하게 나빠지면서 '배당이 줄어들 수밖에 없는' 그런 경우죠. 이런 경우에 주식 종목을 어떻게 정리해야 하는지를 다음 단계로 다루게 될 것입니다.

그다음으로는 3I 시스템이 제대로 작동하고 있는지 점검하고, ④ 관리(Management)하는 방법에 대한 내용을 담았습니다. 제가 지향하는 궁극적인 투자 시스템은, 성장주 매매를 하듯이 매일매일 시간 단위로 호가창을 보면서 주가가 오르는지 떨어지는지 조바심 내는 투자가 아니라, 처음 포트폴리오만 잘 갖춰놓으면 알아서 스스로 잘 굴러가는 그런 시스템입니다. 우리가 3I 시스템을 관리하기 위해 우리의 계좌에 관심을 가져야 할 시간은 한 달에 한 번, 딱 5분 정도면 충분합니다. 그 5분 동안에 우리 포트폴리오의 어떤 부분을 점검해야 하는지 정리해두었습니다.

마지막 단계로 배당주 투자 금액이 커지면 반드시 알아야 할 ⑤ 금융소득종합과세(Tax)와 건강보험료에 관한 내용을 기술해두었습니다. 이 내용들은 여러분이 앞으로 배당금 목표를 얼마로 설정해 계좌를 늘려나가야 할지에 대해서 큰 그림을 그릴 수 있도록 도와줄 것입니다.

왜 미국 배당주인가?

본격적으로 황금알을 낳는 거위를 만들어보기 전에 한 가지 해결하고 넘어가야 할 일이 남아 있습니다. 도대체 왜 미국 배당주여야 할까요? 주식시장이 미국에만 있는 것은 아니잖아요. 우리나라에도 주식 거래가 가능하고, 배당을 주는 주식이 많이 있는데 말입니다. 그런데 왜 한국의 배당주가 아니라 콕 찍어서 '미국 배당주'로만 포트폴리오를 만들어야 하는 걸까요? 왜 배당을 받기 위해서 한국의 대표적인 통신주인 KT나 SK텔레콤을 사지 않고, 미국의 통신 회사인 버라이즌을 매수해야 하느냐고요!

미국 배당주를 다룬 투자 서적들을 읽어보면, 미국 배당주의 여러 가지 장점들을 열거식으로 설명하곤 합니다. 공통적인 장점으로는 ① 한국 기업들이 배당을 주는 데 인색한 데 비해서 미국은 배당을 많이 준다거나, ② 미국에는 다양한 유형의 배당주(예를 들어, 한국에는 없는 고정배당 우선주)가 존재한다거나 ③ 달러 자산이기 때문에 통화가치가 안정적이라거나 하는 내용들이 들어 있어요. 다 맞는 얘기입니다. 기억해두면 좋을 내용들이죠. 하지만 저는 이렇게 많은 장점들을 머리에 복잡하게 입력하는 것보다, 딱 두 가지만 강조해서 다루고 싶어요.

그 두 가지 장점이란 바로 '예측 가능성'과 '분기 배당'입니다.

매월 증가하는 현금 흐름을 만들기 위해서는 다음 달이나 혹은 그다음 달에 얼마의 배당금이 들어올지 예측할 수 있어야 합니다. 이런 점에

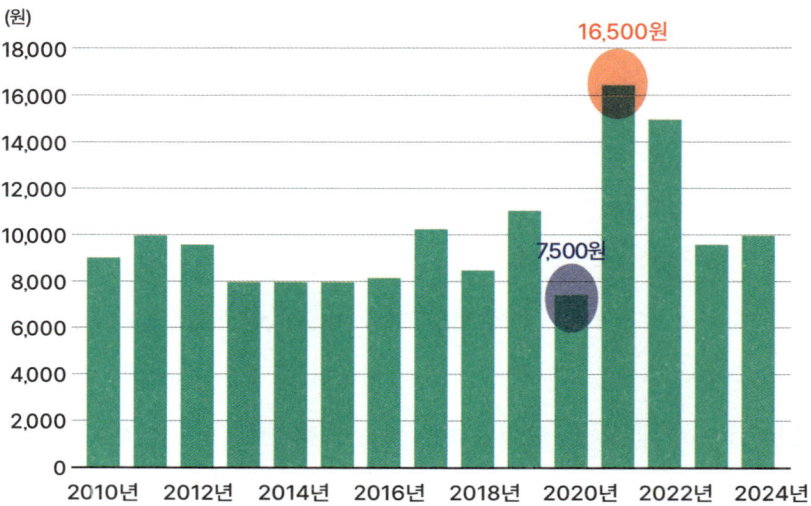

⑤ 포스코 홀딩스의 최근 15년 배당금 추이

(원)
16,500원
7,500원

서 한국의 배당주들은 우리의 목표인 3I 시스템을 만들기에 부족해요.
예측 가능성이 떨어지기 때문이죠.

위 그림은 국내 주식시장에서 대표적인 배당주로 자주 언급되는
POSCO홀딩스가 최근 15년 동안 배당금을 얼마나 지급했는지 그래
프로 나타낸 것입니다. 어떤 해에는 배당금을 많이 지급하기도 하고
(2021년, 16,500원), 어떤 해에는 배당금을 조금만 지급하기도 했네요
(2020년, 7,500원). 돈을 많이 벌어들였던 해에는 배당금도 많이 지급했
고, 돈을 조금 벌어들였던 해에는 배당금도 줄였기 때문입니다.

물론 이익이 많이 나서 배당금을 많이 받으면 행복하겠지만, 저처럼
배당금을 계획적으로 늘려나가고자 하는 입장에서는 단순히 배당을 많

이 받는 것보다 예측 가능한 배당을 받는 것이 훨씬 중요합니다. 앞의 그래프를 다시 한 번 보세요. 다음 해인 2025년도에는 2021년처럼 배당금을 많이 받을지, 혹은 2020년처럼 반토막 난 배당금을 받을지 누가 알 수 있겠어요.

이번에는 미국 배당주입니다. 아래 그림은 미국의 글로벌 석유 회사인 엑슨모빌이 최근 15년 동안 배당금을 매년 얼마씩 지급했는지 그래프로 나타낸 것입니다. 2010년도에는 주당 배당금이 1.74달러였던 것이 매년 조금씩 증가하더니, 2024년도에는 주당 3.84달러를 지급했네요. 15년 동안 배당금이 두 배가 넘게 올랐어요.

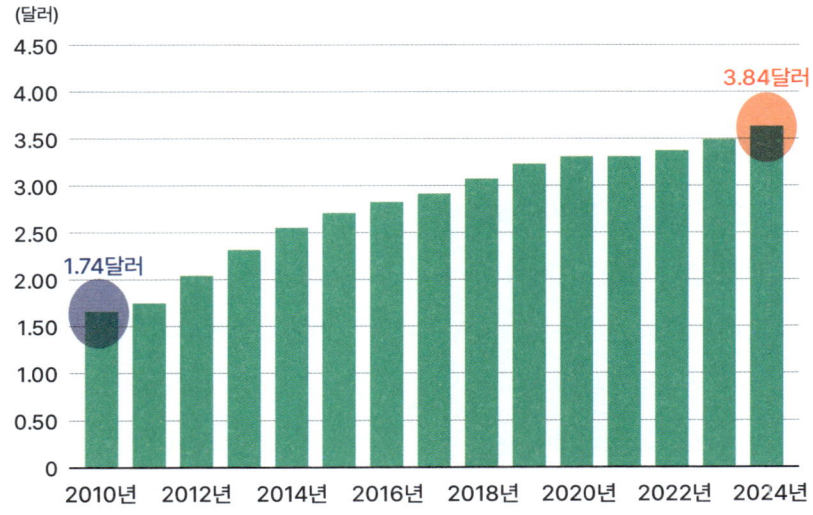

ⓢ 엑슨모빌의 최근 15년 배당금 추이

사실 엑슨모빌은 최근 25년간 배당금을 매년 증액해온 기업입니다. 25년 동안 한 해도 빠짐없이 배당금을 올렸으니, 내년에도 특별한 이변이 없는 이상, 올해에 비해 더 많은 배당금을 지급하겠지요. 즉, 다음 해인 2025년도에는 최소한 3.84달러보다는 더 많은 배당을 주리라는 것을 '예측'할 수 있습니다. 이것이 바로 제가 미국 배당주의 장점으로 생각하는 예측 가능성입니다.

미국 배당주 중에는 엑슨모빌처럼 '몇 년 이상씩' 배당금을 꾸준히 증액해온 기업들이 굉장히 많습니다. 이들 기업에 투자함으로써 우리도 안정적인 배당시스템을 만들 수 있는 것이죠.

미국 배당주의 두 번째 장점은 '분기 배당'을 준다는 것입니다. 분기 배당을 준다는 말은 1년에 지급할 총 배당금을 네 번으로 나눠서 분기마다 지급한다는 뜻입니다.

우리의 목표는 매월 증가하는 배당을 받는 것이죠? 매월 증가하는 배당을 받기 위해서는 1~12월까지 모든 달에 최소한 한 번 이상은 배당금을 받아야만 합니다. 당연한 얘기지요.

매월 배당을 받는 시스템을 만들기 위해서는 1년에 한 번만, 혹은 반기에 한 번만 배당을 주는 회사를 포트폴리오에 넣는 것보다는 가능한 한 자주 배당을 지급하는 회사를 선택하는 편이 유리합니다.

미국의 배당주들은 거의 대부분 분기마다 배당을 줍니다. 그리고 분기 배당이 아닌 몇몇 회사들은 월 배당을 지급하죠(우리가 투자할 주식이 바로 분기 배당과 월 배당 종목들입니다). 우리나라의 기업들보다 배당금을

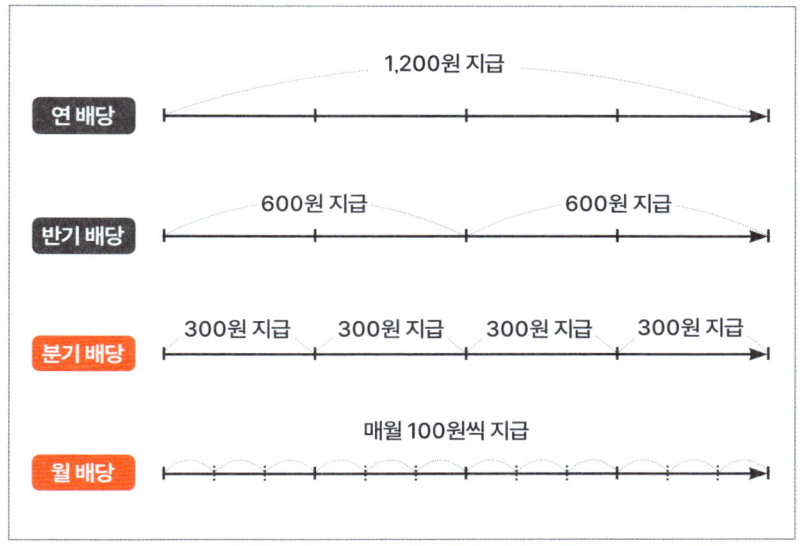

💲 연 배당 vs 반기 배당 vs 분기 배당 vs 월 배당

지급하는 주기가 훨씬 짧은 편입니다. 미국에도 연 배당이나 반기 배당을 지급하는 회사들이 일부 있지만, 그 비율은 현저히 낮습니다.

반면, 우리나라에서는 대부분의 기업들이 연 배당 혹은 반기 배당으로 배당금을 지급합니다. 물론 우리나라에도 분기 배당을 주는 회사들이 있어요. 지금 현재 약 60여 개의 기업들이 분기 배당을 지급하고 있습니다. 대표적인 회사로는 삼성전자나 현대차, 신한지주, 하나금융지주 등이 있지요.

최근 들어 우리나라 기업들도 주주친화적인 정책을 펼치기 위해 분기 배당을 채택하는 사례가 늘어나고 있습니다. 투자자의 입장에서는 반가운 일이에요. 하지만 한계는 있습니다. 대부분의 분기 배당 기업들이 비슷한 시기에 결산을 하기 때문에 배당을 지급하는 시기도 특정 월에 몰린다는 점입니다. 분기 배당을 주는 모든 기업이 4, 5, 8, 11월에 배당금을 지급한다면, 매월 배당금을 받는 3I시스템을 만들기도 힘들 수밖에 없겠죠.

다음 장부터는 본격적으로 3I 시스템을 만드는 방법을 공부해볼 거예요. 페이지를 넘기기 전에 이번 장에서 반드시 기억해야 할 내용들을 정리해보았습니다.

기억해야 할 내용

- 우리의 목표는 '매월 소득이 증가하는 투자 시스템(3I 시스템)'을 만드는 것이다.
- 이 시스템의 재료로 사용되는 것은 '미국 배당주'다.

월급이 평생 오르는 미국 배당주에 투자하라

틀 만들기

FRAME

[6×3+2] 투자 프레임을
설계하라

분기 배당 주식으로 어떻게 매월 배당을 받을까?

3I 시스템의 첫 번째 단계는 투자의 틀을 만드는 것입니다. 이미 배당주 투자를 오랫동안 경험해서 배당받는 데 익숙한 분이라면 이번 장에 설명해드릴 투자의 틀을 이해하는 일에 많은 노력을 들이지 않으셔도 괜찮습니다. 자신의 포트폴리오에 몇 종목이나 들어 있어야 계좌를 관리하는 데 어려움이 없는지 자신만의 기준이 분명한 분이라면 본인의 방식대로 계속 계좌를 운용하셔도 상관없습니다. 그런 분들은 이번 장에서 제가 제시해드릴 [6×3+2]의 프레임을 반드시 따를 필요가 없다는 점을 먼저 말씀드리겠습니다.

하지만 투자의 초심자라면, 혹은 이번 기회에 배당주 투자를 처음부터 새로운 방식으로 다시 시작해보고 싶은 분이라면, 앞으로 우리의 투자가 어떤 방식으로 진행이 될 것인지 밑그림을 그려보는 일이 도움이 될 것입니다. 시각적으로 투자의 틀을 구현해본다면 우리가 앞으로 해나갈 투자 방식을 직관적으로 이해하는 데도 유용할 것입니다.

본격적으로 투자의 밑그림을 그려보기 전에 제가 간단한 문제를 하나 내보도록 하겠습니다.

앞에서 저는 여러분께 '황금알을 낳는 거위'에 대한 몇 가지 단서를 드린 바 있습니다. 우리의 목표는 매월 소득이 증가하는 투자 시스템을 만드는 것이었어요. 그러려면 적어도 매월 한 번 이상은 배당을 받아야 하죠. 이를 위해 우리가 사용할 도구는 미국 배당주입니다. 그리고 대부분의 미국 배당주는 분기마다 배당을 준다고 했습니다.

그렇다면 여기서 문제입니다. 분기마다 배당을 주는 종목을 이용해 어떻게 월마다 배당을 받는 시스템을 만들 수 있을까요? 분기 배당을 준다는 말은 3개월에 한 번씩 배당을 준다는 말인데, 분기 배당을 주는 주식만으로 이번 달에도 배당받고, 다음 달, 그다음 달에도 배당받도록 만드는 일이 가능하긴 한 걸까요? 이런! 우리의 배당주 투자는 시작부터 난관에 부딪혔네요.

하지만 정답을 알면 하나도 어렵지 않습니다. 이야기를 차근차근 풀어나가보도록 하겠습니다.

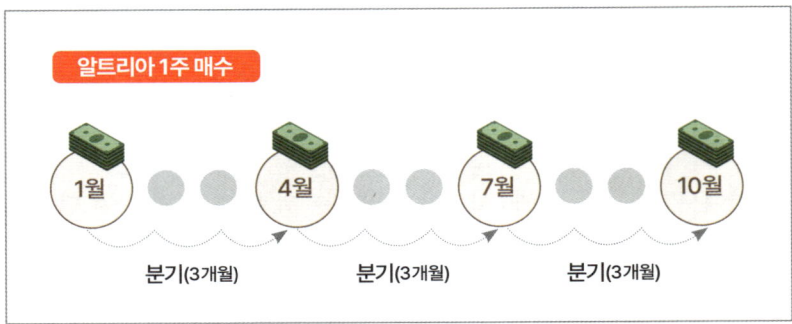

알트리아라는 회사가 있습니다. 미국에서 담배를 만들어 파는 회사입니다. 흡연자라면 누구나 그 이름을 알만한 '말보로'라는 담배가 있지요. 바로 그 담배를 만드는 회사입니다.

알트리아는 분기마다 배당금을 지급하는 회사입니다. 알트리아가 올해 1월에 주주들에게 배당금을 지급했다면, 그다음으로 배당을 지급하는 건 언제일까요? 바로 한 분기(3개월)가 지나고 난 4월입니다. 그다음은 그로부터 또 3개월이 지난 7월, 마지막으로 또 3개월이 지난 10월에 지급하겠군요. 즉, 알트리아는 1/4/7/10월에 배당을 지급하는 분기 배당 회사입니다.

하지만 미국에 상장되어 있는 모든 분기 배당주들이 1/4/7/10월에 배당을 지급하는 것은 아닙니다. 어떤 종목들은 버라이존처럼 2/5/8/11월에 배당을 주기도 하고, 어떤 종목들은 푸르덴셜파이낸셜처럼 3/6/9/12월에 배당을 지급하기도 합니다.

무척 다행인 점은 분기 배당을 지급하는 주식들이 특정 주기에 치우쳐 있지 않고, 골고루 분포되어 있다는 것입니다. 대략적으로 전체의 3분의 1은 1/4/7/10월에, 3분의 1은 2/5/8/11월에, 나머지 3분의 1은 3/6/9/12월에 지급합니다. 아주 간혹, 4/6/9/12월처럼 독특하게 지급하는 경우도 있긴 합니다만, 이런 특이 케이스에 관한 얘기는 일단 미루어 두도록 하겠습니다. 지금은 위의 세 가지 지급 주기의 케이스만을 생각할게요.

종목명	1월	2월	3월	4월	5월	6월	7월	8월	9월	10월	11월	12월	합계
알트리아	1.02			1.02			1.02			1.02			4.08
버라이즌		0.68			0.68			0.68			0.68		2.72
푸르덴셜 파이낸셜			1.30			1.30			1.30			1.30	5.20
합계	1.02	0.68	1.30	1.02	0.68	1.30	1.02	0.68	1.30	1.02	0.68	1.30	12.00

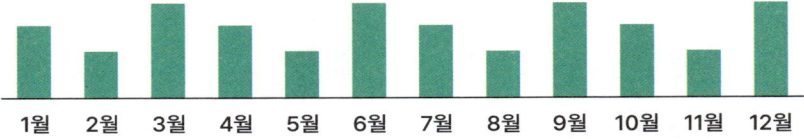

우리는 기본적으로 이 세 가지 지급 주기의 주식을 활용해 월마다 배당을 받을 수 있습니다. 즉 알트리아, 버라이즌, 푸르덴셜 파이낸셜 주식을 골고루 매수하는 것만으로도 1~12월까지 모든 월에 배당을 받을 수 있습니다(이 종목들은 단지 예시를 위해 이름을 명시해놓은 것입니다. 이런 종목들이 있다는 사실은 기억하시되, 반드시 매수해야 할 종목은 아니라는 점에는 주의해주시기 바랍니다).

예를 들어 알트리아, 버라이즌, 푸르덴셜파이낸셜 주식을 각각 1주씩 매수한다면 어떤 일이 벌어질까요?

알트리아는 1/4/7/10월마다 1주당 1.02달러씩의 배당금을 지급합니다. 버라이즌은 2/5/8/11월마다 배당금을 0.68달러씩 지급하고요. 마찬가지로 푸르덴셜파이낸셜은 3/6/9/12월마다 1.30달러씩 줍니다. 이 주식들을 한 주씩 보유한다면, 앞의 그림에서처럼 1년 동안 매달 배당금을 받을 수 있겠군요. 평균적으로 한 달에 1달러 정도의 배당금을 받는 꼴입니다. 현재의 환율 기준으로 약 1,400원 정도가 되겠습니다.

이와 같은 현금 흐름을 만드는 데, 얼마의 돈이 필요할까요? 현재(원고 작성일 기준) 주가는 알트리아 1주당 57달러, 버라이즌 44달러, 푸르덴셜 127달러라고 합니다. 이들 주식을 전부 한 주씩 매수하는 데는 총 228달러, 약 32만 원이 필요합니다. 단순하게 생각하면 32만 원을 투자해 매달 1,400원씩을 받는 꼴이 되겠습니다.

한마디로, 분기 배당 주식을 이용해 매월 배당을 받는 방법은 세 가지 지급 주기의 주식을 골고루 매수하는 것입니다. 정답을 알고 나니까 하나도 어렵지 않죠? 오히려 너무 쉬워서 하품이 나올 지경이라고요? 앞으로 제가 제시해드릴 미국 배당주 투자법도 이보다 크게 어렵지 않습니다. 3I 시스템의 목표인 '매월 소득이 증가하는 투자 시스템'에서 '매월'이라는 부분을 벌써 해결해버렸네요!

월 배당 주식만으로 투자한다면?

지금까지의 내용을 꼼꼼하게 읽으신 분이라면, 이런 의문이 생길 수도 있습니다. '미국에는 분기마다 배당을 주는 주식도 있지만, 매월 배당을 주는 월 배당 주식도 있다며? 복잡하게 분기 배당 주식을 세 종류씩이나 매수할 게 아니라, 그냥 월 배당 주식 한 종류만 사면 문제가 해결되는 거 아니야?'

이런 질문이 자연스럽게 떠오르신 분이라면, 정말 예리한 지적이라고 칭찬해드리고 싶습니다. 투자에 대한 감이 좋으신 분들이군요.

미국 배당주를 웬만큼 공부한 투자자라면 누구나 그 이름을 알만한 '리얼티 인컴'이라는 회사가 있습니다. 부동산을 매입해 임대해주고 월세를 받아서 수익을 올리는, 한마디로 부동산 투자 회사입니다. 미국에는 이와 같은 부동산 회사들이 많은데, 이를 일컬어 '리츠' 회사라고 부릅니다. 리츠에 관해서는 다음 장에서 자세히 다루도록 할 테니, 지금은 이름만 듣고 넘어가겠습니다.

리얼티 인컴은 대표적인 월 배당 주식입니다. 아래 그림은 리얼티 인컴이 최근 10년 동안 배당을 지급한 내역인데요. 가늘게 표시된 세로

💲 **리얼티 인컴의 배당 히스토리**

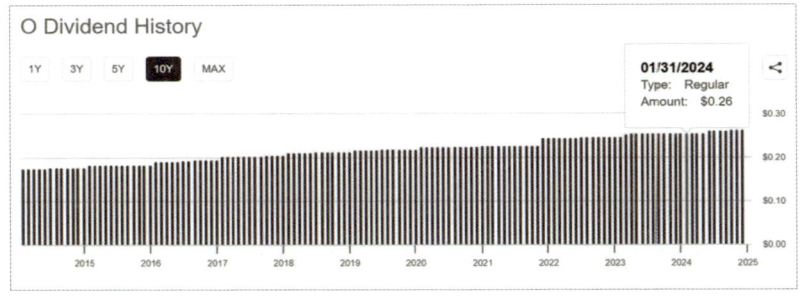

자료 출처: 시킹 알파

막대들은 월 주기마다 얼마의 배당금을 지급했는지를 표시해주고 있습니다.

이 그래프를 통해서 알 수 있는 것은 두 가지입니다. 첫 번째가 리얼티 인컴은 매월 한 번씩 배당금을 지급해오고 있다는 것이고, 두 번째는 최근 10년 동안 리얼티 인컴이 배당금을 꾸준히, 그리고 일관성 있게 늘리고 있다는 사실입니다. 참 좋은 회사로군요(회사에 대해서 자세히 알아보는 방법은 다음 장부터 말씀드릴 거예요. 지금은 그냥 '이런 회사도 있구나!' 하고 마음 편하게 따라오시면 됩니다).

이렇게 매월 배당이 지급되는 그래프를 보고 있자니, 이런 생각이 듭니다. '분기 배당 종목인 알트리아, 버라이즌, 푸르덴셜 세 종목을 사서 매월 배당을 받는 것보다 그냥 리얼티 인컴 주식 하나만 사는 게 더 깔끔하고 편하지 않나? 배당도 매월 꼬박꼬박 챙겨주고, 가끔씩 배당금 인상도 해주니 말이야.'

리얼티 인컴과 같은 월 배당 주식 한 종목만으로 우리의 배당 시스템을 운용한다면 정말 간편할 것입니다. 하지만 여기에는 두 가지 문제가 있어요.

첫 번째 문제는 우리가 선택할 수 있는 월 배당 주식의 종목 수가 그리 많지 않다는 점입니다.

성공적인 투자를 위해서는 (너무 당연한 얘기겠지만) 좋은 주식을 엄선해서 투자해야 합니다. 또, 좋은 주식을 고르기 위해서는 많은 투자 후보군 중에서 배당수익률이라든지 혹은 배당성장률, 배당 성향 등을 비

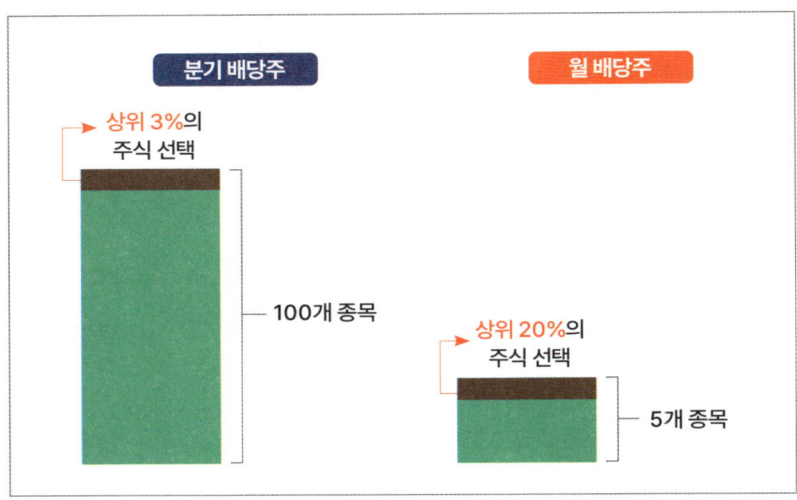

*월 배당주는 전체 종목의 숫자가 분기 배당주에 비해 절대적으로 적다.

교해 가장 훌륭한 주식을 골라야 합니다. 그런데 이런 관점에서 생각했을 때, 월 배당주는 후보군의 숫자가 다소 적은 편입니다.

예컨대, 이렇게 생각해볼게요. 100개의 주식들을 평가해서 가장 점수가 높은 세 개의 종목을 고르는 것과 다섯 개의 주식 가운데서 가장 점수가 높은 한 개의 종목을 고르는 것을 비교한다면, 어느 쪽이 더 좋은 종목을 고를 확률이 높을까요? 아마 100개의 주식 가운데서 세 개를 고르는 편이 좋은 주식을 고를 확률도 높을 것입니다. 수많은 경쟁자들을 제치고 3등 안에 들어온 주식이 아무래도 더 낫지 않겠어요? 백분율로 계산해봐도, 전자는 상위 3%에 해당하는 주식을 고른 것이고, 후자는 상위 20%의 주식을 고른 것이니까요.

여기서 100개의 투자 후보군을 가지고 있는 쪽이 분기 배당 주식입니다. 다섯 개의 후보군을 가지고 있는 쪽은 월 배당 주식이구요. 종목 개수로만 비교했을 때 대략 이 정도로 비율 차이가 난다는 뜻입니다. 그러니 많은 후보군을 가지고 있는 분기 배당주 쪽에서 세 개의 주식을 골라 포트폴리오를 만드는 것이 좋은 종목을 고르는 데 유리할 것입니다.

물론 좋은 주식을 고르기 위해서 분기 배당 주식과 월 배당 주식을 모두 함께 비교해 점수를 매겼는데 그중에 월 배당 주식의 성적이 뛰어나다면, 이 경우에는 월 배당 주식에 투자하는 것도 나쁘지 않습니다. 전체 105개의 주식 가운데서 가장 점수가 높은 주식 네 개를 뽑았는데, 그중에 월 배당 주식이 포함되어 있다면 투자해도 좋다는 뜻입니다.

두 번째 문제로, 단 하나의 종목에만 올인해 투자하면 위험이 증가한다는 사실도 간과할 수 없습니다. 우리는 매달 안정적으로 일정 수준의 배당소득을 얻기를 기대하고 있습니다. 하지만 우리가 투자한 종목이 어떤 이유에서인지 회사 사정이 급격히 어려워지고, 영업이익도 현저히 줄어들면서, 결국 배당금을 삭감해버리는 '사고'(이런 사고를 '배당컷'이라고 부릅니다. 우리가 가장 피해야 하는 적이지요!)가 발생할 수 있습니다. 우리가 대비할 틈도 주지 않고 갑자기 말입니다.

물론 우리는 이런 사고를 피하기 위해서 종목을 고를 때도 엄격한 기준으로 꼼꼼히 분석할 것이고, 최소 한 달에 한 번은 회사의 변동사항을 체크하기 위한 모니터링과 포트폴리오 관리를 실시할 예정입니다. 하지만 우리의 노력에도 불구하고, 주식시장에서는 우리가 예측하지 못한

돌발 상황이 언제든지 발생할 수 있습니다. 그러니 우리는 그 돌발 상황에 대한 대비를 해야만 합니다.

만약 단 하나의 종목에만 나의 소중한 돈을 전부 투자했다면, 바로 그 종목에 '사고'가 났을 때 우리에게 닥칠 손해는 치명적입니다. 그 한 번의 사고로 우리의 계좌는 회복 불가능한 손실을 입을 수도 있습니다. 하지만 세 개의 종목에 분산해서 투자했다면 어떨까요? 이 한 번의 사고가 우리에게 미치는 영향은 1/3로 줄어들게 됩니다. 한 종목이 큰 손실을 입는다고 해도, 나머지 다른 종목들은 정상적으로 작동을 할 테니 상대적으로 큰 손실 없이 대응할 수 있습니다.

마찬가지로 여섯 개의 종목으로 분산해 투자한다면 큰 손실을 입을 확률은 1/6로 줄어들 것이고, 열 개의 종목으로 분산해 투자한다면 위험은 더욱 줄어들 것입니다.

그러니 지금부터는 월 배당주 딱 한 종목으로만 투자를 마치겠다는 속 편한 생각은 가급적 치워두시는 편이 좋겠습니다.

몇 개의 종목으로 나눠서 투자하면 좋을까?

단순히 투자하는 종목의 개수를 늘린다고 해서 우리 계좌의 위험이 모두 사라지는 것은 아닙니다. 예를 들어볼까요? 제가 만약 투자 위험을 줄이기 위해서 30개의 주식 종목에 나눠서 투자했다고 생각해볼게요.

충분히 많은 종목에 분산 투자했으니 이제는 위험이 거의 없어졌을 거라고 안심하면서 말입니다.

이때 2008년의 서브프라임 금융위기나 2020년의 코로나 사태와 같이 경제에 큰 영향을 미치는 사건이 일어난다면 어떻게 될까요? 당연하게도 제가 가진 30개 종목은 일제히, 그리고 큰 폭으로 하락할 것입니다. 어느 하나의 예외도 없이 말입니다. 분산 투자를 아무리 잘 한다고 해도 이런 위험들까지 모두 사라지는 건 아니에요.

지금부터 (다소 지루하겠지만) 이론적인 얘기를 조금 곁들여보겠습니다. 주식 투자에서 위험은 '체계적 위험'과 '비체계적 위험' 두 종류로 나눌 수 있습니다. 체계적 위험, 비체계적 위험이라니 재미없는 네이밍에서부터 흥미가 뚝 떨어지네요.

먼저 비체계적 위험은 분산 투자를 함으로써 줄일 수 있는 위험을 말합니다. 개별 기업의 경영상 악재나 재무구조 악화, 법적 소송 발생과 같은 사건은 그 기업에만 제한적으로 영향을 미칩니다. 그러니 이로 인한 주가 하락의 위험은 분산 투자, 즉 여러 개의 종목에 나눠서 투자하는 것만으로도 크게 낮출 수 있습니다.

하지만 분산 투자를 하더라도 줄일 수 없는 위험이 있습니다. 경기 변동이나 물가 상승, 정부 정책의 변화, 금리 변동처럼 모든 기업에 공통적으로 영향을 미치는 사건은 단순히 여러 종목으로 나눠서 투자를 한다고 해도 줄어들지 않습니다. 앞서 말씀드린 서브프라임이나 코로나19도 마찬가지입니다. 이런 종류의 위험을 체계적 위험이라고 쿠릅

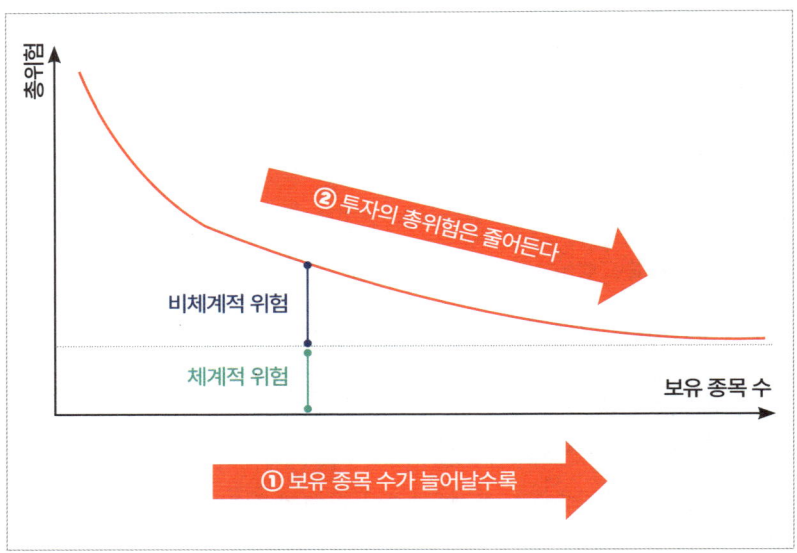

⑤ 종목 수가 늘어날수록, 투자의 위험은 줄어든다

사실 체계적 위험이니 비체계적 위험이니 하는 용어들을 굳이 외울 필요는 없습니다. 하지만 주식 투자에 대한 감각을 익히기 위해서 위에 있는 그래프의 생김새 정도는 머릿속에 담아둘 필요가 있습니다.

그래프가 좀 복잡해보이나요? 그래프의 x축은 보유 종목 수를 나타내고, y축은 투자의 총위험을 나타냅니다. x축은 오른쪽으로 갈수록 종목 수가 많아진다는 것을 의미하고, y축은 아래로 향할수록 총위험이 줄어든다는 것을 뜻합니다. 즉 이 그래프를 해석해보면, 여러분의 포트폴리오에 ① 보유 종목 수가 많아질수록, ② 투자의 총위험이 줄어든다는 것을 의미합니다.

단, 보유 종목 수가 아무리 많아지더라도 체계적 위험만큼은 사라지지 않는군요. 당연합니다. 체계적 위험은 분산 투자로는 줄일 수 없는 위험을 뜻하니까요. 그래프를 읽는 방법, 알고 보면 그리 어렵지 않죠?

보유하고 있는 종목의 수가 많아질수록 위험이 낮아진다는 사실을 알았다고 해서 끝이 아닙니다. 우리가 이 그래프를 통해서 알아내야 하는 것이 한 가지 더 있습니다. 제가 궁금한 한 가지 질문은 바로 이것입니다.

"그래서 우리는 도대체 '몇 개의 종목'으로 분산해서 투자하는 게 좋다는 거야?"

이 질문에 대한 답을 얻기 위해서는 조금 더 실증적인 자료를 끄집어내야 합니다. 예전에 어떤 증권사 리서치 팀에서 시가총액 상위 200개 종목을 대상으로 무작위로 종목을 선택해 포트폴리오 시뮬레이션을 해 본 적이 있습니다. 포트폴리오는 투자 종목이 한 개인 것부터 20개인 것까지로 다양하게 구성을 했고요. 그리고 각각의 포트폴리오에 대해 10년의 기간 동안 시뮬레이션을 돌려보았지요. 그 결과, 보유 종목 수에 따른 총위험의 감소 효과를 다음의 그래프와 같이 측정할 수 있었습니다.

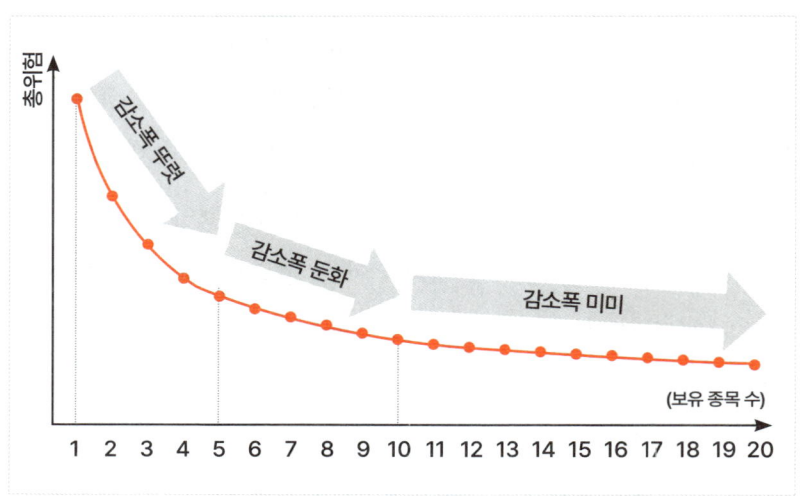

그래프의 모양은 기본적으로 앞쪽의 그래프와 매우 유사합니다. 보유 종목의 개수가 많아질수록 총위험은 감소하는 모양이지요. 다른 점이 있다면, 이번 그래프에서는 보유 종목 수가 몇 개인지에 따라서 총위험이 얼마나 감소하는지를 구간별로 확인할 수 있습니다.

보유 종목 수가 1~5개일 때는 종목 수가 늘어남에 따라 총위험이 크게 감소합니다. 이 그래프에 따르면, 한 종목에 투자했을 때보다는 두 종목에 투자했을 때, 두 종목에 투자했을 때보다는 세 종목에 투자했을 때, 위험이 큰 폭으로 낮아진다는 사실을 확인할 수 있어요. 이 구간에서 분산 효과가 매우 크다는 의미겠지요.

6~10개 구간에서는 그래프의 기울기가 다소 둔화됩니다. 다섯 개

이하 구간에서처럼 위험이 드라마틱하게 줄어드는 건 아니에요. 하지만 여전히 분산 효과를 눈으로 확인할 수 있을 만큼 위험이 감소합니다. 10~20개 구간에서는 종목 수가 증가할수록 위험이 감소하긴 하는데, 그 감소폭은 미미한 수준입니다.

이와 유사한 시뮬레이션 내용은 다른 증권사의 리서치 자료에서도 종종 등장합니다. 하지만 위의 결과와 내용이 크게 다르지 않기 때문에 추가로 다루지는 않겠습니다.

앞의 두 그래프에서 우리가 얻을 수 있는 결론은 명확합니다. 첫 번째로, 포트폴리오를 구성할 때 위험의 분산 효과를 고려한다면 최소한 **5종목 이상**으로 돈을 나누어서 투자해야 한다는 점입니다. 1~5개 구간에서는 보유 종목을 늘어날수록 위험이 큰 폭으로 감소하기 때문이죠.

두 번째로, 지나치게 많은 종목으로 분산해 투자할 필요는 없다는 점입니다. 투자하는 종목이 20개를 넘어간다면, 위험이 줄어드는 효과보다 오히려 너무 많은 종목을 관리해야 한다는 부담감이 커질 수 있습니다. 그 많은 종목들을 전부 다 꼼꼼하게 컨트롤하면서 적절하게 대응하기 어려워질 수도 있어요.

내용이 조금 복잡했죠? 이번 기회에 제가 여러분의 계좌에 몇 종목이나 보유하는 게 좋을지 깔끔하게 정해드리도록 하겠습니다. 3I 시스템에서 추천하는 보유 종목의 개수는 6~20개입니다.

우리는 투자 위험을 줄이기 위해 최소 여섯 개 이상의 종목에 나눠서 투자할 것입니다. 그런데 투자를 오랫동안 하면서 다양한 종목을 쿤석해보고, 또 투자금이 늘어나다 보면 이것저것 사고 싶은 주식이 많아질 수가 있어요. 마치 쇼핑 중독에 빠진 사람처럼 사고 싶은 주식도 많아지는 거죠. 하지만 투자하고 싶은 종목이 아무리 많아지더라도, 계좌의 보유 종목 수는 20개를 넘기지 않도록 해주세요. 보유 종목이 20개를 넘어간다면, 분산 효과도 상대적으로 적을뿐더러 계좌를 관리하는 일이 어려워지기만 할 테니까요.

[6×3+2] 투자 프레임 이해하기

투자를 처음 시작할 때부터 여섯 개 이상의 종목에 분산 투자하기는 어렵습니다. 초기의 투자금이 충분하지 않을 테니까요. 월 50만 원씩 적금을 넣듯이 투자하려고 시작했는데, 첫 50만 원으로 6종목의 주식을 모두 사들이긴 아무래도 어렵지 않겠어요? 이럴 경우에는 당연히 한두 개의 종목만으로 시작을 하셔도 상관없습니다.

저는 2020년 7월부터 미국 배당주 투자를 시작했습니다. 아내의 퇴직금 500만 원이 저의 초기 투자금이 되었다고 지난 장에서 말씀을 드렸었죠. 저는 초기부터 투자금이 제법 컸기 때문에, 이 돈을 여섯 개의 종목에 잘 분산해 투자를 시작할 수 있었습니다. 1/4/7/10월에 분기 배당을 주는 주식 2종목, 2/5/8/11월에 분기 배당을 주는 주식 2종목, 3/6/9/12월에 분기 배당을 주는 주식 2종목, 이렇게 총 여섯 개의 종목

$ 투자 초창기에 엑셀로 만들어본 배당가계부

종목명	1월	2월	3월	4월	5월	6월	7월	8월	9월	10월	11월	12월	합계
<2020년 배당>													
알트리아										15.35			15.35
PPL										5.29			5.29
													0.00
													0.00
													0.00
													0.00
Hoegh LNG 파트너스 LP								11.49			11.49		22.98
AT&T											7.07		7.07
													0.00
													0.00
													0.00
													0.00
푸르덴셜 파이낸셜									13.09			13.09	26.18
페니맥 모기지 B(우)									7.65			7.65	15.30
													0.00
													0.00
													0.00
													0.00
													0.00
합계	0.00	0.00	0.00	0.00	0.00	0.00	0.00	11.49	20.74	20.64	18.56	20.74	92.17

으로 투자를 시작했죠.

배당이 본격적으로 들어오기 시작한 것은 투자를 시작한 다음 달인 2020년 8월부터였습니다. 저는 배당금이 매월 제대로 입금되는지 체크하기 위해서 엑셀 프로그램을 이용해 배당가계부를 만들었어요. 의의 그림이 저의 초창기 배당가계부입니다.

지금에 와서 이때의 배당가계부를 다시 보면, 부끄럽게도 부족한 점이 너무 많습니다. 저는 무엇보다도 월별 배당 총액이 일정하게 늘어나지 않고 들쭉날쭉 했던 점이 가장 마음에 들지 않아요. 아직 배당주 투자를 체계적으로 하지 못했던 시기라 그러했다고 핑계를 대겠습니다.

이 당시의 저는 종목명에 LP라고 붙어 있는 종목들이 다른 일반 배당주들보다 배당소득세를 더 많이 떼어간다는 단순한 사실도 몰랐습니

$ 엑셀 배당가계부의 구성

A	1월	2월	3월	4월	5월	6월	7월	8월	9월	10월	11월	12월
<2020년 배당>												
종목명	1월	2월	3월	4월	5월	6월	7월	8월	9월	10월	11월	12월
알트리아										15.35		
PPL										5.29		
Hoegh LNG 파트너스 LP								11.49			11.49	
AT&T											7.07	
① 투자 종목 입력							② 월별 배당금 입력					
푸르덴셜 파이낸셜									13.09			13.09
페니맥 모기지 B(우)									7.65			7.65
합계	0.00	0.00	0.00	0.00	0.00	0.00	0.00	11.49	20.74	20.64	18.56	20.74

③ 월별 배당금 합계

다(Hoegh LNG 파트너스 LP). 높은 배당수익률만 보고 투자했다가 훗날 배당컷을 당한 종목도 있었지요(AT&T).

반면에 이때부터 매수하기 시작해서 아직까지 보유하고 있는 종목도 있습니다(알트리아). 안정적인 배당금 수익을 위해서 우선주도 적절히 섞어가며 투자했다는 점도 그때의 저를 칭찬할 만하네요(페니맥 모기지B(우)). 이런 개별적인 종목에 대한 평가는 다음 장에 소개할 '배당주를 고르는 방법'을 읽어보고 난 후에 해도 늦지 않을 테니, 지금은 다른 얘기를 먼저 해보도록 하겠습니다.

위의 배당가계부에는 다음과 같은 내용이 들어갑니다. 우선 왼쪽의 A열에는 ① 투자 종목의 이름을 적는 칸이 있습니다. 제가 매수한 종목이 있다면, 이 부분에 그 종목의 이름을 적는 것이지요. 6~20개의 종목에 투자할 것이기 때문에 이름을 적는 칸은 20개까지만 만들었다는 점을 확인해주세요.

1월부터 12월까지 각 월이 표시된 가운데 부분에는 ② 월별 배당금을 입력하는 칸이 있습니다. 말 그대로 월별로 해당 종목에서 얼마의 배당금을 받았는지 입력하는 칸입니다. 배당금이 여러분의 계좌에 입금되면 증권사로부터 알림 문자가 오는데, 알림이 오면 그 금액을 확인해서 여기에 입력하면 됩니다.

월별 배당금 입력 칸에는 시각적으로 구분하기 편하도록 배당이 들어와야 하는 칸에 따로 색깔을 입혀 놓았습니다. 즉 1/4/7/10월 분기 배당 주식이라면 1월, 4월, 7월, 10월 배당금 입력 칸에 색을 미리 칠해놓았죠. 마찬가지로 월 배당 주식이라면 1~12월 입력 칸에 모두 색이 칠해져 있겠군요. 확인하셨나요?

배당가계부의 아래쪽에는 ③ 월별 배당금 합계액이 표시되도록 했습니다. 해당 월에 받은 배당금을 입력하면, 자동으로 그 합계액이 계산되어 아래쪽에 표시되도록 자동 합계 기능을 걸어놓았지요.

만약 여러분이 이 배당가계부를 사용하게 된다면, 입력해야 할 내용은 매우 간단합니다. 첫 번째로, 여러분이 새로 매수한 종목이 있다면, 그 종목의 이름을 '투자 종목 입력' 칸에 적어줍니다. 어떤 주기로 배당을 주는 종목인지 확인하고, 그 주기에 해당하는 위치의 마지막 줄에 새로 매수한 종목명을 적으면 됩니다. 두 번째로, 배당금이 입금되었다는 알림 문자가 온다면, '월별 배당금 입력' 칸에 그 금액을 적어줍니다. 딱이 정도만 관리해도, 여러분은 매월 얼마나 추가적인 소득이 생겼는지 '월별 배당금 합계' 칸에서 확인할 수 있습니다.

이 초창기의 배당가계부는 너무 단순해서 앞으로 우리가 배당주 투자를 관리하는 데 필요한 모든 기능이 들어가 있지는 않습니다. 그럼에도 불구하고 이 불완전한 배당가계부를 보여드린 데에는 이유가 있어요. 심플한 배당가계부인 만큼 3I 시스템의 콘셉트를 명확하게 보여줄 수 있거든요. 아래의 그림을 보면서 우리의 투자 규칙들을 하나씩 설명해드리겠습니다.

우리가 투자할 대상이 되는 주식은 네 그룹으로 나눌 수 있습니다. 1/4/7/10 분기 배당주, 2/5/8/11 분기 배당주, 3/6/9/12 분기 배당주,

⑤ [6×3+2] 프레임 이해하기

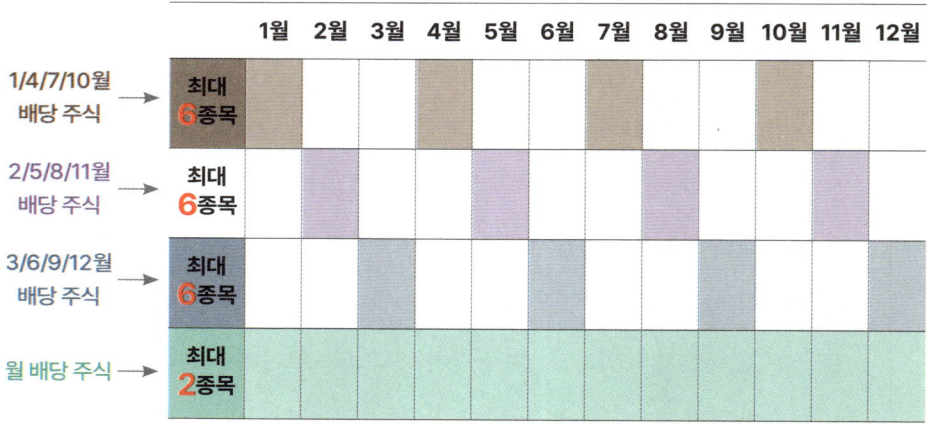

1~12월 월 배당주입니다.

분기 배당주는 각 주기별로 최대 6종목씩, 그리고 월 배당주는 최대 2종목까지 투자할 수 있습니다. 분기 배당주에 각각 6종목, 월 배당주 2종목을 모두 투자한다면, 우리는 총 20종목(6×3+2)을 보유하게 됩니다. 즉, 우리의 최대 보유 종목 수는 20개인 것이지요. 저는 이 배당가계부를 '[6×3+2] 배당가계부'라고 부릅니다.

이 배당가계부는 단지 투자의 틀을 미리 구축해놓은 것이므로, 20개의 종목을 반드시 모두 채울 필요는 없습니다. 처음에는 종목의 수가 적겠지만, 투자 금액이 늘어나고 종목을 보는 시야가 넓어지면 보유 종목 수는 자연스럽게 늘어날 것입니다.

하지만 종목 수가 아무리 늘어나더라도 20개는 넘기지 않도록 주의해주세요. 보유 종목이 20개를 초과하게 된다면, 투자 위험이 줄어드는 분산 효과는 낮은데 비해, 포트폴리오 관리가 어려워지고 적절한 대응이 늦어질 수 있으니까요.

같은 주기에 포함된 종목들의 업종이나 섹터가 중복되는 건 가급적 피해주시기 바랍니다. 1/4/7/10월의 종목으로 이미 알트리아 주식을 샀는데, 필립모리스 주식까지 추가로 사는 건 분산 투자의 관점에서 전혀 효율적이지 않습니다. 마찬가지로 2/5/8/11월 종목을 전부 리츠 업종으로만 채우는 것도 피해야겠네요.

각 주기에 우선주를 1~2종목 정도 포함하는 것도 고려할 만합니다. 우선주는 낮은 거래량 때문에 주력 종목으로 삼기에는 적합하지 않지만, 상대적으로 높은 배당수익률과 안정적인 주가 흐름 때문에 포트폴리오의 일부를 차지하기에는 부족함이 없습니다.

지금 당장은 우선주 투자라든지, 업종이나 섹터 중복을 피하라든지 하는 말들이 와 닿지 않을 수 있습니다. 이해가 되지 않는 부분들에 대해서는 깊이 생각하지 않으셔도 됩니다. 지금 당장 중요한 내용들은 아니니까요.

이번 장에서 반드시 기억하고 넘어가야 할 내용은 그리 어렵지 않습니다. 정리해보겠습니다.

기억해야 할 내용

- 분기 배당주는 세 종류로 나뉜다(1/4/7/10, 2/5/8/11, 3/6/9/12)
- 우리는 분기 배당주와 월 배당주에 분산해 투자할 예정이다.
- 보유 종목의 수는 최대 20개를 넘기지 않도록 한다.
- [6×3+2] 배당가계부의 생김새를 기억해두자.

월급이 평생 오르는 미국 배당주에 투자하라

매수하기
BUY

배당컷 당하지 않을
종목을 선별하라

배당주 투자에서 가장 중요한 것

우리의 목표는 '매월 소득이 증가하는 투자 시스템'을 만드는 것입니다. 이를 위한 첫 번째 단계로 지난 장에서는 투자의 틀을 만들어보았습니다. 우리의 목표를 달성하기 위한 '투자 그릇'이 만들어진 것이죠. 이제 그릇이 준비되었으니, 다음으로 해야 할 일은 이 그릇 안에 내용물을 채워나가는 것이겠네요.

이번 장에서는 [6×3+2] 배당가계부에 어떤 종목들을 채워야 할지 알아보겠습니다. 이 책에서 가장 핵심적인 내용이기도 하고, 또한 가장 흥미로운 부분이기도 하니 다들 집중해서 따라와주시기 바랍니다.

본격적으로 배당주 종목 분석을 해보기 전에, 먼저 배당주 투자에 있어서 제일 중요한 포인트가 무엇인지부터 짚어보겠습니다.

배당주 투자는 일반 주식 투자와 근본적으로 다릅니다. '배당주도

💲 투자 그릇에 주식 담기

주식이니까 다 똑같은 거 아냐?'라고 생각하실 수 있어요. 하지만 아닙니다. 배당주 투자를 할 때는 일반 주식 투자할 때와 마음가짐부터 달라야 합니다. 어떻게 달라야 하냐고요? 간단한 예시를 통해 알려드리겠습니다.

이 씨라는 투자자가 있습니다. 이 씨는 작년부터 미국 주식에 투자하기 시작했어요. 정확히 1년 전, 이 씨는 A라는 미국 주식 1주를 100달러 가격에 매수했습니다. 그 이후로 이 씨의 주식 투자는 어떻게 되었을까요?

주식 투자는 굉장히 복잡해 보이지만, 결과만 놓고 본다면 이렇게 간단한 일이 세상에 또 없습니다. 주식 투자에는 딱 세 가지의 결과밖에 없거든요.

세 가지의 결과란 ① 주가가 오르거나, ② 주가가 그대로거나, ③ 주가가 떨어지는 것입니다. 혹시 다른 결과가 떠오르는 것이 있나요? 아마 없으실 거예요. 주가가 얼마나 오르고 떨어지느냐 정도의 차이는 있겠지만, 이 세 가지 결과 외에 또 다른 결과는 주식시장에 존재할 수가 없습니다.

주가가 오른다면(예를 들어 100달러에 산 주식이 120달러가 된다면) 이 씨는 돈을 벌었기 때문에 기분이 좋아질 것입니다. 오늘 저녁 반찬으로 소고기를 사다가 소주를 한잔 걸칠지도 모르겠네요. 반대로 주가가 떨어진다면(100달러에 산 주식이 80달러가 된다면) 이 씨는 손해를 봤기 때문에 울상이 되어버릴 거예요. 주식 투자를 괜히 시작했다고 우울해하다가 주식 계좌를 없애버릴지도 모를 일입니다. 만약 주가가 그대로라면(100달러에 산 주식이 1년이 지나도 그대로 100달러라면) 돈을 벌지도, 잃지도 않았기 때문에 별다른 감흥이 없을 것 같네요.

일반적으로 주식 투자의 목적은 매매차익을 올리는 데 있기 때문에 주가가 오르거나 떨어지는 것에 따라서 성공과 실패가 결정됩니다.

그럼 배당주 투자는 어떨까요? 이 씨가 투자했던 A 주식이 분기마다 1.5달러씩의 배당금을 주는 미국 배당주였다고 가정해볼게요. 분기당 1.5달러를 받는다는 것은 1년에 총 6달러(1.5달러×4회)를 받는다는 뜻

$ 배당주 투자의 세 가지 결과

입니다. 주가가 100달러인데, 배당금을 6달러 받았으니 배당수익률은 6%(6달러÷100달러)겠군요(배당수익률에 관한 자세한 얘기는 잠시 후에 자세히 다루겠습니다). 그렇다면 이 씨의 배당주 투자 결과는 어땠을까요?

배당주 투자도 표면적으로 보이는 결과는 일반 주식 투자와 크게 다르지 않습니다. 주가가 오르거나, 그대로거나, 떨어지거나 셋 중 하나겠지요. 그런데 73쪽 그림을 보면 72쪽의 그림과는 다른 점이 있습니다. 주가가 올랐을 때도, 그대로일 때도, 떨어졌을 때도 이 씨의 '표정'은 웃고 있군요. 응? 이게 어떻게 된 일일까요?

먼저 주가가 그대로인 경우부터 보겠습니다. 1년이 지난 후에 주가가 100달러인 상태 그대로라면, 일단 시세차익은 없습니다. 하지만 소득이 전혀 없는 것은 아니지요. 배당금을 1.5달러씩 네 번, 총 6달러나 받았거든요. 즉, 1년 동안 6%의 수익을 올린 셈입니다. 그러니 이 씨는 주가의 변동이 없는 결과에서도 웃을 수 있었습니다.

주가가 오른 경우라면 더할 나위 없이 좋겠지요. 만약 100달러에서 120달러로 주가가 올랐다면, 시세차익으로 이미 20달러를 얻은 데에다가, 추가로 6달러의 배당소득까지 얻었으니까요. 이 씨의 얼굴에는 함박웃음꽃이 피어나겠네요.

가장 의문인 것은 주가가 떨어진 경우입니다. 주가가 100달러에서 80달러로 떨어졌는데, 배당주 투자자 이씨는 어떻게 웃을 수 있을까요?

표면적으로 보면, 배당금으로 6달러를 받았다 하더라도 주가가 20달러나 떨어졌으니까 한 주당 14달러나 손해를 보았습니다. 무려 마이너스 14%입니다. 지금 주식을 매도한다면, -14%의 손실은 확정되어 버립니다.

하지만 우리의 투자는 여기서 끝나는 게 아니죠. 배당주 투자의 목표는 장기투자를 통해서 매월 늘어나는 배당소득을 얻는 것입니다. 지금 당장 주식을 팔아야 할 필요가 전혀 없어요. 그리고 지금 당장 주식을 팔지만 않는다면, 이미 내가 투자한 돈 100달러에 대해서 매년 6달러씩의 배당을 받는다는 사실은 변하지 않습니다. 내년에도 6달러의 배당을 받을 것이고, 내후년에도 6달러의 배당을 받을 것입니다.

이런 관점으로 본다면 주가가 떨어진다는 것은 오히려 매력적인 투자 기회가 생기는 일입니다. 주가가 떨어지면서 배당수익률은 오히려 오르기 때문입니다. 주가가 80달러로 떨어진 현재 시점에 여유 자금이 있어서 추가로 투자할 수 있다면 어떨까요?

1년 전에는 100달러를 투자해야만 6달러의 배당금을 받을 수 있었습니다. 즉, 1년 전의 배당수익률은 6%입니다. 하지만 지금은 상황이 달라졌죠. 주가가 떨어졌기 때문에 80달러만 투자해도 1년에 6달러의 배당금을 받을 수 있습니다. 현재의 배당수익률은 7.5%(6달러÷80달러)군요. 주가가 떨어졌을 뿐인데, 수익률은 6%에서 7.5로 올라갔습니다. 수익률이 더 높은 투자안이 새롭게 생겨난 것이죠.

이처럼 주가가 하락하면, ① 기존 투자에 대한 수익성에는 변화가 없을 뿐 아니라 ② 배당수익률이 더 높은 투자 기회가 새로 생기게 됩니다. 그러니 설혹 주가가 떨어지더라도 배당주 투자자들은 웃을 수 있는 것

💲 주가가 떨어지면, 배당수익률은 올라간다

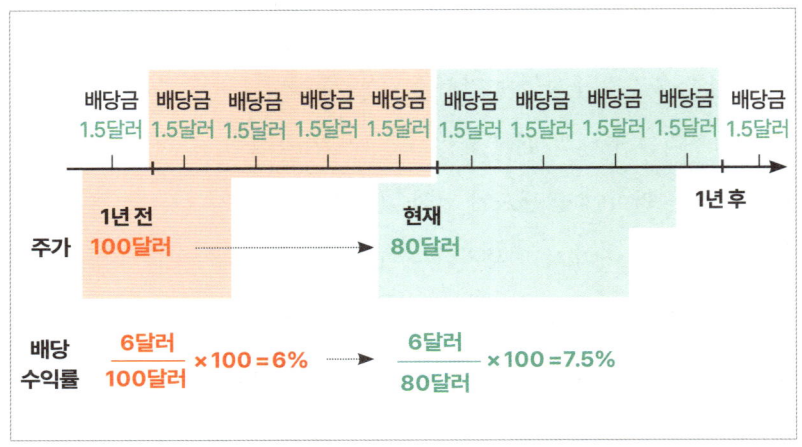

이죠.

　주가가 오르는 경우에도, 그대로인 경우에도, 심지어 주가가 떨어지는 경우에도 웃을 수 있다니, 배당주 투자만큼 마음 편한 투자가 또 어디에 있을까요?

　그러나 신중한 투자자이신 여러분은 제 말을 아직 100% 신뢰하긴 어려우실 거예요. 주가가 떨어져도 웃을 수 있다니, 이게 말이나 되는 일이냐고요. '주식을 매도하기 전까지는 손실이 아니야!'라며 정신 승리(?)를 하는 것처럼 보이기도 하고, 물타기를 종용하는 궤변처럼 보이기도 합니다. 그런 심정도 충분히 이해해요.

　하지만 다시 한 번 장담하는데, "배당주 투자에서는 주가가 하락하면 더 좋은 투자 기회가 생긴다"는 이 문장에는 논리적인 허점이 없어요. 다만 여기에는 무척 중요한 전제 조건이 필요합니다. 배당주 투자에 있어서 가장 중요한 핵심 포인트입니다. 바로 '시간이 지나도 A 주식의 배당금이 줄어들면 안 된다'는 명제입니다. 올해도, 내년도, 내후년에도 6달러 혹은 그 이상의 배당금을 받을 수 있어야 합니다. 그 이유는 당연하겠죠? 배당이 줄어들면, 주가가 어떻게 변하든 간에 배당수익률은 떨어질 테니까요.

정리하자면 이런 얘기입니다.

① '만약 배당금이 일정하게 지급이 될 거라는 보장만 있다면' 주가는 올라도 좋고, 떨어져도 좋다.
② 주가가 오르면 시세차익을 올릴 수 있고, 주가가 떨어지면 그만큼 배당수익률이 높아져서 더 유리한 조건으로 투자할 수 있기 때문이다.

가장 중요한 것은, 다시 한번 강조하지만, 결국 미국 배당주 투자의 핵심은 올해도, 내년에도, 내후년에도 배당을 안정적으로 지급해줄 회사를 고르는 일입니다. 이것이 배당주 투자의 처음이자 끝이라고 생각하셔도 돼요. 이는 배당주 투자에서 가장 중요한 부분이기 때문에 이 책에서 100번 정도 반복해서 계속 강조할 계획입니다. 지금 한 번 얘기했으니까 이제 99번 남았네요(그만큼이나 중요하다는 얘기입니다).

배당주 투자는 쉽다

배당주 투자는 일반 주식 투자보다 쉽습니다. 그냥 쉬운 게 아니라, 훨씬 더 쉽습니다. 아직 '배당주 투자도 결국은 주식 투자 아니야?'라고 생각하시는 분들께 다시 말씀드릴게요. 배당주 투자를 할 때는 일반 주식에 투자할 때와 마음가짐부터 달라야 합니다.

일반적인 주식 투자는 주가가 오르면 이익이 생기고, 주가가 떨어지면 손해를 봅니다. 그러니 주식 투자의 핵심은 '앞으로 주가가 오를 종목을 선택하는 일'이 될 것입니다.

문제는 주가에 영향을 미치는 요소가 너무 많다는 것입니다. 어떤 것들이 있는지 대략적으로 알아볼까요?

첫째, 주가가 오를 종목을 선택하기 위해서는 우선 기업의 실적이 괜찮은지 판단해야 합니다. ROE나 PER처럼 복잡해 보이는 얘기는 꺼내지도 않을게요. 단순하게 생각해보더라도 영업이 잘 되고, 수익이 많이 늘어나야 주가에 긍정적인 영향을 미칠 거예요.

둘째, 어떤 주식 종목들은 지금 당장 실적이 좋지 않더라도, 미래의 성장성이 좋을 것으로 평가되어 주가가 오르곤 합니다. 그러니 주식 투자를 하려면, 회사의 성장 전망도 꼼꼼히 살펴봐야 합니다.

셋째, 실적과 성장성이 좋은 회사라고 해도 투자 타이밍이 좋지 않다면 손해를 볼 수 있습니다. 최적의 투자 시점을 잡기 위해서는 주식 차트를 보면서 골든크로스, 데드크로스를 짚어보고, 매물대나 지지선 같은

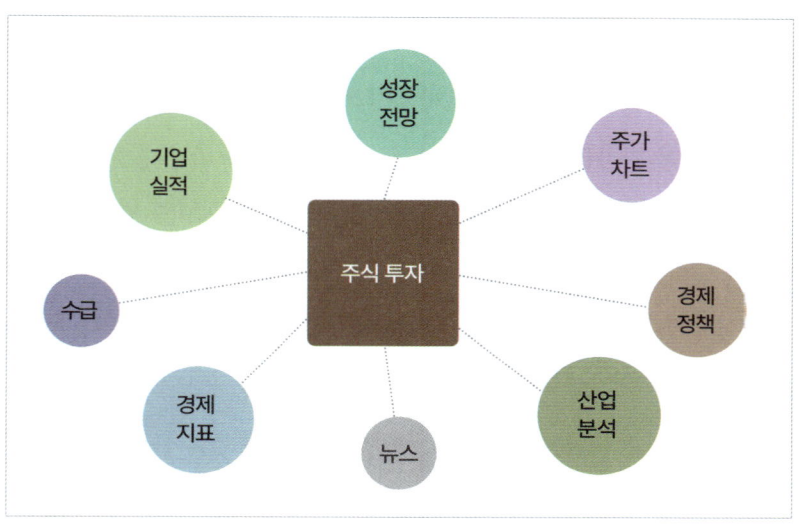

지표들도 점검해봐야 합니다.

넷째, 수급도 따져봐야 하지요. 좋은 주식을 적절한 타이밍에 샀다고 해도 매수세가 뒷받침해주지 않는다면 주가가 탄력적으로 오르기는 힘 듭니다. 특히 우리나라 주식의 경우에 기관이나 외국인의 수급을 놓치 지 말고 함께 챙겨봐야 합니다.

다섯째, 특정 종목의 펀더멘털이 아무리 좋다 하더라도, 산업 전체의 업황이 좋지 않다면 내가 산 주식만 나 홀로 상승하는 데에는 한계가 있 습니다. 그러니 산업 전반에 대한 분석도 꼼꼼히 해야 합니다.

여섯째, 우리나라 경제가 불황이라면 주가가 제대로 오르기는 아무 래도 힘들겠지요. 그러니 현재의 경제 흐름이 경기 변동의 어떤 시점(호

황기, 후퇴기, 불황기, 회복기)을 지나고 있는지 파악하고, 경제지표(금리, 환율, GDP, 물가, 실업률 등)의 움직임 역시 관심을 가지고 지켜봐야 합니다. 나아가 정부의 경제 정책(통화 정책, 재정 정책)이 어떻게 변하고 있는지 그 흐름도 알고 있어야 합니다.

일곱째, 경제 상황이 좋고, 산업의 업황도 좋고, 기업의 펀더멘털 역시 좋다 할지라도 악재 뉴스 한방에 잘나가던 주가가 고꾸라지는 것이 주식시장입니다. 그러니 주식 투자를 제대로 하고 싶다면, 해당 기업과 관련된 뉴스들도 실시간으로 챙겨봐야 합니다.

주식 투자하기 위해서 챙겨봐야 할 것들을 살짝 나열해봤을 뿐인데, 벌써부터 머리가 지끈지끈 아프죠? 주식 투자는 너무 어려운 것 같습니다. 공부하고 분석해야 할 내용들도 너무 많고요.

이에 비해 배당주 투자는 쉽습니다. 배당주는 딱 한 가지만 확인하면 됩니다. 그게 뭐냐고요? 바로 '배당컷을 당하지 않을 종목'을 고르는 일이죠. 배당이 줄어들지만 않는다면, 주가가 올라도 웃을 수 있고, 떨어져도 웃을 수 있는 게 배당주 투자니까요! 그러므로 우리는 배당컷을 당하지 않을 종목을 고르는 데에만 집중하면 됩니다. 일반 주식 투자에서 이것저것 다양한 분석을 해야 했던 것과 비교한다면, 매우 단순하고 쉬운 일입니다.

우리는 이번 장에서는 [6×3+2] 배당가계부를 어떤 종목들로 채워야 할지 알아보기로 했습니다. 우리가 찾고자 하는 종목은 한마디로 말

① 배당 증액 연수
② 배당수익률
③ 배당성장률
④ 배당 성향
⑤ 순이익 추세, 현금 보유량

➡ 배당컷이 없을 종목 ➡ 배당주 투자

해서 '앞으로 배당컷을 당하지 않을 종목'입니다. 좀 더 정확하게 표현하자면, 배당컷을 당하지 않을 종목들 가운데 배당수익률이 높은 주식을 고를 거예요. 지금부터는 본격적으로 이러한 종목을 발굴하는 방법에 대해서 알아보도록 하겠습니다.

배당 블루칩에 주목하라

산책을 하다가 우연히 '100년 전통 칼국수집'이라고 크게 쓰여 있는 간판을 보았습니다. 혹은 '3대에 걸쳐 비법이 전해 내려온 순대국밥집'을 발견했다고 생각해볼게요. 어떤 느낌이 드나요? 엄청난 맛집이라는 느낌이 들지 않나요?

단지 100년 동안 장사를 하고 있다거나, 3대째 망하지 않고 장사를 한다는 정보밖에 없는데, 이런 간판을 보면서 우리는 왜 맛있는 식당이라는 짐작을 할까요? 그 이유는 간단합니다. 만약 음식이 별로였다면 그 오랜 시간 동안 망하지 않고 버틸 수 없었을 테니까요. 그러니 100년을 버텨왔다는 정보만 가지고도 우리는 이 식당의 음식이 맛있을 거라는 추측을 하는 것입니다.

미국 배당주 시장에도 전통 있는 맛집처럼, 고집을 꺾지 않고 오랜 기간 동안 매년 배당금을 늘려온 기업들이 있습니다. 배당을 줄이지 않고 유지하는 데 머무르는 정도가 아니라, 매년 계속해서 배당금을 늘려온 기업들 말입니다.

세계에서 가장 이름이 잘 알려진 회사 중 하나인 코카콜라는 그 자체의 브랜드로도 유명하지만, 투자의 대가 워런 버핏이 애정을 가졌던 투자 종목으로도 매우 유명합니다. 코카콜라는 오랜 기간 동안 배당금을 늘려왔는데, 그 기간은 자그마치 62년이었습니다. 62년 동안이나 한 해도 거르지 않고 매년 배당금을 증액했다니, 놀랍지 않나요? 이 책을 읽고 있을 대부분 독자님들의 나이보다도 더 오랜 세월일 것 같군요.

혹시 62년 동안 배당금을 늘려왔다는 얘기가 그다지 대단한 것처럼 느껴지지 않으신가요? 그렇다면 이렇게 얘기를 바꿔보겠습니다.

62년 동안이나 배당금을 늘려왔다는 것은, 석유 가격이 단기간에 400%나 폭등하면서 세계 경제를 심각한 위기에 빠뜨렸던 '오일 쇼크'가 발생한 1973년에도 배당금을 늘렸다는 뜻입니다. 또, 미국 부동산이 폭락하면서 많은 은행들이 마치 도미노처럼 파산했던 '서브 프라임 금융위기'(2008년)에도 배당금을 줄이지 않았고요. 전염병 때문에 실물경기가 박살나고, 그 결과 많은 기업들이 폐업할 수밖에 없었던 '코로나19 사태'(2020년)에도 오히려 배당금을 인상했다는 얘기입니다.

이렇듯 코카콜라는 최악의 경제 위기에서도 계속해서 배당금을 늘려왔습니다. 62년 동안 배당금을 인상했다는 건 바꿔 말하면, 앞으로 어떤 경제적 위기 상황이 닥치더라도 '웬만해서는' 배당을 줄이지 않을 거라고 믿을 수 있다는 뜻이기도 합니다. 제가 배당주 투자에서 가장 중요한 포인트가 뭐라고 했죠? 배당금을 줄이지 않고 안정적으로 지급해줄 회사를 고르는 일이라고 했습니다(이제 두 번째 얘기했으니까 앞으로 98번 남았습니다). 여기 답이 나왔네요. 바로 이 코카콜라와 비슷한 주식을 고르면 되겠습니다.

미국의 주식시장에는 코카콜라처럼 오랜 기간 동안 배당금에 대해 고집과 전통을 유지하고 있는 기업들이 많습니다. 50년 이상 배당금을 늘려온 기업을 배당 킹이라고 부르는데, 미국에는 배당 킹 종목이 (코카콜라를 포함해) 무려 54종목이나 있어요. 물론 무조건 배당 증액 연수가 50년이 넘는 주식 중에서만 투자하라는 건 아닙니다. 우리가 투자할 대상을 배당 킹 종목 54개 정도로만 한정시키는 데에도 문제가 있지요. 배당 증액 연수가 아직 50년에는 미치지 못하지만 투자하기에 매력적인 배당주들도 많이 있거든요.

우리는 배당을 얼마나 오랫동안 증액해왔는지 순서대로 줄을 세워서 가장 상단에 있는 종목에만 투자하는 바보 같은 행동은 하지 않을 거예요. 우리에게 중요한 것은 아주 치명적인 사건이 발생하지 않는 이상

웬만해서는 배당을 줄이지 않고 안정적으로 지급해줄 기업을 발굴하는 일입니다. 이를 위해서 우리의 투자 대상을 배당 킹에만 한정 짓는 것은 바람직하지 않습니다.

배당 증액 연수가 50년이 넘는 종목을 배당 킹이라고 했습니다. 하지만 배당 킹 외에도 주목해야 할 배당 주식 리스트는 또 있어요. 25년 이상 배당을 늘려온 기업들을 모아놓은 배당 귀족(Dividend Aristocrats)과 10년 이상 기업들을 모아놓은 배당 성취자(Dividend Achievers)입니다.

배당주 투자 경험이 있는 분들은 25년 이상 배당 증액을 한 기업들을 가리켜 '배당 챔피언'이라는 표현을 종종 들어보셨을 거예요. 배당 귀족과 배당 챔피언은 비슷한 것 같으면서도 조금 다릅니다. 배당 귀족이나 배당 챔피언이나 25년 이상 배당을 증액한 기업이라는 점은 똑같아

⑤ 배당 킹 vs 배당 귀족 vs 배당 성취자

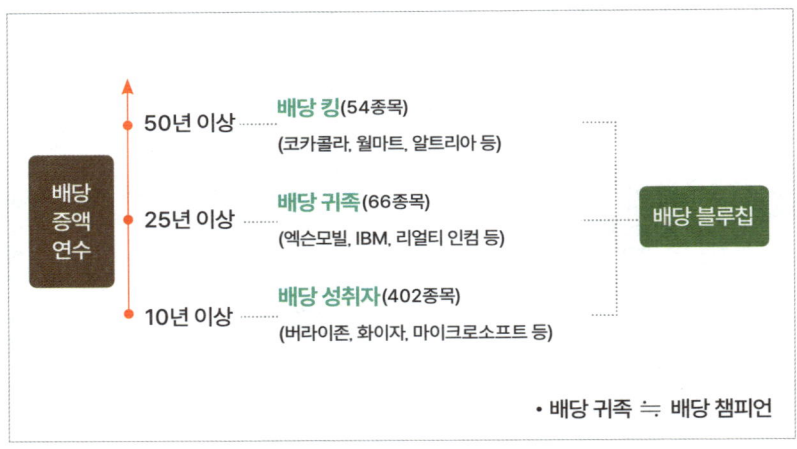

요. 하지만 배당 챔피언은 단순히 배당 증액 연수만 충족하면 얻는 타이틀인 데 비해, 배당 귀족은 25년 조건 외에도 S&P500 지수에 포함되어 있어야 하고, 시가총액과 일일 거래 대금 기준도 충족해야 합니다. 배당 귀족의 조건이 더 까다롭다는 뜻이죠. 그래서 배당 챔피언에는 포함이 되지만 (시가총액이나 유동성 때문에) 배당 귀족에는 해당하지 않는 기업들도 많이 있습니다.

배당 성취자에 이름을 올리는 데에도 10년 이상 배당을 인상하는 것 이외에 추가 조건이 있어요. 미국의 나스닥 기업 중에서 최소 규모 조건과 유동성 조건을 충족해야만 배당 성취자가 될 수 있거든요. 배당 귀족과 선정 방식이 유사하다고 생각하시면 됩니다.

정리하자면, 50년 이상 배당을 증액시킨 기업은 배당 킹에 해당합니다. S&P500 종목 중에서 25년 이상 배당을 증액시키고, 시가총액과 유동성 조건을 충족하면 배당 귀족이 되고요. 나스닥 종목 중에서 10년 이상 배당을 증액시키고, 시가총액과 유동성 조건을 충족하면 배당 성취자 그룹에 포함될 수 있습니다.

사실 배당 킹이나 배당 귀족, 배당 성취자 등은 많이 알려진 단어입니다. 다른 미국 배당주 관련 책들에서도 이미 많이 다뤘을 거예요. 하지만 이 밖에도 우리가 주목해야 할 용어가 한 가지 더 있습니다. 바로 배당 블루칩입니다.

배당 블루칩은 배당 킹이나 배당 귀족, 배당 성취자 세 개의 그룹 중 하나 이상에 속하는 기업을 모아놓은 목록입니다. 배당 킹, 배당 귀족,

배당 성취자의 합집합이라고 생각하시면 간단하겠네요. 우리는 배당주를 발굴하기 위해서 배당 킹과 배당 귀족, 배당 성취자의 목록을 번거롭게 따로따로 다운로드 받아서 분석할 필요가 없어요. 배당 블루칩 목록 하나만 있으면 한꺼번에 모두 찾아볼 수 있거든요.

배당 블루칩에는 지금 현재 400개가 넘는 배당주들이 포함되어 있습니다. 배당 블루칩 리스트를 다운로드하면 다음의 그림과 같은 엑셀 파일을 확인할 수 있어요. 여기에는 많은 정보들이 들어 있지만, 우리가 눈여겨볼 부분은 ① 기업 이름과 ② 배당수익률(Dividend Yield), ③ 배당 증액 연수(Years of Dividend Increase) 정도입니다. 특히 배당 증액 연수를 확인해보면, 이 기업이 배당 킹에 해당하는지, 아니면 배당 귀족

⑤ 배당 블루칩 목록 들여다보기

Ticker	Name	Sector	Price	Dividend Yield	Years of Dividend Increase	Average Dividen
A	AGILENT TECHNOLOGIES, INC	Healthcare	$135.58	0.7%	13	0.6%
AAPL	Apple Inc.	Technology	$255.64	0.4%	12	0.4%
ABM	ABM INDUSTRIES INC /DE/	Industrials	$51.05	2.1%	57	1.5%
ABR	ARBOR REALTY TRUST INC	Real Estate	$13.66	12.6%	11	10.8%
ABT	ABBOTT LABORATORIES	Healthcare	$115.03	2.1%	53	1.6%
ACN	Accenture plc	Technology	$355.94	1.7%	14	1.2%
ADC	AGREE REALTY CORP	Real Estate	$70.29	4.3%	11	3.6%
ADI	ANALOG DEVICES INC	Technology	$217.07	1.7%	20	1.4%
ADM	Archer-Daniels-Midland Co	Consumer Defensi	$50.61	4.0%	51	3.0%
ADP	AUTOMATIC DATA PROCESSING INC	Industrials	$296.19	2.1%	50	1.4%
AEP	AMERICAN ELECTRIC POWER CO INC	Utilities	$92.53	4.0%	20	3.2%
AES	AES CORP	Utilities	$12.76	5.5%	12	4.8%
AFG	AMERICAN FINANCIAL GROUP INC	Financial Services	$136.90	2.3%	19	8.7%
AFL	AFLAC INC	Financial Services	$103.41	2.2%	43	1.4%
AGM	FEDERAL AGRICULTURAL MORTGAGE C	Financial Services	$196.83	2.8%	13	1.9%
AGO	ASSURED GUARANTY LTD	Financial Services	$89.67	1.3%	11	1.1%
AIT	APPLIED INDUSTRIAL TECHNOLOGIES I	Industrials	$241.24	0.6%	16	0.5%
AIZ	ASSURANT, INC	Financial Services	$215.08	1.5%	19	1.1%
AJG	Arthur J. Gallagher & Co.	Financial Services	$286.47	0.8%	14	0.7%
ALB	ALBEMARLE CORP	Basic Materials	$88.31	1.8%	29	1.5%
ALE	ALLETE INC	Utilities	$64.42	4.4%	13	4.0%
ALL	ALLSTATE CORP	Financial Services	$193.90	1.9%	11	1.5%
AMGN	AMGEN INC	Healthcare	$262.77	3.6%	14	2.9%

이나 배당 성취자에 해당하는지 대략적으로 알 수 있습니다.

참고로 배당 블루칩 리스트는 슈어 디비던드(Sure Dividend) 홈페이지에서 무료로 다운로드를 받을 수 있어요. 다운로드하는 방법은 뒤에 이어질 실습을 통해서 설명해드리도록 할게요.

우리는 앞으로 이 배당 블루칩 리스트에 포함된 기업 중에서 투자 종목을 골라낼 예정입니다. 그 이유는 명확합니다. 이 목록에 속하는 기업들은 최소 10년 이상 배당을 증액해온 우량주들로서 웬만한 위기 상황에서도 배당금을 줄이지 않을 거라고 믿을 수 있기 때문입니다.

배당수익률

배당주 투자를 할 때 가장 중요한 핵심 포인트는 배당금을 줄이지 않고 안정적으로 지급해주는 회사를 고르는 것이라는 사실을 다시 한번 강조하면서 새로운 얘기를 시작해보겠습니다. 우리가 '어떤 방법'을 통해 절대 배당금을 줄일 것 같지 않은 종목을 100개 정도 추려냈다고 가정해볼게요. 그렇다면 우리는 이 100개의 종목 가운데 어떤 종목에 투자해야 할까요?

우리가 가진 돈은 한정적입니다. 한정된 투자금으로 더 많은 배당소득을 얻기 위해서 우리가 해야 할 일은 간단하죠. 배당금을 더 많이 주는 회사를 골라서 투자해야 합니다. 다른 말로는 배당수익률이 높은 종목에 투자해야 합니다.

배당수익률을 왜 알아야 하는지 이유를 설명하기에 앞서, 여러분의 투자 센스를 한번 테스트해보겠습니다. 앞으로 배당컷이 없을 것으로 판단되는 두 종목 A와 B가 있다고 하죠. A 종목은 1년에 2달러의 배당금을 주는데, 현재 주가는 25달러입니다. B 종목은 1년에 8달러의 배당금을 주고, 현재 주가는 125달러입니다. 만약 여러분이 1,000달러를 가지고 있다면, A 주식과 B 주식 가운데 어디에 투자하는 게 좋을까요?

Ⓢ A 주식 vs B 주식, 당신의 선택은? ①

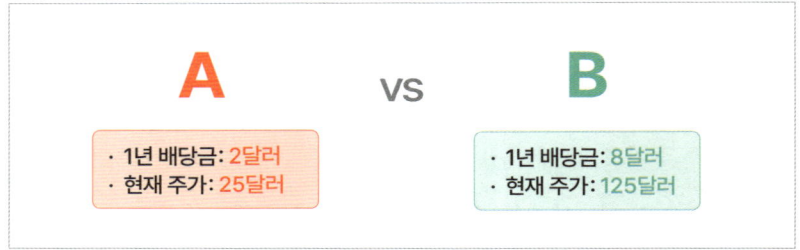

결정을 내리셨나요?

투자에 대한 감이 뛰어난 분들은 문제를 듣자마자 "이런 조건이라면 당연히 A에 투자해야지!" 하는 분들도 있을 것입니다. 어떤 분들은 "어디 보자~ 1,000달러를 가지고 있으면 A 주식은 40주를 살 수 있는데 한 주당 배당금이 2달러니까 총 80달러를 받겠군. 그런데 B 주식은 8주를 살 수 있는데, 한 주당 배당금이 8달러니까 64달러를 받겠네. 그렇다면

B 주식보다는 배당을 많이 주는 A 주식이 낫지"라고 차근차근 생각을 풀어나갈 수도 있겠지요. 어떤 과정으로 결론을 도출하든 크게 상관은 없습니다. 하지만 가장 간단한 방법은 따로 있어요. 그냥 배당수익률이 더 높은 종목을 선택하면 됩니다.

Ⓢ A 주식 vs B 주식, 당신의 선택은? ②

A 주식과 B 주식의 배당수익률을 비교해보겠습니다. 배당수익률은 위의 그림처럼 배당금을 주가로 나눠서 계산합니다. A 주식의 경우, 1년 배당금 총액은 2달러이고 현재 주가는 25달러이므로, 배당수익률은 8%입니다[(2달러/25달러)×100]. 같은 방식으로, B 주식은 1년 배당금 총액 8달러, 현재 주가 125달러이므로, 배당수익률은 6.4%입니다[(8달러/125달러)×100].

A 주식의 배당수익률은 8%, B 주식의 배당수익률은 6.4%이므로 배당수익률이 더 높은 A에 투자하는 것이 유리하다는 결론입니다.

물론 우리가 모든 종목들의 배당수익률을 일일이 직접 계산할 필요는 없어요. 배당주 정보를 검색할 때 일반적으로 배당수익률도 함께 확인할 수 있거든요.

예를 들어 앞에서 봤던 배당 블루칩 리스트 엑셀 파일을 기억하시죠? 이 표에는 각 종목의 배당수익률도 표시되어 있었습니다. 여기에 표시된 배당수익률만 비교해도 우리는 어떤 종목에 투자해야 더 많은 배당금을 받을 수 있는지 확인할 수 있습니다.

배당수익률의 기초를 마스터했으니, 이제부터는 심화 내용을 다뤄볼 차례입니다. 두 가지 내용을 추가로 말씀드릴 텐데요. 아래의 배당수익률 계산식에서 분자 부분과 분모 부분을 따로 구분해서 하나씩 설명하도록 하겠습니다. 먼저 분자 부분에 대한 내용입니다.

배당수익률 계산식의 분자에는 무엇이 있나요? 바로 배당금이었죠. 그런데 우리는 이 '배당금'에 어떤 숫자를 집어넣어야 할까요? 과거의 배당금일까요? 미래의 배당금일까요?

⑤ 배당수익률 계산식

$$\text{배당수익률} = \frac{\text{배당금} \quad \cdots\cdots\cdots ①}{\text{주식의 가격} \quad \cdots\cdots\cdots ②}$$

⑤ 배당수익률의 분자에는 어떤 배당금 숫자를 넣을까?

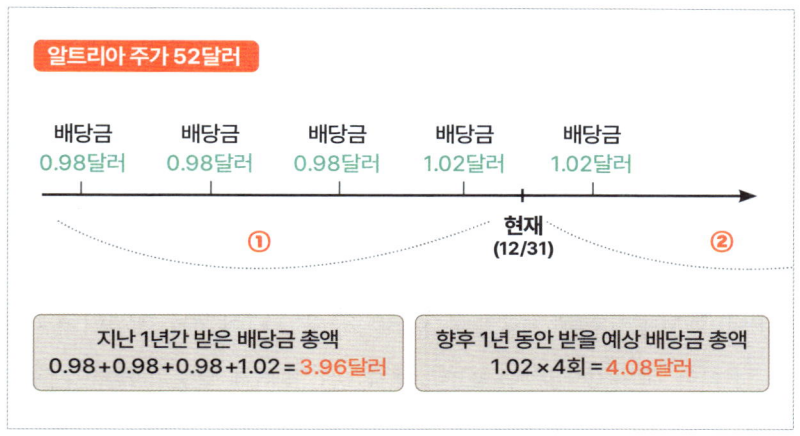

질문의 내용이 잘 이해가 되지 않는다고요? 이해를 위해 위에 구체적인 예시를 그림으로 그려보았습니다.

여러분은 현재(12/31) 1/4/7/10월 배당 지급 종목인 알트리아에 투자할지 말지 결정하기 위해서 알트리아의 배당수익률을 계산하려고 합니다. 위의 그림은 알트리아의 최근 1년간 배당금 지급 내역입니다.

알트리아는 지난 1년 동안 네 번의 배당금을 지급했어요(분기 배당). 1, 4, 7월까지는 주당 0.98달러를 줬는데, 10월부터는 배당금을 인상해 1.02달러를 지급했습니다. 즉, 지난 1년 동안 지급된 배당금을 모두 더하면 3.96달러(0.98+0.98+0.98+1.02)입니다.

이 숫자를 기준으로 배당수익률을 계산해볼게요. 알트리아의 현재 주가는 52.09달러라고 가정하겠습니다. 배당수익률 계산은 매우 쉽군요. 7.60%[(3.96/52.09)×100]가 나옵니다.

그런데 어떤 사람들은 이렇게 반문할지도 모르겠어요. "과거에 얼마의 배당금을 줬는지 뭐가 중요해? 앞으로 배당금을 얼마나 줄 건지가 중요하지!"

그래서 이런 사람들이 고안해낸 배당수익률 계산 방법이 있습니다. 마지막으로 지급받은 분기 배당금만큼을 앞으로 1년 동안 받는다고 가정하고 배당수익률을 계산하는 것이죠. 가장 최근에 받은 배당금이 1주당 1.02달러였다면, 여기에 4회를 곱해 향후에 받게 될 1년 동안의 예상 배당금을 계산하는 방식입니다. 이런 방식으로 계산을 하면, 알트리아의 향후 1년간 예상 배당금은 4.08달러(1.02달러×4회)겠네요. 그리고 이 숫자를 분자에 넣고 계산해보면, 배당수익률은 7.83%[(4.08/52.09)×100]가 나옵니다.

요약하면, 과거의 배당금을 넣고 계산하면 배당수익률은 7.60%가 나오고, 미래의 예상 배당금을 넣고 계산하면 7.83%가 나옵니다. 이런! 계산 방법에 따라 결과가 다르게 나오네요. 그렇다면 우리는 배당수익률을 계산할 때 어떤 숫자를 집어넣어야 할까요? 과거의 배당금일까요? 미래의 예상 배당금일까요?

사실 정답은 없습니다. 두 방식으로 모두 계산이 가능해요. 하지만 저는 개인적으로 후자의 방법을 선호합니다. 왜냐하면 우리가 배당수익률을 계산하는 이유는 여러 종목들 가운데 '앞으로 더 많은 배당금을 받을 종목'을 선택하기 위한 것이기 때문입니다. 미래에 많은 배당금을 받을 종목을 고르기 위해 배당수익률을 계산하는 건데, 굳이 과거의 배당금 숫자를 넣을 필요는 없잖아요.

우리가 투자하고자 하는 배당주 종목의 가장 기본적인 전제 조건은 '배당금이 깎이지 않는' 것입니다. 이 전제에 맞는 종목을 제대로 고른 것이라면, 알트리아 주식은 향후 1년 동안 분기마다 '최소한' 1.02달러 만큼은 계속 배당금을 지급하겠지요(참고로 알트리아는 지금까지 55년 동안 매년 배당금을 인상해온 기업입니다). 그러니 가장 마지막 배당금에 4를 곱한 숫자를 분자에 넣는다고 해서, 비상식적인 숫자를 대입하는 것은 결코 아닙니다.

바로 이런 이유 때문에 미국 배당주의 배당수익률은 대부분 후자의 방법으로 계산합니다. 94쪽의 표는 대표적인 미국 주식 정보 사이트 '시킹 알파(Seeking Alpha)'에서 알트리아의 배당금 관련 내용을 캡처한 화면입니다.

이 화면에서 Div Yield(FWD)는 배당수익률을 나타내는 용어입니다. 앞으로 비교적 자주 보게 될 단어이니 기억해두는 편이 좋겠습니다. 괄호 안의 FWD는 Forward의 약자인데, 향후 1년간의 예상 배당금을 사용해 배당수익률을 계산했다는 뜻입니다. 최근 발표된 분기 배당금에 4를 곱한 숫자를 넣고 계산한 것이죠. 이 수치에 우리가 미리 계산한 대로 7.83%라는 숫자가 적혀 있는 것을 확인했다면, 이제 다음으로 넘어가겠습니다.

분자 부분을 해결했으니, 이제 분모를 알아볼 차례입니다. 배당수익

📍 알트리아 주식의 배당수익률

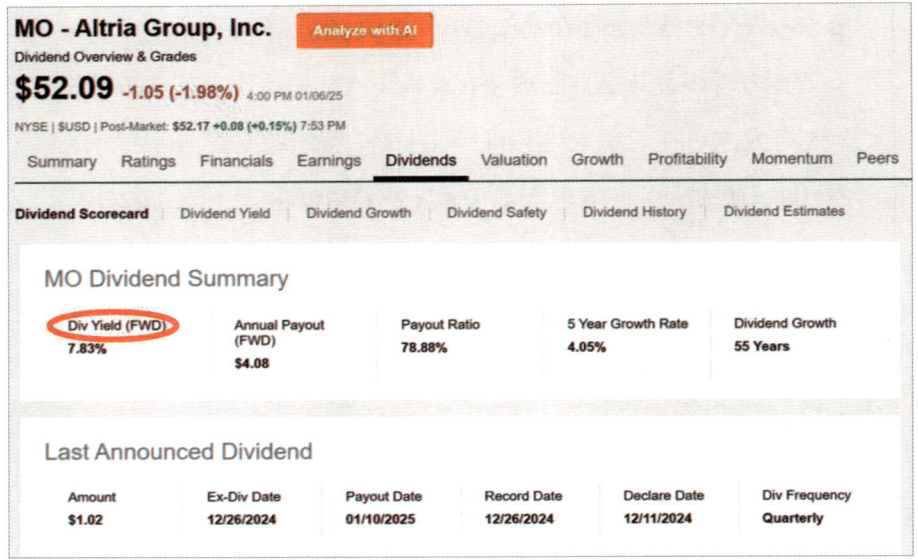

룰 계산식의 분모에는 주식의 가격이 자리 잡고 있었죠.

배당수익률은 고정되어 있는 것이 아니라 매일매일 그 값이 변합니다. 알트리아의 배당수익률도 제가 글을 쓰고 있는 오늘은 7.83%이지만, 내일은 분명 다른 숫자가 적혀 있을 것입니다. 그리고 여러분 역시이 책을 읽으면서 알트리아의 배당수익률을 찾아본다면, 또 다른 값을발견할 테지요.

그렇다면 배당수익률이 매일매일 변하는 이유는 분자에 있는 배당금 숫자 때문일까요? 아닙니다. 분자에 있는 배당금 숫자는 웬만해서는그 값이 달라지지 않습니다. 달라진다고 해봐야 1년에 한 번 정도, 배당금을 인상할 때뿐이겠지요. 배당금 때문이 아니라면, 배당수익률이 매일매일 달라지는 이유는 분모에 있는 '주식의 가격' 때문이겠네요. 주가는 매일매일 달라지니까요.

주가와 배당수익률은 반비례의 관계를 가지고 있습니다. 주가가 오르면 배당수익률은 떨어지고, 주가가 떨어지면 배당수익률은 올라갑니다.

예를 들어볼게요. 1년에 5달러의 배당금을 지급하는 A 주식의 주가가 지금 현재 100달러라고 합니다. 이에 따라 현재의 배당수익률은 5%(5달러/100달러)로군요. 그런데 여기서 A 주식의 주가가 10% 상승하면 어떻게 될까요? 우선 주가는 110달러[100달러×(1+0.1)]로 오르겠지요. 그리고 배당수익률은 주가의 상승에 반비례해 4.55%(5달러/110달러)로 하락하게 됩니다.

정리하자면 이렇게 말씀드릴 수 있어요. ① 주가가 오르면 시세차익

⑤ 주가와 배당수익률의 관계

을 얻을 수 있지만, 배당수익률이 떨어져서 배당주로서의 매력도는 감소하게 됩니다. 반대로 ② 주가가 떨어지면 시세차손이 발생하겠지만, 배당수익률이 높아지므로 배당주로서의 매력도는 올라갑니다.

기억하시는 분도 계시겠지만, 이 얘기는 지금 처음 꺼낸 것이 아닙니다. 이번 장의 초반부에 '배당주 투자는 주가가 올라가도 웃을 수 있고, 떨어져도 웃을 수 있다'라는 주제에서 언급했었죠.

다만 이번에는 한 걸음 더 나아가 주가와 배당수익률의 관계를 좀 더 체계적으로 정리해보도록 하겠습니다. 우선 주가의 변화에 따라 배당수익률이 어느 정도 변하는지 아래 표를 보겠습니다.

다음 표에서 한가운데 위치한 현재 배당수익률을 기준으로, 오른쪽은 주가가 상승했을 때 배당수익률이 얼마나 떨어지는지, 왼쪽은 주가가 하락했을 때 배당수익률이 얼마나 오르는지를 표시해놓았습니다.

예를 들어 현재 배당수익률이 5%인 주식이 있다고 생각해보세요. 만

💲 **주가 변동에 따른 배당수익률의 변화**

주가 하락			현재 배당 수익률	주가 상승		
-30%	-20%	-10%		+10%	+20%	+30%
5.71%	5.00%	4.44%	4%	3.64%	3.33%	3.08%
7.14%	6.25%	5.56%	5%	4.55%	4.17%	3.85%
8.57%	7.50%	6.67%	6%	5.45%	5.00%	4.62%
10.00%	8.75%	7.78%	7%	6.36%	5.83%	5.38%

약 이 주식의 주가가 10%만큼 상승한다면, 배당수익률은 5% → 4.55%로 떨어진다는 것을 이 표에서 확인할 수 있습니다.

이와 마찬가지로 만약 현재 배당수익률이 6%인 주식의 주가가 20% 하락한다면, 배당수익률은 어떻게 변할까요? 표에서 숫자를 차근차근 짚어보시기 바랍니다. 우선 가운데 열에서 현재 배당수익률이 6%인 지점을 찾습니다. 그리고 그로부터 주가 하락 쪽(왼쪽)으로 −20%가 적힌 지점까지 옆으로 두 칸 옮기면 됩니다. 여기에 무슨 숫자가 적혀 있나요? 네, 7.50%입니다. 한마디로 배당수익률이 6%인 주식의 주가가 20% 떨어지면, 배당수익률은 7.5%가 된다는 뜻입니다. 주가는 크게 떨어졌지만, 배당주로써 투자를 실행하기에는 아주 매력적인 배당수익률이 되는군요.

이 표에 나온 숫자들, 즉 '5%'인 주식의 주가가 '10%' 상승하면 배당수익률은 '4.55%'로 떨어진다는 이 숫자들을 모두 외울 필요는 없습니다. 정확한 숫자 대신 우리는 다음의 내용만 기억하면 됩니다.

주가가 x% 상승(하락)하면,
배당수익률은 현재 숫자의 대략 x%만큼 하락(상승)한다.

이 문장에서 우리가 기억해야 할 것은 두 가지입니다. 첫 번째로, 주가가 상승하면 배당수익률은 하락하고, 주가가 하락하면 배당수익률은 상승한다는 반비례 관계만큼은 꼭 기억하세요. 그리고 두 번째로, 배당수익률이 얼마나 변하는지에 대해서는 대략적인 감각만 익혀두시면 충분합니다. 그냥 딱 감만 익히는 수준 정도로만 기억해둘게요.

만약 주가가 10% 상승하면 현재 배당수익률의 대략 10%만큼 배당수익률은 하락합니다. 현재 배당수익률이 5%라면, 5%의 10%에 해당하는 0.5% 정도가 하락해 4.5%가 된다고 생각하시면 됩니다. 이건 단순 셈법으로 계산한 추정치이지만, 실제 배당수익률인 4.55%와 크게 다르지 않습니다.

반대로 주가가 10% 하락하면 현재 배당수익률의 대략 10%만큼 배당수익률이 상승하겠군요. 현재 배당수익률이 6%라면, 6%의 10%에 해당하는 0.6%만큼 상승해 6.6% 정도가 된다고 생각하시면 됩니다. 이 역시도 실제 배당수익률인 6.67%와 큰 차이가 나지 않습니다.

이러한 셈법은 비록 정확하진 않지만, 우리가 배당주 투자를 할 때는 이 정도의 감각만 가지고 있어도 충분합니다. 주가의 변화에 대한 대응 방법을 다양하게 생각할 수 있거든요. 이와 관련된 내용은 '3단계 매도하기'에서 자세히 다루도록 하겠습니다.

배당성장률

배당이 줄어들지 않을 주식 후보들을 추려내고, 그중에 배당수익률이 높은 종목을 우선적으로 투자한다는 원칙이 세워졌다면, 투자 종목을 선별하는 과정의 90%를 완료했다고 생각하셔도 무방합니다. 거의 다 왔어요. 하지만 그렇다고 해서 종목 선택에 대한 모든 고민이 사라진 것은 아닙니다. 아래의 표를 보겠습니다.

⑤ 어떤 종목을 고를까?

종목명	배당 증액 연수	배당수익률	배당성장률
A 회사	26년	7%	1%
B 회사	26년	5%	8%

이 표를 보면, 우리가 아직 다루지 않았던 새로운 항목이 하나 추가되어 있습니다. 바로 배당성장률입니다. 배당성장률은 매년 배당금이 얼마나 증가하는지 그 증가율을 나타내는 지표입니다. 작년에 배당금을 한 주당 10달러 받았는데, 올해는 11달러를 받았다면(배당금이 1달러 인상됐다면) 배당성장률은 10%라고 계산할 수 있습니다. [(11달러-10달러)/10달러]

'배당성장률이 높은 주식이 좋다'는 당연한 얘기를 하려는 것은 아니에요. 투자금은 한정이 되어 있기 때문에 우리는 항상 선택을 해야 합니다. 예를 들어 앞의 표에서처럼 A 회사와 B 회사가 있다고 생각해보죠. 이 두 회사의 다른 조건은 모두 동일하다고 가정하겠습니다. 다른 점은 오직 배당수익률과 배당성장률뿐입니다.

A 주식은 배당수익률이 7%인데 비해, 배당성장률은 1%밖에 되지

않습니다. 배당금을 많이 인상하지는 않는다는 뜻입니다. 반면 B 주식은 배당수익률이 5%인데, 배당성장률은 8%나 됩니다. 매년 배당금을 평균적으로 8%씩 인상해왔다는 뜻입니다.

상황이 이와 같이 주어졌다면, 여러분은 어떤 주식이 끌리시나요? 천천히 자유롭게 생각해보신 후, 마음이 정해지셨다면 다음 내용으로 넘어가보도록 하겠습니다.

현재의 배당금만 비교한다면, 당연히 A 주식을 선택하는 것이 더 많은 배당금을 받을 수 있습니다. A 주식의 배당수익률이 더 높으니까요. 현재의 주가가 A 주식과 B 주식 둘 다 100달러로 동일하다면, A 주식은 1년에 7달러, B 주식은 5달러의 배당금을 받습니다.

하지만 배당금은 고정된 것이 아니죠. 내년에는 배당금이 배당성장률만큼 증가합니다. A 주식의 경우, 7달러에서 1%(0.07달러)만큼 증가한 7.07달러를 받을 것이고, B 주식은 5달러에서 8%(0.4달러)만큼 증가한 5.4달러를 받을 것입니다. 둘 사이의 배당금 차이가 올해 2달러에서 내년에 1.67달러까지 좁혀졌네요. 내후년까지 간다면 배당금 격차는 더 줄어듭니다. A 주식은 약 7.14달러(7달러×1.01²)를 받는 데 비해, B 주식은 약 5.83달러(5달러×1.08²)를 받을 것이고, 그 차이는 1.31달러까지 줄어듭니다.

여기까지 파악했다면, 여러분의 선택은 어떤가요? 처음의 선택과 같나요? 아니면 생각이 조금 달라지셨을까요?

사실 정답이 딱 정해져 있는 것은 아닙니다. 어떤 사람에게는 A 주식에 투자하는 것이 적합할 수도 있고, 어떤 사람에게는 B 주식이 더욱 매력적으로 보일 수도 있습니다.

그렇다면 여러분의 성향은 A 주식처럼 현재 배당수익률이 높은 쪽에 투자하는 쪽이 어울릴지, 아니면 B 주식처럼 현재 배당수익률은 다소 낮지만 배당성장률이 높은 쪽을 선택하는 게 어울릴지 한번 파악해보도록 하겠습니다.

단순히 배당수익만을 생각한다면, 역시 A 주식에 투자하는 편이 낫습니다. B 주식의 배당금이 매년 빠른 속도로 증가한다곤 하지만, 102쪽 그래프에서 나타난 것처럼 A 주식의 배당금을 따라잡는 데까지는 5년이나 걸리기 때문입니다. 또한 누적배당금을 기준으로, B 주식의 누적배당금이 A 주식을 따라잡으려면 무려 9년 넘게 보유해야 합니다.

이를 다른 말로 고쳐보면 이렇습니다. 만약 오늘 주식을 선택해 10년이 넘도록 보유할 예정이라면 B 주식도 나쁘지 않습니다. 하지만 그 이전에 어떤 이유로든 주식을 팔아야 할 일이 생길 것 같다면, A 주식에 투자하는 편이 더 많은 배당금을 받아낼 수 있습니다. 만약 여러분이 지금 당장 더 많은 배당금을 확실하게 받아내고 싶어 하는 성향이라면 A 주식과 어울리겠습니다.

그런데 이렇게 한번 생각해보겠습니다. 배당성장률이 높다는 건 매년 배당금이 많이 늘어난다는 뜻이죠? 매년 배당금이 늘어난다는 건, 그만큼 회사의 순이익도 많이 증가해야 가능한 일입니다. 회사가 돈을 더 많이 벌어야 배당금을 더 챙겨줄 수 있을 테니까요.

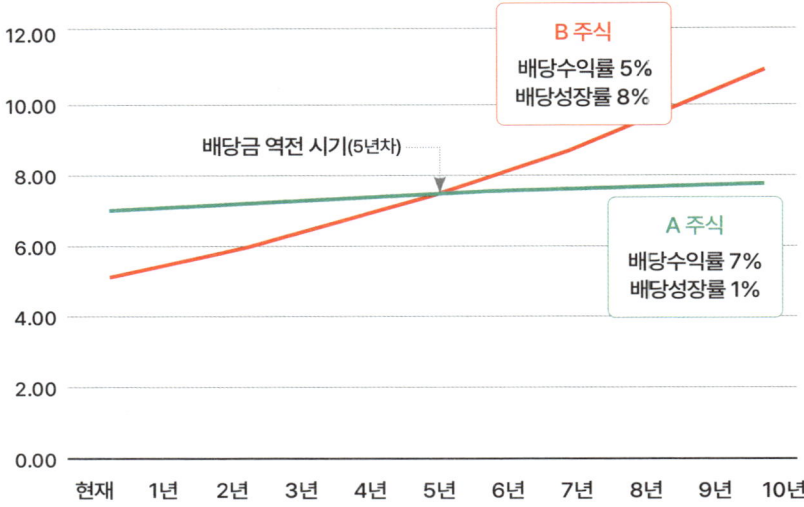

$ A 주식과 B 주식의 연도별 예상 배당금

B 주식
배당수익률 5%
배당성장률 8%

배당금 역전 시기(5년차)

A 주식
배당수익률 7%
배당성장률 1%

① 연간 배당금 총액

	현재	1년	2년	3년	4년	5년	6년	7년	8년	9년	10년
A 주식	7.00	7.07	7.14	7.21	7.28	7.36	7.43	7.50	7.58	7.66	7.73
B 주식	5.00	5.40	5.83	6.30	6.80	7.35	7.93	8.57	9.25	10.00	10.79

②누적 배당금

	현재	1년	2년	3년	4년	5년	6년	7년	8년	9년	10년
A 주식	7.00	14.07	21.21	28.42	35.71	43.06	50.49	58.00	65.58	73.24	80.97
B 주식	5.00	10.40	16.23	22.53	29.33	36.68	44.61	53.18	62.44	72.43	83.23

그렇다면 기업의 이익이 매년 계속해서 증가한다는 것은 무슨 뜻일까요? 그렇죠, 그만큼 주가가 오를 가능성도 높다는 것을 의미합니다.

아래 그림은 펩시콜라 회사의 배당금 지급 내역과 주가 차트입니

💲 배당성장률이 높으면, 주가도 오른다

자료: 키움증권 영웅문 글로벌

다. 배당금 지급 내역을 보면 익숙한 단어가 몇 개 보이는군요. ① 우선 배당금 지급 내역의 상단 부분에서 배당수익률을 확인할 수 있습니다. 3.75%라는 숫자가 보이죠? 아주 높은 수준은 아니군요.

② 그 아래의 박스 부분을 보면 연간 배당금과 배당성장률을 확인할 수 있어요. 펩시콜라의 배당성장률은 표에 표시된 대로 2010년부터 2024년까지 대략 5~13% 수준입니다. 배당을 매년마다 큰 폭으로 인상해주고 있죠. 그 결과, 2010년에 한 주당 1.89달러였던 배당금이 2024년에는 5.33달러까지 늘어났습니다. 15년 동안 배당금이 대략 세 배가량 증가했네요.

이제 아래에 있는 주가 차트를 보겠습니다. 2010년 1월에 61달러 수준이었던 주가는 2023년에 최고점 196달러까지 올라갑니다. 공교롭게도 이 기간 동안 주가도 세 배 정도 올랐습니다. 배당금도 꼬박꼬박 챙기면서 주가도 올랐다니, 이 얼마나 매력적인 주식인가요!

이처럼 배당성장률이 높은 주식을 선택한다면, 단순히 배당수익만 받는 것을 넘어서 시세차익까지 노려볼 수 있습니다. 그러니 주가를 분석하는 일에 관심이 있고, 시세차익까지 적극적으로 챙기고 싶은 분들은 배당성장률이 높은 B 주식에 투자하는 것도 좋은 선택지가 될 수 있습니다.

그런데 배당성장률을 보고 투자하려면 주의해야 할 점이 있어요. 배당성장률은 단순히 숫자만 볼 것이 아니라 현재의 추세도 함께 파악해야 합니다. 최근에 배당성장률이 줄어드는 추세는 아닌지 체크를 해봐

💲 UGI 코퍼레이션 주식의 배당성장률

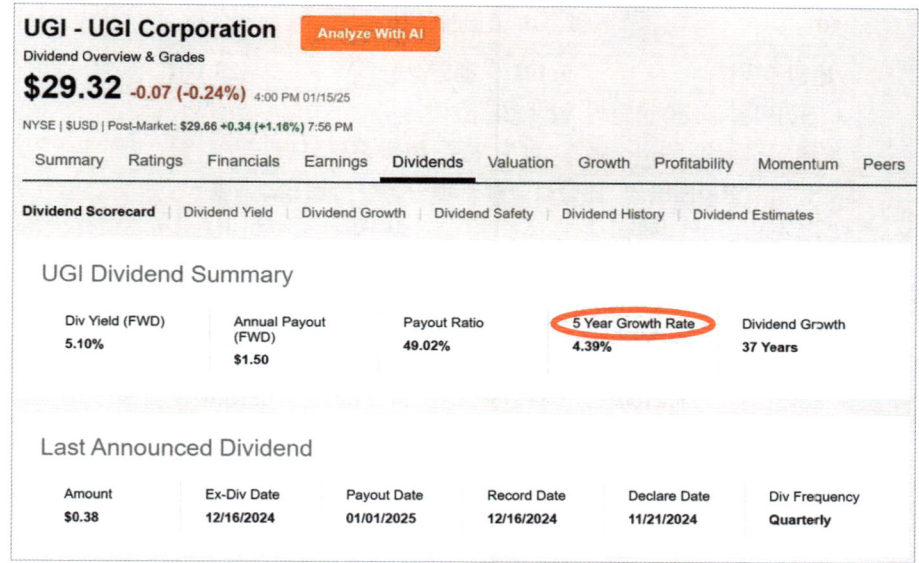

야 한다는 뜻입니다.

위 그림은 미국 주식 정보 사이트 시킹 알파에서 검색한 UGI 코퍼레이션이라는 회사의 배당금 관련 내용입니다. 배당수익률을 설명하면서도 같은 화면을 보여드린 적이 있으니 이제 좀 익숙해지셨죠?

Growth Rate는 배당성장률을 나타내는데, 보통은 위의 그림에서 보시는 것처럼 최근 5년의 배당성장률을 평균한 값을 보여줍니다.

UGI 코퍼레이션의 5년 배당성장률은 4.39%입니다. 수치로만 따지면 나쁘지 않습니다. 매년 4% 이상 성장하고 있다는 뜻이니까요. 하지만 다음의 표를 함께 보시죠.

UGI	▼ Q	NY 100% UGI 코퍼레이션		
배당수익률		5.10%	배당성향	120.00%

* 권리락일 기준 년단위 합계입니다.
※배당일정은 모두 현지 기준으로 배당지급일의 경우 실

년	년간배당금	배당성장률	배당성향	배당수익률
2024	1.5000	1.01%	120.00%	5.31%
2023	1.4850	4.21%	0%	6.10%
2022	1.4250	4.40%	28.37%	3.88%
2021	1.3650	3.80%	19.51%	3.01%
2020	1.3150	8.68%	51.57%	3.78%
2019	1.2100	17.48%	81.21%	2.88%
2018	1.0300	4.30%	25.12%	1.95%
2017	0.9875	5.05%	39.63%	2.13%

자료 : 키움증권 영웅문 글로벌

연도별로 나눠서 배당성장률 추이를 살펴보면 상황은 다릅니다. 2020년에는 배당금을 8.68%로 큰 폭으로 인상했지만, 2024년에는 1.01%밖에 올리지 않았거든요. 단지 5년 평균값이 4.39%일 뿐, 배당성장률은 매년 조금씩 줄어드는 추세일 수도 있다는 뜻이죠. 만약 배당성장률이 정말로 줄어드는 추세라면, 주가에도 긍정적인 영향을 미칠 것 같진 않네요.

그러니 배당성장률을 확인할 때는 '배당성장률이 4% 이상이니까 양호하군'이라고 숫자만 가볍게 확인할 게 아니라, 연도별로 배당성장률의 추세를 함께 체크하는 습관을 가져야 할 것입니다.

배당 성향

이제 여러분의 머릿속에는 배당수익률과 배당성장률에 대한 기본적인 개념이 자리 잡았을 것입니다. 하지만 배당수익률과 배당성장률을 감안해 더 많은 배당금을 주는 종목을 고르는 일보다 우리에게는 더 중요한 것이 있었죠! 미국 배당주 투자를 할 때 가장 중요한 것이 뭐라고 했었나요? 바로 '배당이 깎이지 않을 종목'을 선택하는 일이라고 했습니다(이 얘기를 벌써 세 번째 반복하고 있습니다. 이제 97번 남았네요).

지금부터는 본격적으로 배당이 깎이지 않을 종목을 골라내기 위한 지표들을 살펴볼 텐데요. 가장 먼저 공부할 것은 배당 성향이라는 개념입니다.

'성향'이란 성질에 따른 경향을 뜻합니다. 소득에 따른 소비의 경향을 나타내는 소비 성향이나 소득과 대비해 저축을 하는 비율을 따지는 저축 성향과 같은 용어에 주로 따라 붙습니다.

마찬가지로 배당 성향은 회사의 순이익(벌어들이는 돈)에 비해 배당금을 얼마나 주는지 그 경향을 나타내는 지표입니다. 배당 성향은 배당금을 순이익으로 나누거나, 주당배당금을 주당순이익으로 나누는 방식으로 계산합니다(배당 성향 = 배당금/순이익 = 주당배당금/주당순이익)

개념을 딱딱하게 설명하려니 쉽게 와 닿지를 않고 재미가 없네요. 예를 들어서 다음과 같이 설명해보도록 할게요.

김라면 씨와 박국수 씨는 함께 돈을 투자해 봉지라면을 생산/판매하는 회사를 차렸습니다. 김라면 씨가 60억 원을 투자하고, 박국수 씨가 40억 원을 투자해 총자본금은 100억 원이었습니다.

라면 사업은 나쁘지 않았습니다. 1년이 지난 후에 손익을 따져보니, 순이익이 10억 원이나 남았거든요. 김라면 씨와 박국수 씨는 이 10억 원의 순이익을 어떻게 나눠서 사용할지 머리를 맞대고 고민하기 시작했습니다.

순이익을 어떻게 사용할지 둘 사이의 의견은 달랐습니다. 먼저 회사의 성장을 무엇보다 중요하게 생각하는 김라면 씨가 얘기를 꺼냅니다.

"순이익 10억 원 중에 5억 원은 내년에 공장을 새로 짓거나 라면 신제품을 개발하는데 사용하고, 2억 원은 만약을 대비해서 아껴두고, 나머지 3억 원에 대해서 너랑 나랑 지분에 따라 나눠 가지면 좋을 것 같아."

그러자 회사 이익의 주주 환원을 중요하게 생각하는 박국수 씨가 자

⑤ 김라면 씨와 박국수 씨의 라면 사업

김라면 씨
60억 원

라면 공장

박국수 씨
40억 원

당기순이익 10억 원을 어떻게 사용할까?

신의 의견을 제시합니다.

"내 생각에는 현재의 시장 상황에서 우리가 신제품을 출시하거나 생산 라인을 늘린다고 해서 매출이 더 늘어날 것 같진 않아. 그러니까 순이익 10억 원 중에 신규 투자금으로는 딱 1억 원만 쓰고, 2억 원은 만약을 대비해서 남겨두고, 나머지 7억 원에 대해서 너랑 나랑 나눠 가지는 편이 좋다고 생각해."

만약 김라면 씨의 의견대로 용도를 배분한다면, 순이익 10억 원 가운데 3억 원을 배당금으로 지급하므로 배당 성향은 30%가 됩니다. 이에 비해, 박국수 씨의 의견대로 순이익을 나눈다면, 총 10억 원 가운데 7억

⑤ 순이익을 어떻게 사용할까?

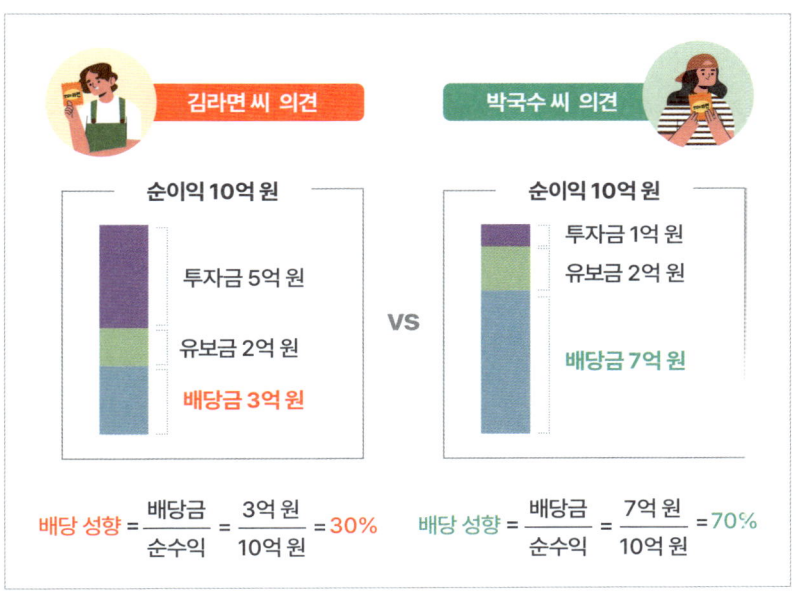

스텝 2. 매수하기

원을 배당금으로 지급하기 때문에 배당 성향은 70%가 됩니다.

이처럼 배당 성향은 회사가 중요하게 여기는 가치가 무엇이냐에 따라 결정된다고 생각할 수 있습니다. 성장을 중요시하는 회사라면 당장의 배당금 지급보다는 투자를 많이 할 것이고, 주주 환원을 중요시하는 회사라면 투자보다는 배당금을 늘리는 정책을 펼칠 수 있습니다.

예를 들어 아이폰을 만들어 파는 애플은 회사의 성장을 중요시하는 기술주이기 때문에 현재의 배당 성향이 10%에 불과합니다. 반면 산업이 이미 성숙기에 도달해서 신규 투자보다는 주주 환원에 중점을 두는 코카콜라나 펩시콜라는 70%가 넘는 배당 성향을 유지하고 있죠.

배당 성향이 높다는 것은 회사의 순이익 중에 많은 부분을 배당금으로 지급하는 경향이 있다는 뜻입니다. 그러니 배당수익률이 높은 회사들은 대체로 배당 성향이 높은 경우가 많습니다.

반대로 배당 성향이 낮은 회사의 경우, 순이익 중에 적은 부분만을 배당금으로 할애하기 때문에 안정성이 높다고 판단할 수 있습니다. 여기서 안정성이 높다는 말은 배당을 깎을 위험이 적다는 뜻이에요. 지금 당장은 배당수익률이 조금 낮을 수 있겠지만, 회사의 순이익이 갑자기 줄어들더라도 배당금부터 깎을 위험성은 상대적으로 적기 때문입니다.

여기까지 설명을 듣고 난 여러분은 약간 헷갈릴 수도 있겠네요. 뭐든지 확실한 것을 좋아하는 여러분은 저에게 이렇게 질문할 것입니다. "그래서 배당 성향이 높은 게 좋다는 거야? 낮은 게 좋다는 거야?"

하지만 안타깝게도 저는 "배당 성향은 30%대를 유지하는 종목이 안전합니다"라든지, "배당 성향이 80% 정도 되는 회사들은 배당 정책에 진심인 편이죠"라든지, 혹은 "배당의 안정성과 수익성을 모두 잡기 위해서는 배당 성향이 40~70% 사이의 종목을 고르세요"라는 결론을 내리진 않을 거예요. 적어도 지금 당장은 말입니다. 업종마다 배당 성향의 편차가 있기 때문에 일률적으로 기준을 제시하기 힘든 것도 있지만, 무엇보다 특정 구간의 배당 성향을 고집한다면 미국 배당주 투자 종목을 고르는 시야가 좁아질 수 있기 때문입니다.

대신에 저는 지금부터 배당 성향에 대해서 확실히 지켜야 할 두 가지 기준을 제시해보도록 하겠습니다.

첫 번째로, 배당 성향이 100%를 넘는 종목은 피해야 합니다. 일단 100%라는 기준선을 기억해두세요.

배당 성향이 100%라는 것은 회사가 당기순이익으로 벌어들인 돈의 전부(100%)를 배당금으로 지급하는 데 쓴다는 뜻이에요. 그러니 배당 성향이 100%를 넘는다는 말은 회사가 벌어들이는 돈보다 배당으로 나눠주는 돈이 더 많다는 것이죠. 다른 말로 하면, 배당을 지급하기 위해서 회사가 벌어들이는 돈 이외에 은행에서 돈을 빌려야 한다거나 아니면 회사에 비상 자금으로 모아뒀던 돈을 써야만 한다는 얘기입니다.

'아니, 어떻게 순이익보다 많은 금액을 배당으로 지급할 수가 있지?'라는 생각이 드는 것도 무리가 아닙니다. 상식적이지 않아 보이죠. 하지만 배당 성향이 100%보다 높은 주식들은 의외로 많이 존재합니다. 특히 배당수익률이 10%를 넘는 소위 고배당주들 중에는 이런 경우가 매우 흔합니다.

이처럼 무리해서 배당을 지급하는 회사는 향후에 배당금이 깎일 위험이 큽니다. 그러니 배당 성향이 100%를 넘는 회사는 가급적이면 투자하지 않는 편이 좋겠습니다.

그럼 배당 성향이 100%만 넘지 않는다면 괜찮다는 것일까요? 아닙니다. 두 번째로, 지금 당장은 배당 성향이 100%를 넘지 않더라도, 배당 성향이 점점 높아지는 추세의 회사는 주의해야 합니다. 배당 성향의 절대적인 수치뿐만 아니라 추세에도 주목해야 한다는 뜻입니다.

어떤 분들은 단순하게 "배당 성향이 높아진다는 건 배당금이 많아진다는 의미니까 좋은 거 아니야?"라고 생각하실 수 있어요. 그리고 우리는 배당 블루칩 종목, 즉, 최근 10년 이상 배당을 늘려온 기업들 중에서 투자 종목을 선택할 예정이기 때문에 배당금이 매년 늘어나는 건 이상한 일이 아닙니다.

하지만 배당금이 증가하면서 동시에 배당 성향도 지속적으로 높아지고 있다면, 이런 종목은 주의해서 살펴봐야 합니다. 회사의 순이익은 그대로이거나 오히려 감소하고 있을 확률이 매우 높거든요.

이런 기업들의 배당 성향이 증가하는 과정을 그래프로 그려보았습니다. 그래프를 읽는 방법은 간단해요. 제가 숫자로 표시해둔 순서대로 읽기만 하면 됩니다. 즉, ① 순이익은 증가하지 않고 그대로인데, ② 배당금만 매년 늘어난다면 ③ 시간이 지날수록 해당 기업의 배당 성향이

ⓢ 배당 성향이 증가하는 이유

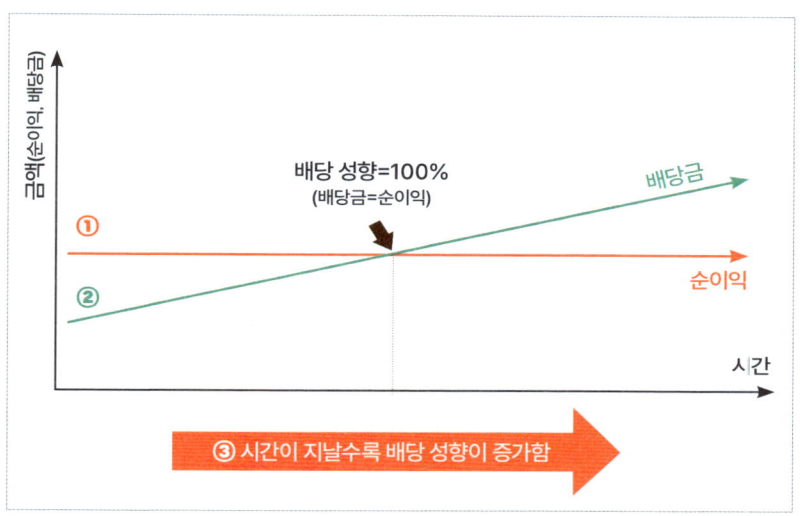

증가하는군요.

　그래프의 중간에 배당금 곡선과 순이익 곡선이 교차하는 부분이 있습니다. 이 교차점이 배당금과 순이익이 같아지는 시점, 즉, 배당 성향이 100%가 되는 순간입니다. 만약 교차점 이후로도 순이익이 늘어나지 않고 제자리라면, 이 그래프에서처럼 배당 성향은 결국 100%를 넘어설 수밖에 없겠네요.

　사실, 모든 회사는 기본적으로 배당금을 계속 늘리고 싶어 합니다. 배당금이 늘어나는 모습을 보여줘야 투자자들이 계속 유입될 테니까요. 하지만 순이익이 해마다 늘어나는 배당금을 감당할 수 없을 정도가 되어버리면, 결국 남는 선택지는 하나밖에 없어요. 바로 배당을 삭감하는 것이죠. 우리는 이를 피하기 위해 배당 성향의 추세에도 관심을 가져야 하는 것입니다.

한마디로 정리하자면, 우리가 투자해야 할 대상은 '배당금은 매년 늘어나지만, 배당 성향은 그대로 유지되거나 오히려 줄어드는' 그런 회사입니다.

순이익 추세

저는 이번 책에서 기업회계나 재무분석처럼 이해하기 복잡한 내용은 최대한 쓰지 않겠다는 목표를 세웠습니다. 하지만 배당 성향을 설명하는 도중에 '순이익'이라는 개념이 등장해버렸기 때문에 이것에 대한 얘기를 하지 않고 넘어갈 수는 없겠네요.

무게를 잔뜩 잡았지만, 사실 어려운 얘기는 전혀 없습니다. 굳이 설명하지 않아도 여러분은 이미 알고 있을 법한 얘기들만 골라서 할 거거든요. 예를 들면 이런 식의 질문들이죠.

"순이익이 많이 나는 회사가 좋을까요? 적은 회사가 좋을까요?"

이건 추가적인 설명을 하지 않아도, 누구나 '당연히' 이익이 많이 나는 회사가 좋다는 것을 알고 있을 것입니다. 제 질문 속에 혹시 함정이 있을까 봐 '순이익이 적은 회사가 좋나?' 하고 망설이지 말고, 그냥 단순하게 생각하시기 바랍니다.

ⓢ 순이익은 어떻게 나오나?

맛있다 라면 라면 회사 손익계산서	
① 매출액	**100억 원**
- 매출 원가	(70억 원)
- 판관비(급여 등)	(19억 원)
② 영업이익	**11억 원**
+ 영업외수익(비용)	1억 원
- 법인세	(2억 원)
③ 당기순이익	**10억 원**

자, 우선 기업의 순이익은 어떻게 만들어지는지 알아보겠습니다.

순이익을 확인하기 위해서는 손익계산서라는 재무제표를 봐야 합니다. 손익계산서란 특정 기간 동안 회사에 얼마나 많은 수익과 비용이 있었는지를 적어둔 장부예요. 지금부터 이 손익계산서의 구조가 어떻게 이루어지는지 살펴보겠습니다.

기업의 손익계산서는 ① 매출액, ② 영업이익, ③ 당기순이익을 중심으로 순서대로 확인하면 쉽습니다. 첫 번째인 매출액부터 시작해보죠. 위의 그림을 보면서 설명을 따라 오시기 바랍니다.

매출액은 기업이 상품이나 서비스를 판매해서 벌어들이는 총수입을 뜻합니다. 한마디로 물건을 판 총금액입니다. 김라면 씨의 라면 회사를 예로 든다면, 라면의 총 판매 대금이 얼마인지를 나타내겠네요. 만약 라면 회사가 1년 동안 1,000원짜리 라면을 총 1,000만 봉지 팔았다면 매출액은 100억 원이 되겠죠?(1,000원×1,000만 봉지)

하지만 매출액 전부를 '내가 번 돈'이라고 착각하면 안 됩니다. 라면을 만들어 파는 과정에서 들어간 비용도 있기 때문입니다. 라면을 생산하기 위해서는 밀가루 등 각종 원재료도 사야 하고(매출 원가), 공장을 가동하기 위해서 직원들에게 급여도 지불해야 합니다.

매출액에서 매출 원가와 판관비(판매비와 직원 급여 같은 일반 관리비)를 차감해주면 영업 활동으로 발생하는 이익, 즉, 영업이익이 계산됩니다. 라면 회사의 매출액이 100억 원인데 매출 원가와 판관비가 각각 70억 원과 19억 원이라면, 영업이익은 11억 원이 되겠군요.

영업이익이 영업 활동으로 인한 이익을 뜻한다면, 당기순이익은 회사의 모든 활동으로 인한 이익을 뜻합니다. 가령, 라면 회사에서 1년짜리 예금에 돈을 넣어뒀는데 이자로 1억 원을 받았다고 생각해보죠. 예금 이자는 영업 활동으로 인한 이익은 아니지만 회사의 순이익에는 포함이 되어야 하는 금액입니다. 그러니 순이익을 계산하기 위해서는 이러한 영업외수익도 합산해주어야 합니다.

이와 같은 논리로, 대출 이자로 지출한 금액(영업외 비용)이나 법인세 등은 영업이익에서 차감해 순이익을 계산해줍니다. 라면 회사의 영업이익 11억 원에서 예금 이자 1억 원을 더해주고, 법인세 2억 원을 차감하는 식으로 말이죠. 이렇게 계산해보니, 라면 회사의 당기순이익은 10억 원이 되겠네요. 즉, 라면 회사가 1년 동안 번 돈(순이익)은 총 10억 원인 것입니다. 기업의 순이익이 어떤 방식으로 계산되는지 그 흐름이 얼추 이해되시나요?

기업의 순이익은 주식 투자와 밀접하게 관련되어 있습니다. 주식의 가격이 얼마가 적당한지 순이익을 이용해서 계산할 수 있거든요. 그 방법을 대략적으로 말씀드리면 이렇습니다.

우선, 내가 투자하려는 기업과 동종 업종에 있는 기업들을 대상으로 평균적인 PER(주가수익비율)를 산출해냅니다. 그리고 이 PER를 내가 투자하려는 기업의 주당순이익에 곱해 주식의 적정 가격을 계산합니다. 예컨대 '주당순이익이 1,000원인데, 평균 PER이 15배라면 이 회사의 적정 주가는 15,000원이다'라고 계산하는 겁니다. 이를 주식 투자의 '상대적 가치평가'라고 합니다.

적정 주가를 계산한 후에 해야 할 일은 뻔합니다. 만약 현재의 주가가 방금 계산한 적정 가격보다 싸다면(저평가) 주식을 사야 할 것이고, 비싸다면(고평가) 매도하면 되겠습니다. 이처럼 순이익은 주식 매대로 돈을 버는 투자자들에게 매우 중요한 요소 가운데 하나입니다.

하지만 다행히도(?) 이런 복잡하고 대체로는 실패하기 쉬운 주가 계산 방식을 우리의 배당주 투자에는 적용하지 않을 예정입니다. 배당주 투자자에게 있어서 기업의 적정 주가를 계산하는 일은 크게 중요하지 않거든요. 우리에게 더 중요한 것은 과연 이 회사가 향후에 배당을 깎아버릴 회사인지 아닌지 그 여부를 판단하는 일입니다.

그렇지만 배당주 투자자에게도 기업의 순이익을 확인하는 일은 여전히 중요합니다. 그 이유는 너무 당연하겠죠. 배당금의 원천이 바로 순이익이기 때문입니다. 우리가 투자하려는 회사가 배당금을 줄이지 않고 계속 지급해줄 수 있을 만큼, 순이익을 충분히 벌어들이고 있는지 확인하는 일은 그래서 중요합니다.

보통 순이익을 확인하려고 한다면, 회사의 홈페이지에 공시자료로 올라와 있는 재무제표를 확인하거나 아니면 증권사의 애널리스트들이 작성한 기업 리포트를 찾아서 살펴보면 돼요. 하지만 배당금을 받는 것이 목적인 우리에게 순이익 계정 옆에 어떤 숫자가 적혀 있는지 확인하는 과정이 필수인 것은 아닙니다. 주당순이익이 1,000원인지 혹은 1만원인지 알 필요까지는 없다는 뜻입니다. 다만 최근 순이익이 어떻게 변하고 있는지 그 추세를 살펴보는 일은 놓치지 않아야 합니다. 다시 한번 말하자면, 구체적인 숫자의 높고 낮음보다는 순이익이 우상향하는 추세가 중요합니다.

순이익이 매년 어떻게 변하고 있는지 추세를 확인하는 방법은 간단합니다. 재무제표의 숫자를 일일이 찾는 것보다 백만 배는 쉬워요. 여러분이 쓰고 있는 증권사 HTS의 재무 차트 화면에서 간단한 세팅만 추가해주면 언제든지 즉시 확인할 수 있거든요.

다음의 그림은 키움증권 HTS의 재무 차트 화면입니다. 오토매틱 데이터 프로세싱이라는 종목의 차트인데요. 이 재무 차트 화면에서는 주가 차트 아래쪽에 각종 재무제표들을 추가해 함께 확인할 수 있습니다. 여기에 ① 영업이익과 순이익 지표를 추가해주고(구체적인 방법은 실습

💲 그림으로 보는 순이익 추세

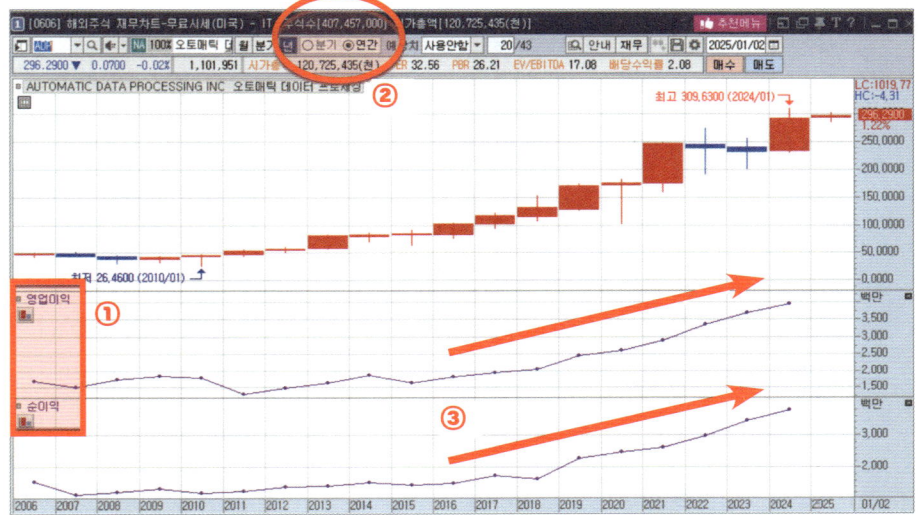

자료: 키움증권 영웅문 글로벌

파트에서 함께 해보도록 하겠습니다). ② 연간(혹은 분기) 자료를 불러오도록 선택해주면 ③ 시간이 지남에 따라 순이익이 어떻게 변화하고 있는지 손쉽게 확인할 수 있어요. 그림으로 순이익 추세를 볼 수 있으니 숫자로 보는 것보다 직관적으로도 이해하기 쉽죠.

물론 우리가 투자할 모든 종목의 순이익 차트가 오토매틱 데이터 프로세싱처럼 드라마틱하게 우상향하는 것은 아닙니다. 사실 수십 년 동안이나 한 해도 거르지 않고 순이익이 꾸준히 오르는 일은 불가능에 가깝죠. 회사의 성과는 좋을 때도 있지만, 때때로 기대에 미치지 못할 때도 있는 거 아니겠어요?

다만 순이익이 전년도에 비해 감소하더라도 그것이 상승 추세를 벗어나는 것인지 일시적인 감소인지는 구분해야 합니다. 상승 추세를 벗어나 2~3년 연속으로 순이익이 감소한다면, 그런 회사에 대한 투자는 조금 더 신중하게 접근해야 할 것입니다.

현금성 자산

순이익과 배당 성향의 개념에 대해 공부를 한 김에, 이쯤에서 종합적으로 정리해보겠습니다. 우리가 투자할 배당주는 ① 순이익이 추세적으로 계속 늘어나고, ② 배당금도 매년 증가하면서, ③ 배당 성향은 너무 높지 않게 일정한 수준을 유지하는 기업이면 좋겠습니다. 이를 그림으로 표현해보면 오른쪽 그래프와 같은 기업입니다.

다음의 그래프에서, 먼저 2021년도 상황부터 보도록 하죠. 이 기업의 주당순이익은 100달러였습니다. 이 가운데 51달러를 주주들에게 배당금으로 지급했군요. 그렇다면 배당 성향은 얼마죠? 바로 51%입니다. 쉽네요! (51/100)

그 이후로 5년간 순이익은 매년 증가했습니다. 100달러에서 105달러, 110달러, 115달러, 120달러까지 꾸준히 이익이 늘었어요. 이와 비례해 이 회사는 주주들에게 주는 배당금도 매년 증액했어요. 2021년에는 51달러를 지급했는데, 매년 53달러, 55달러, 57달러, 59달러까지 배

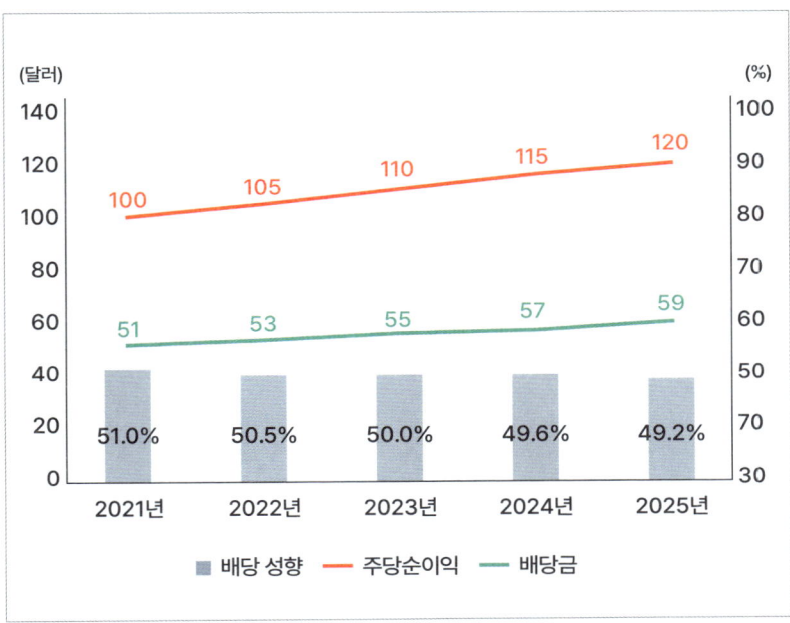

당을 올려주었습니다. 이에 따라 배당 성향도 50%를 전후해 안정적으로 유지되고 있습니다. 그림을 보면서 잘 따라오고 계시죠? 순이익과 배당금, 배당 성향까지 어딜 보나 이상적인 배당주의 모습입니다.

이와 더불어 저는 이 회사의 배당 증액 연수가 25년(배당 귀족)이나 된다는 것을 확인하고는 이 주식이 배당주로서 안전하다고 판단해 투자하게 되었습니다. 이제 분기마다 배당금이 제대로 입금되는 것을 확인하면서 흐뭇해할 일만 남았죠.

그런데 제가 투자하고 난 바로 이듬해에 사고가 발생했습니다. 무슨

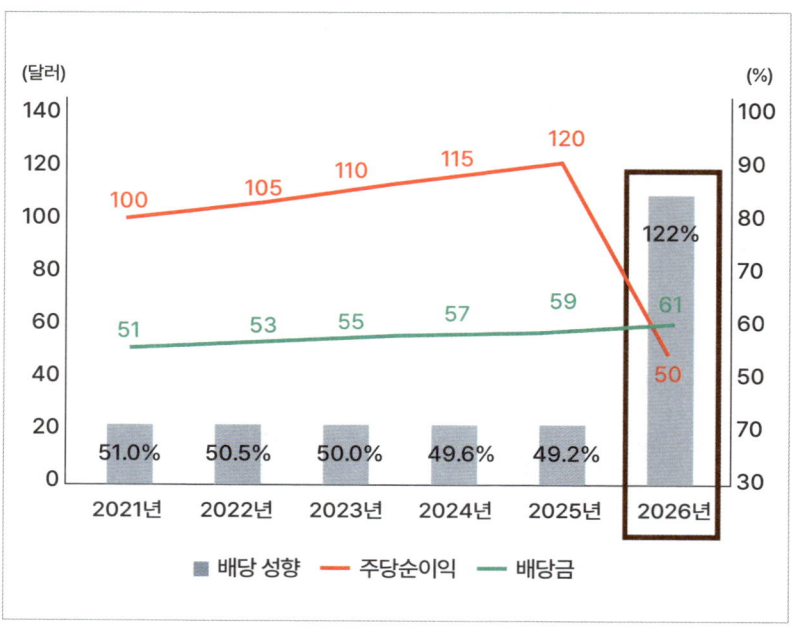

이유에서인지 이 회사의 순이익이 갑자기 뚝 떨어져버린 것이죠. 위의 그림처럼요.

2025년도에 주당순이익이 120달러이던 것이, 2026년도에 50달러로 반토막 이상 무너져내렸습니다. 이와 함께 제 마음도 무너져내렸죠. 저는 이 주식을 당장 팔아야 할지 고민에 빠졌습니다.

사실 이런 일들은 현실에서도 비일비재합니다. 순이익이 한 해도 거르지 않고 매년 오르는 것이 오히려 이상할 정도지요. 그런데 순이익은 왜 줄어들었던 걸까요?

우선, 물건이 잘 안 팔려서 매출액 자체가 크게 감소했을 수 있습니다. 아니면 경제 상황이 잠시 안 좋아서 단기적으로 영업이익이 줄어들었을 수도 있겠죠. 라면 회사를 예로 들자면, 밀가루 가격이 급등하면서 매출 원가가 높아진 까닭에 영업이익이 줄어들었을 수도 있겠네요.

금리가 올라서 이자 비용이 증가하는 경우, 영업이익은 그대로인데 순이익만 감소할 수도 있습니다. 기업의 부채가 많을수록 금리의 영향을 많이 받을 가능성이 높겠지요. 또 다른 예로는, 어떤 소송에 휘말려서 일회성 비용이 크게 빠져나가는 경우도 있을 수 있겠습니다.

다양한 이유들로 순이익의 하락은 어느 회사에서나 갑자기 닥칠 수 있습니다. 그렇다면 기업의 순이익이 줄어들었을 때 우리의 배당금은 과연 어떻게 될까요? 순이익이 줄어들었으니, 그 즉시 배당금도 바로 깎아버릴까요?

사실 회사의 입장에서는 배당금을 줄이는 일만은 피하고 싶을 것입니다. 특히 25년 이상 배당을 증액해온 기업이라면 더더욱 그렇겠죠. 오랫동안 배당을 증액했다는 그 기록을 깨고 싶지 않을 테니까요.

배당금을 줄이게 되면 배당을 받을 목적으로 투자했던 주주들이 그 주식을 앞다투어 매도할 것이기 때문에 주가는 크게 하락할 것입니다. 회사에서는 이런 상황을 결코 즐기지 않아요. 그래서 순이익이 다소 줄어들었더라도, 불가피한 상황이 아니라면 배당을 줄이지 않습니다.

122쪽의 그래프를 보면, 2026년도의 주당순이익은 50달러로 2025년도에 비해 크게 낮아졌습니다. 반면 회사가 지금까지의 배당 정책대로 일정 수준 배당금을 증액하고자 한다면, 배당금을 61달러까지는 늘려야 할 것입니다. 50달러를 벌었는데 61달러를 배당으로 주어야 하는 상황인 것이죠. 만약 배당금을 기존처럼 증액한다면 배당 성향은 122%까지 치솟게 됩니다.

이처럼 순이익은 줄어들었는데, 그동안의 배당 정책을 계속 유지할 수 있을까요? 다시 말해, 주당순이익이 작년에 지급했던 배당금 수준보다도 낮아졌는데, 올해 배당금을 작년보다 증액하는 일이 가능하긴 할까요?

가능합니다. 회사에서 보유하고 있는 현금이 충분하다면 가능한 일이죠. 보유하고 있는 현금으로 모자란 배당금을 지급할 수 있을 테니까요. 그래서 '배당을 줄이지 않을 종목'을 찾을 때는 그 회사가 현금을 충분히 보유하고 있는지도 따져봐야 합니다.

회사가 현금을 얼마나 보유하고 있는지는 시킹 알파 사이트에서 쉽게 찾아볼 수 있습니다. 자료를 찾는 방법은 다음 장에서 한꺼번에 설명하도록 하겠습니다.

앞에서 다뤘던 알트리아의 현금 보유량을 조사해보겠습니다. 오른쪽 그림을 보면 'Cash per share'라는 항목이 있죠? 이 항목은 주식 한 주당 보유하고 있는 현금이 얼마인지를 나타낸다고 이해하시면 됩니다. 회사가 가지고 있는 전체 현금 보유액을 발행 주식 수로 나눈 값입니다. 알트리아의 현재 현금 보유량은 1주당 1.85달러입니다.

기억을 더듬어보면, 알트리아의 최근 분기 배당금은 주당 1.02달러

💲 기업은 현금을 얼마나 가지고 있을까?

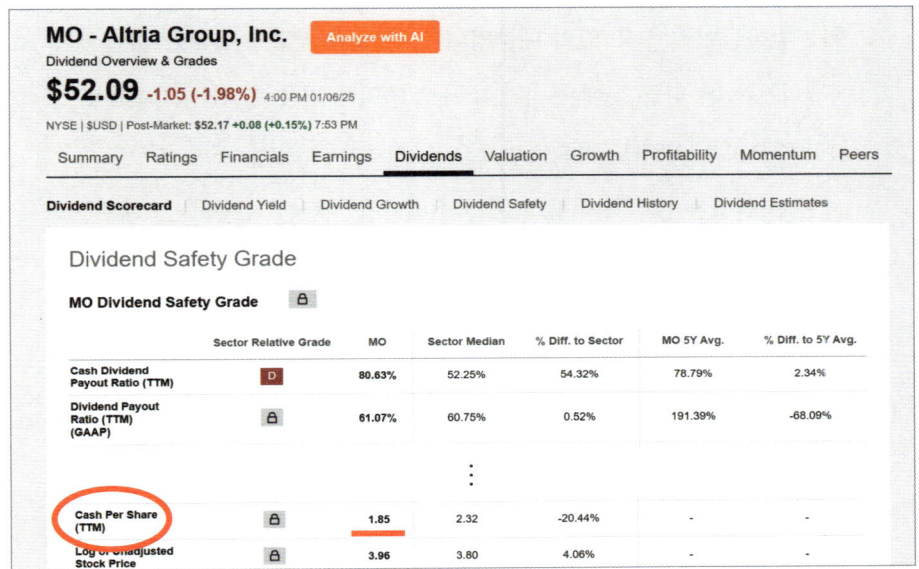

라고 했습니다. 그런데 현금은 주당 1.85달러 보유하고 있군요. 그렇다면 알트리아는 만약 다음 분기에 순이익이 제로라도 보유한 현금을 활용해서 배당금을 그대로 지급할 수 있을 것입니다. 1분기는 충분히 버틸수 있지만, 2분기를 주기에는 약간 모자란, 딱 그 정도 수준의 현금을 보유하고 있네요. 물론 순이익이 제로인 상황이 발생하면 안 되겠지만요.

그렇다면 기업은 과연 현금을 얼마나 보유하고 있는 것이 적당할까요? 이에 대해 분명한 기준을 세우는 것은 어렵습니다. 그 이유는 다음과 같습니다.

우선 현금이 많다고 해서 무조건 좋은 것은 아닙니다. 보유 현금이 지나치게 많으면 기업이 자금을 효율적으로 활용하지 못하고 있다는 신호로 받아들여질 수도 있기 때문입니다. 회사의 금고에 현금을 많이 쌓아놨다는 것은 다른 곳에 투자해 추가로 수익을 얻을 수 있는 기회를 포기한 것으로 보일 수도 있으니까요.

또한 현금을 많이 쌓아놨다고 해서 배당금 지급을 100% 보장해주는 것도 아닙니다. 현금을 배당 지급 용도로만 사용하는 것은 아닐 테니까요. 현금은 기업이 앞으로 사업을 확장하는 데 사용할 수도 있고, 부채를 상환하는 데 사용할 수도 있습니다. 그러니 단순히 현금 보유량이 얼마인지 그 금액만으로 배당 지급 능력을 평가하는 데에는 한계가 있어요.

반대로 지금 당장의 현금 보유량이 적다고 해서 무조건 배당금을 지급하지 못하는 것도 아닙니다. 순이익이 부족하다면 배당금을 지급하기 전에 다른 자산을 미리 팔아서 현금을 마련할 수도 있을 테고, 의지만 있다면 대출을 받아서라도 배당금을 지급할 수 있겠지요.

그럼에도 불구하고 현금 보유액을 확인하는 것은 중요합니다. 현금을 충분히 가지고 있다는 것은 순이익이 큰 폭으로 하락하는 위기에서도 배당금을 지급할 수 있는 버퍼를 가지고 있다는 뜻이니까요. 이러한 역할이 제대로 작동되기 위해서 기업들은 현금 보유액을 '최소한' 1~2분기치 배당금 지급액 이상의 수준으로 유지해야 합니다. 만약 분기 배당금이 1달러라면, 주당 현금 보유액은 최소한 1~2달러 이상 가지고 있어야 한다는 뜻이지요.

사실 현금 보유액만으로 배당 지급 능력을 판단하는 것은 지나치게 단편적이라는 반론에 부딪힐 수 있습니다. 배당 지급 능력을 조금 더 입체적으로 평가하기 위해서는 현재의 현금 보유액과 더불어 현금 창출 능력을 나타내는 잉여 현금 흐름(FCF)을 함께 따져보는 것이 바람직합니다. 하지만 현금 흐름표의 내용들까지 다룬다면 미국 배당주 투자를 최대한 단순하고 쉽게 입문하고자 하는 이 책의 취지에서 다소 벗어나기 때문에 이번 책에서는 다루지 않도록 하겠습니다.

이번 장은 내용이 다소 복잡하고, 범위가 넓어서 한 번에 이해되지 않았던 부분도 있을 거예요. 이번 장에서 소화되지 않았던 내용은 다음 실습을 통해서 다시 한 번 복습해보도록 하겠습니다. 이번 장의 주요 내용을 요약하면 의외로 간단합니다.

기억해야 할 내용

- 배당주 투자에서 제일 중요한 포인트는 배당컷을 하지 않고, 배당을 안정적으로 지급해줄 수 있는 회사를 고르는 일이다.
- 배당주 종목을 선별하기 위해서 배당 증액 연수, 배당수익률, 배당성장률, 배당 성향, 순이익 추세, 현금 보유량 등을 확인하자.

[실전]
투자 종목 발굴 따라잡기

　우리는 2장에서 미국 배당주 투자 종목을 발굴하기 위한 몇 가지 중요한 개념들을 알아보았습니다. 기억을 더듬어보자면, 배당 증액 연수를 비롯해 배당수익률과 배당성장률, 배당 성향, 순이익, 주당 현금 보유액과 같은 내용들을 설명해드렸지요. 이 내용을 정리하면 오른쪽 표와 같습니다.

　이러한 개념들은 배당주 투자를 하는 데 무척 중요하지만, 아직 이 내용들을 어떻게 활용해야 할지는 여전히 막막합니다. 여기까지만 설명하고 그냥 넘어간다면 여러분들은 혼란에 빠질 수도 있겠네요.

　"그래서 도대체 뭘 어떻게 하라는 거야?!"

　이번 장에서는 실제로 투자 종목을 발굴하는 과정을 실습해보겠습니다. 단순히 이론을 알려드리는 것보다 실제로 종목을 발굴하는 과정을 보여드리는 것이 여러분께서 투자 감각을 익히시는 데 더욱 도움이 될 테니까요. 마음 편하게 지난 장의 내용을 복습한다고 생각하시면서

$ 배당주 투자에서 중요한 개념들

항목	의미	참고사항
배당 증액 연수	배당을 얼마나 오래 늘려왔는가?	배당 킹, 배당 귀족, 배당 성취자, 배당 블루칩
배당수익률	주가에 비해 배당금을 얼마나 지급하는가?	배당수익률이 높을수록 투자금 대비 배당을 많이 받음
배당성장률	일정 기간 동안 배당금을 얼마나 올렸는가?	배당수익률 vs 배당성장률
배당 성향	순이익 중에 몇 퍼센트를 배당금으로 지급하고 있는가?	배당 성향이 100을 넘으면 안 됨
순이익	회사가 돈을 얼마나 벌고 있는가?	우상향하는 추세가 중요
현금 보유액	현금을 얼마나 보유하고 있는가?	최소한 1~2분기 배당금 지급이 가능한 수준 유지

한 번씩 따라 해보시는 것을 추천해드립니다. 제가 참고 사이트를 알려드리면 여러분도 저를 따라서 검색해보시고, 제가 HTS의 설정을 바꾸면 그것도 똑같이 따라 해보세요. 눈으로만 보는 것보다 직접 해보는 것이 도움이 될 것입니다.

물론 제가 지금부터 알려드릴 일련의 과정이 정답은 아닙니다. 투자 종목을 발굴하는 데 정답이 있을 수는 없잖아요. 하지만 제가 5년 동안 미국 배당주 투자를 하면서 다듬고 발전시켜온 방법인 만큼, 여러분에게 투자 스킬을 업그레이드할 수 있는 힌트 정도는 되리라고 확신합니다.

그리고 이번 장을 마치고 나면, 그 결과물로 여러분은 아래의 표를 채울 수 있게 될 것입니다. 아직은 익숙하지 않을 테니까 일단 네 개 종목 정도만 발굴하는 것을 목표로 하겠습니다. 배당 주기별로 투자할 종목을 각각 한 개씩만 찾아보자는 의미입니다.

빈칸을 채워나갈 준비가 되셨나요? 그럼 지금부터 시작하겠습니다.

Ⓢ 배당주 체크리스트

종목명	업종	배당 주기	배당 증액 연수	배당 성향	배당 수익률	배당 성장률	순이익 추세	주당 현금 보유액
		1/4/7/10월						
		2/5/8/11월						
		3/6/9/12월						
		매월						

배당 블루칩 리스트 다운로드 받기

미국 주식시장(뉴욕증권거래소와 나스닥)에는 현재 5,500개 이상의 기업들이 상장되어 있습니다. 엄청 많죠? 투자할 만한 배당주를 찾기 위해서 5,500개가 넘는 종목들을 하나하나 분석하려면 시간도 많이 걸릴뿐더러 지나치게 비효율적일 것입니다.

우리는 이 모든 종목들을 현기증이 날 때까지 들여다보는 대신, 투자 대상을 한정 짓도록 하겠습니다. 10년 이상 배당을 늘려온 기업 중에서 투자할 대상을 고르는 것이죠. 10년 이상 배당금을 매년 늘려왔다면, 주주들에게 배당을 주는 데 있어서만큼은 진심이라는 뜻일 테니까요.

10년 이상 배당금을 늘려온 기업들을 따로 모아놓은 리스트가 있다는 얘기를 혹시 기억하시나요? 네, 맞습니다. 그것이 바로 배당 블루칩 리스트라고 했죠. 투자 종목을 발굴하는 첫 번째 단계로 이 '배당 블루칩 리스트'라는 것을 다운로드받도록 하겠습니다(배당 블루칩 리스트는 슈어 디비던드 사이트에서 누구나 간편하게 다운로드하실 수 있습니다).

컴퓨터를 켜고, suredividend.com 사이트에 한번 들어가보겠습니다. 처음 이 사이트에 들어가면 많은 양의 영어 때문에 당황하실 수 있어요. 영어가 부담스러우시다면 크롬 브라우저로 접속해 자동 번역 기능을 켜두셔도 됩니다. 처음에는 생소하지만 몇 번만 들어와보면 금방 익숙해지실 거예요.

참고로 유료 회원에 가입할 필요는 없습니다. 배당 블루칩 리스트뿐만 아니라 배당 킹, 배당 귀족, 배당 성취자 리스트 등 거의 대부분의 자료들을 로그인하지 않아도 받으실 수 있거든요.

슈어 디비던드 웹사이트의 첫 화면에서 마우스 스크롤로 가장 아랫부분까지 쭉 내려보겠습니다.

Newest Articles

The Top 5 Canadian Bank Stocks, Ranked In Order

2025 Kevin O'Leary Complete Stock Portfolio List & Top 10 Dividend Picks Now

10 Overly Risky Stocks With Too High Dividend Yields

All 137 Dividend Champions In February 2025 | Updated Daily

Top 20 Highest Yielding Monthly Dividend Stocks Now | Yields Up To 17.4%

4 Highest Yielding Royalty Trusts For 2025 | Yields Up To 9.5%

10 Undervalued Hidden Gem Dividend Stocks For Savvy Investors

10 Super High Dividend REITs With Yields Up To 17.4%

2025 List Of All Russell 2000 Companies | Updated Daily

2025 Monthly Dividend Stocks List | See All 76 Now | Yields Up To 17.5%

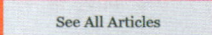

ARTICLES
GOLDEN RULE COMMITMENT

화면의 가장 아래쪽까지 내려가면, 'See All Articles'라는 버튼이 보이는군요. 클릭해보겠습니다.

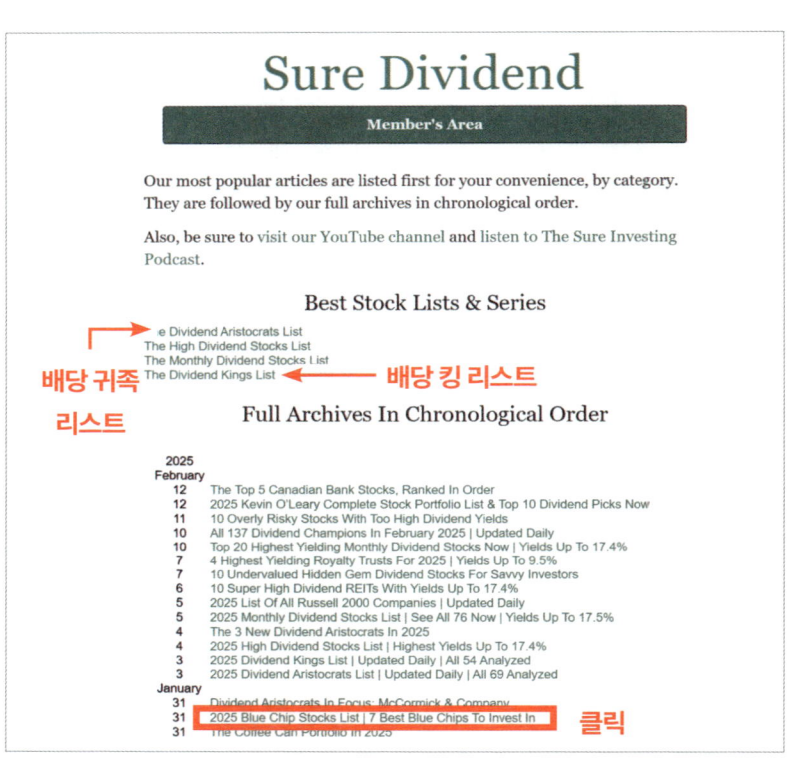

이 화면에서는 여러분이 다운로드받을 수 있는 종목 리스트나 추천 종목 기사 등을 확인할 수 있어요. 'Best Stock List & Series'에서 배당 귀족 리스트나 배당 킹 리스트 등을 확인할 수 있고, 'Full Archives In Chronological Order'에서 발행 순서대로 전체 글을 확인할 수 있습니다.

우리가 찾는 것은 블루칩 리스트니까 해당되는 항목을 선택하면 되겠습니다. 가장 최근에 집계된 블루칩 리스트는 1월 31일에 발행되었군요. 클릭하세요.

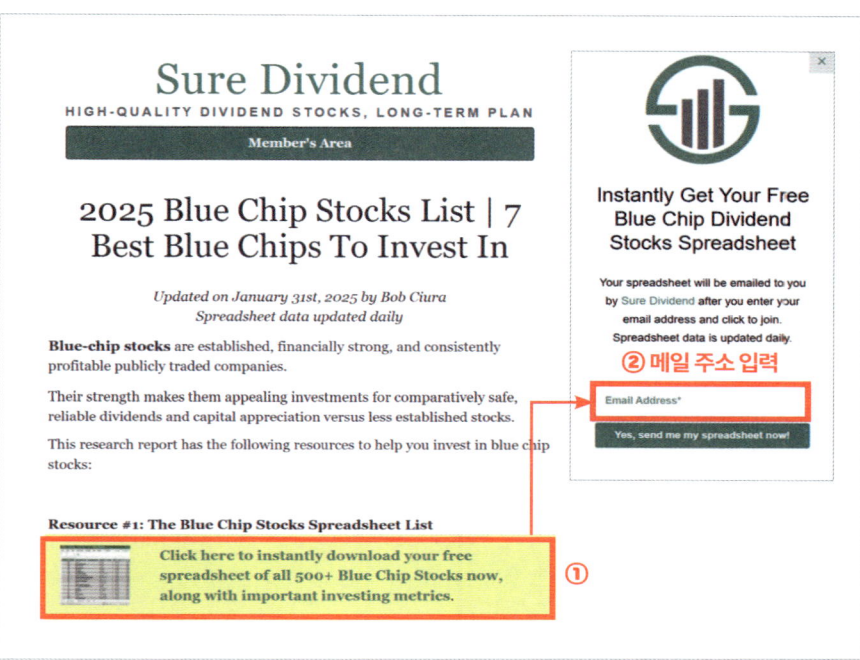

이 화면에서는 블루칩 주식에 대한 설명과 함께 해당 리스트를 제공합니다. 위 그림에 표시해놓은 부분(①)을 클릭하면 메일 주소를 입력하는 팝업창이 뜨는데(②), 여기에 여러분의 메일 주소를 입력하고 확인을 누르면 돼요. 그럼 여러분의 메일 계정으로 블루칩 리스트를 받을 수 있는 링크를 받을 수 있습니다.

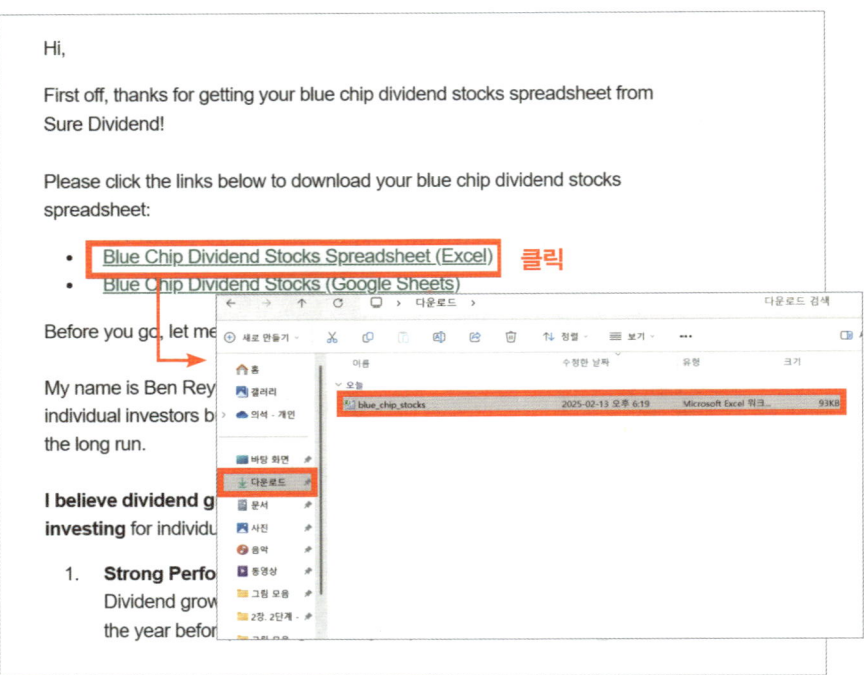

　　이제 여러분의 메일을 확인해볼 차례입니다. 위의 그림과 같은 메일
이 날아왔나요? 이 메일에서 '블루칩 배당주 스프레드시트(엑셀)'를 클
릭하면 여러분의 컴퓨터로 해당 파일을 받을 수 있어요. 받은 파일은 내
컴퓨터의 다운로드 폴더에서 확인하실 수 있습니다.

배당수익률 내림차순으로 정렬하기

우리는 방금 미국 배당주에 투자하기 위한 보물 같은 자료를 얻었습니다. 이 엑셀 파일에는 우리가 관심을 가지고 지켜봐야 할 배당 블루칩 종목들이 깔끔하게 정리되어 있거든요. 엑셀 파일의 내용을 조금 자세히 살펴보도록 하죠.

① 종목명 　② 업종 　③ 배당수익률 　← ④ 배당 증액 연수 　⑤ 배당 성향

Ticker	Name	Sector	Price	Dividend Yield	Years of Dividend Increases	Yield			...ling Ratio	Payout Ratio
CMCSA	COMCAST CORP	Communication Services	$34.90	3.8%	17	5.8%	$0.00	$131,958	8.1	30.3%
SJW	SJW GROUP	Utilities	$52.12	3.2%	57	2.9%	$0.00	$1,733	19.3	56.6%
HY	HYSTER-YALE, INC.	Industrials	$51.38	2.7%	11	2.4%	$0.00	$899	5.7	15.6%
PPG	PPG INDUSTRIES INC	Basic Materials	$114.79	2.4%	53	2.0%	$0.00	$26,634	17.5	40.5%
KWR	QUAKER CHEMICAL CORP	Basic Materials	$138.21	1.4%	18	1.2%	$0.00	$2,456	20.0	26.6%
SON	SONOCO PRODUCTS CO	Consumer Cyclical	$46.85	4.4%	48	4.0%	$0.00	$4,601	16.0	69.9%
ELV	Elevance Health, Inc.	N/A	$386.27	1.8%	16	1.3%	$0.00	$89,443	13.9	23.2%
CWT	CALIFORNIA WATER SERVICE GROUP	Utilities	$45.25	2.7%	58	2.2%	$0.00	$2,692	13.4	32.2%
PEP	PEPSICO INC	Consumer Defensive	$144.22	3.9%	53	3.0%	$0.00	$197,482	20.6	75.1%
HRL	HORMEL FOODS CORP /DE/	Consumer Defensive	$28.52	4.1%	59	3.5%	$0.00	$15,663	19.5	76.4%
SYY	SYSCO CORP	Consumer Defensive	$70.30	2.9%	53	2.7%	$2.03	$34,349	17.6	52.0%
FMCB	FARMERS & MERCHANTS BANCORP	Financial Services	$1,015.00	1.8%	59	1.7%	$18.10	$749	8.5	14.9%
UNH	UNITEDHEALTH GROUP INC	Healthcare	$527.35	1.6%	15	1.2%	$8.18	$485,358	33.9	48.5%
ANDE	Andersons, Inc.	Consumer Defensive	$40.41	1.9%	29	1.7%	$0.76	$1,376	11.5	59.2%
NDSN	NORDSON CORP	Industrials	$214.40	1.5%	61	1.0%	$2.92	$12,220	26.2	34.5%
TRV	TRAVELERS COMPANIES, INC.	Financial Services	$240.58	1.7%	20	1.5%	$4.15	$54,634	12.0	19.0%
GL	GLOBE LIFE INC.	Financial Services	$121.50	0.8%	20	0.7%	$0.00	$10,197	9.4	7.9%
TNC	TENNANT CO	Industrials	$87.30	1.4%	54	1.2%	$0.00	$1,644	15.2	19.6%
JNJ	JOHNSON & JOHNSON	Healthcare	$155.29	3.2%	62	2.9%	$0.00	$373,808	25.5	79.7%
⋮										
CCOI	COGENT COMMUNICATIONS HOLDINGS, I	Communication Services	$81.84	4.9%	12	4.6%	$3.92	$4,016		
WSO	WATSCO INC	Industrials	$470.62	2.3%	11	1.8%	$10.80	$19,009	36.	78.4%
FIBK	FIRST INTERSTATE BANCSYSTEM INC	Financial Services	$32.05	6.0%		5.8%	$1.88	$3,349	14.	83.1%
REG	REGENCY CENTERS CORP	Real Estate	$74.41	3.8%	12	3.7%	$2.72	$12,747	32.	124.2%
WDFC	WD 40 CO	Basic Materials	$227.56	1.7%	16	1.3%	$3.58	$3,082	43.	67.3%
GWRS	Global Water Resources, Inc.	Utilities	$11.08	2.7%	10	2.5%	$0.30	$268	41.	112.1%
POWI	POWER INTEGRATIONS INC	Technology	$59.11	1.4%	13	1.1%	$0.81	$2,364	104.	142.8%
BMRC	Bank of Marin Bancorp	Financial Services	$24.11	4.0%		3.8%	$1.00	$388		

우선, 자료가 529행까지 존재하는 것으로 보아, 지금 현재 배당 블루칩 종목의 수는 총 528개라는 것을 알 수 있습니다(첫 번째 행은 제목이

적혀있는 행이기 때문에 제외). 10년 넘게 배당을 증액해온 기업이 528개나 되다니, 꽤 많네요. 이 528개의 종목 가운데 실제로 우리가 투자할 종목을 골라내는 것이 이번 실습의 핵심입니다.

이 자료에서 눈여겨봐야 할 항목은 ① 종목명(Name) ② 업종(Sector) ③ 배당수익률(Dividend Yield) ④ 배당 증액 연수(Years of Dividend increases) ⑤ 배당 성향(Payout Ratio)입니다. 각 항목에 대해서는 이전 장에서 충분히 설명했으니, 개별적인 내용을 따로 덧붙이진 않겠습니다.

이제 여기 나온 종목들을 배당수익률을 기준으로 내림차순으로 정렬할 거예요. 배당수익률이 높은 종목부터 낮은 종목까지 순서대로 정리하는 것이죠.

다시 한번 말씀드리지만, 우리의 목표는 배당이 깎이지 않을 종목들 가운데 배당수익률이 높은 종목들을 골라서 투자하는 것입니다. 그러니 배당수익률이 높은 순서대로 정렬한 후에 위에서부터 한 종목씩 차례대로, 해당 종목이 안전한 종목인지 검증해나가는 방식을 사용할 거예요. 한 종목씩 분석해 '배당 안정성 검사'를 통과한다면 리스트에 남겨두고, 통과하지 못하면 제외하는 과정을 반복할 예정입니다.

① 드롭다운 화살표 클릭

② '숫자 내림차순 정렬' 클릭

Ticker	Name	Sector	Price	Dividend Yield	Years of Dividend	5-Year Average	Dividends Per Share	Market Cap	Trailing P/E Ratio	Payout Ratio
									8.1	30.3%
					57	2.9%	$0.00	$1,733	19.3	56.6%
					11	2.4%	$0.00	$899	5.7	15.6%
PPG	PPG INDUSTRIES INC	Basic M			53	2.0%	$0.00	$26,634	17.9	40.5%
KWR	QUAKER CHEMICAL CORP	Basic M			18	1.2%	$0.00	$2,458	20.0	26.6%
SON	SONOCO PRODUCTS CO	Consu			48	4.0%	$0.00	$4,601	16.0	69.9%
ELV	Elevance Health, Inc.	N/A			16	1.3%	$0.00	$89,443	13.9	23.2%
CWT	CALIFORNIA WATER SERVICE GROUP	Utilitie			58	2.2%	$0.00	$2,692	13.4	32.2%
PEP	PEPSICO INC	Consu			53	3.0%	$0.00	$197,482	20.6	75.1%
HRL	HORMEL FOODS CORP /DE/	Consu			59	3.5%	$0.00	$15,663	19.5	76.4%
SYY	SYSCO CORP	Consu			53	2.7%	$2.03	$34,349	17.8	52.0%
FMCB	FARMERS & MERCHANTS BANCORP	Financa			59	1.7%	$18.10	$749	8.5	14.9%
UNH	UNITEDHEALTH GROUP INC	Health			15	1.2%	$8.18	$485,358	33.9	48.5%
ANDE	Andersons, Inc.	Consu			29	1.7%	$0.76	$1,376	11.5	59.2%
NDSN	NORDSON CORP	Indust			61	1.0%	$2.92	$12,220	26.2	34.5%
TRV	TRAVELERS COMPANIES, INC.	Financa			20	1.5%	$4.15	$54,634	12.0	19.0%
GL	GLOBE LIFE INC	Financa			20	0.7%	$0.00	$10,197	9.4	7.9%
TNC	TENNANT CO	Indust			54	1.2%	$0.00	$1,644	15.2	19.6%

(메뉴) 숫자 오름차순 정렬(S) / 숫자 내림차순 정렬(O) / 색 기준 정렬(T) / 'Dividend Yield'에서 필터 해제(C) / 색 기준 필터(I) / 숫자 필터(F) / 검색 / (모두 선택) / 0.2% / 0.3% / 0.4% / 0.5% / 0.6% / 확인 취소

⋮

CCOI	COGENT COMMUNICATIONS HOLDINGS, INC	Communication Services	$81.88	4.9%	12	4.6%	$3.92	$4,016		
WSO	WATSCO INC	Industrials	$470.63	2.3%	11	1.8%	$10.80	$19,000	36.4	78.4%
FIBK	FIRST INTERSTATE BANCSYSTEM INC	Financial Services	$32.05	6.0%		5.8%	$1.88	$3,349	14.2	83.1%
REG	REGENCY CENTERS CORP	Real Estate	$74.43	3.8%	12	3.7%	$2.72	$12,747	32.5	124.2%

엑셀에서 배당수익률 순서대로 내림차순 정렬을 하는 방법은 간단합니다. 그림에 표시한 대로 ① Dividend Yield 옆에 있는 드롭다운 화살표를 클릭하고, ② 나타난 메뉴 가운데 '숫자 내림차순 정렬'을 누르기만 하면 됩니다.

배당수익률이 높은 순서대로 정렬됨

Ticker	Name	Sector	Price	Dividend Yield	Years of Dividend Increases	5-Year Average Dividend Yield	Dividends Per Share (TTM)	Market Cap ($M)	Trailing P/E Ratio	Payout Ratio
BCE	BCE INC	Communication Services	$23.27	12.3%	16	11.9%	$2.90	$21,220	11.7	159.6%
TU	TELUS CORP	Communication Services	$14.59	8.0%	21	8.8%	$1.23	$21,415	33.1	0.0%
UHT	UNIVERSAL HEALTH REALTY INCOME TRUST	Real Estate	$38.25	7.7%	40	7.2%	$0.00	$531	29.2	221.5%
MO	ALTRIA GROUP, INC.	Consumer Defensive	$53.40	7.6%	54	7.0%	$4.00	$90,401	8.8	66.6%
MPLX	MPLX LP	Energy	$52.67	7.3%	12	5.8%	$3.61	$53,630	12.2	80.7%
LYB	LyondellBasell Industries N.V.	Basic Materials	$75.87	7.1%	13	6.2%	$5.27	$24,646	11.5	78.4%
WASH	WASHINGTON TRUST BANCORP INC	Financial Services	$32.27	7.0%						
AES	AES CORP	Utilities	$10.12	6.9%						
PFE	PFIZER INC	Healthcare	$25.49	6.7%						
VZ	VERIZON COMMUNICATIONS INC	Communication Services	$40.56	6.7%	20	6.5%	$0.00	$170,619	9.7	62.7%
EPD	ENTERPRISE PRODUCTS PARTNERS L.P.	Energy	$32.93	6.5%	27	5.6%	$0.00	$71,378	12.2	84.4%
BEN	FRANKLIN RESOURCES INC	Financial Services	$20.05	6.4%	45	5.8%	$1.25	$10,518	27.9	50.1%
GLPI	Gaming & Leisure Properties, Inc.	Real Estate	$48.45	6.3%	11	5.6%	$3.04	$13,293	17.1	102.3%
EIX	EDISON INTERNATIONAL	Utilities	$52.87	6.3%	21	5.3%	$0.00	$43,305	32.8	91.5%
NWBI	Northwest Bancshares, Inc.	Financial Services	$12.95	6.2%	13	6.1%	$0.00	$1,650	17.1	105.4%
PII	Polaris Inc.	Consumer Cyclical	$44.13	6.1%	30	5.2%	$2.52	$2,461	12.1	72.7%
UVV	UNIVERSAL CORP /VA/	Consumer Defensive	$53.61	6.0%	54	5.9%	$0.00	$1,324	11.1	66.9%
FLIC	FIRST OF LONG ISLAND CORP	Financial Services	$13.66	6.0%		6.2%	$0.84	$308	15.5	95.2%
FIBK	FIRST INTERSTATE BANCSYSTEM INC	Financial Services	$32.05	6.0%		5.8%	$1.88	$3,349	14.2	83.1%
BNS	BANK OF NOVA SCOTIA	Financial Services	$51.04	6.0%	12	7.4%	$0.00	$63,516	11.0	73.0%
GTY	GETTY REALTY CORP /MD/	Real Estate	$31.48	6.0%	12	5.3%	$1.82	$1,657	25.4	150.1%

그럼 이와 같이 엑셀표가 배당수익률 순서대로 정렬이 된 것을 확인할 수 있습니다. 그나저나 맨 위의 종목인 BCE Inc는 다소 생소한 기업인데, 배당수익률이 무려 12.3%나 되는군요(배당수익률이 너무 높으면 일단 의심의 눈초리로 살펴봐야 합니다!).

물론 여러분이 실행한 결과는 위의 그림과 당연히 다를 거예요. 검색 시점이 다르니까요. 각자 맨 위에 어떤 종목이 있는지 확인하면서 다음 진도를 따라오시면 되겠습니다.

이제 첫 번째 종목부터 차례대로 분석해나가도록 하죠. 일단 아래의 배당주 체크리스트에 종목명과 업종만 채우고 다음으로 넘어갈게요.

Ⓢ **배당주 체크리스트**(실습)

종목명	업종	배당 주기	배당 증액 연수	배당 성향	배당 수익률	배당 성장률	순이익 추세	주당 현금 보유액
BCE Inc	통신							

시킹 알파에서 배당 정보 정리하기

본격적으로 한 종목씩 여러 경로에서 배당 정보를 찾아서 표를 채워보도록 하겠습니다. 가장 먼저 확인할 사이트는 시킹 알파입니다. 많은 배당주 투자자들이 미국 주식에 대한 정보를 찾기 위해 유용하게 활용하는 사이트예요. 인터넷에서 seekingalpha.com을 찾아서 들어가면 됩니다.

시킹 알파에서는 미국 주식 관련 뉴스와 분석 자료 등 여러 가지 정보를 얻을 수 있습니다. 하지만 지금은 배당에 대한 정보를 찾는 것이 목적이니까 이 부분에만 집중하도록 할게요. 상단에 있는 검색창에 종목명이나 티커(ticker)를 입력하고 엔터 키를 눌러줍니다.

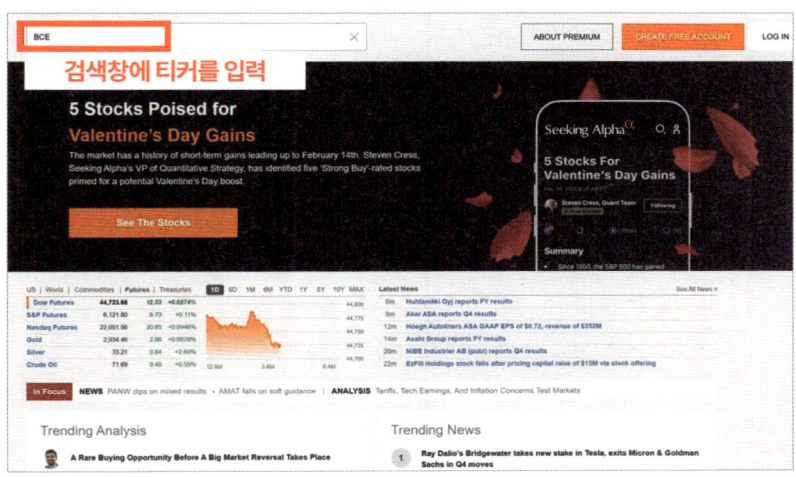

여기서 티커란 주식의 고유 식별코드 같은 건데, 미국 주식의 경우 1~4자리의 영문 알파벳으로 구성됩니다. 배당 블루칩 엑셀 파일에서 첫 번째 열에 나와 있는 알파벳이 바로 티커예요. 확인해보니, BCE Inc의 티커는 기업명과 똑같은 BCE라고 되어 있네요.

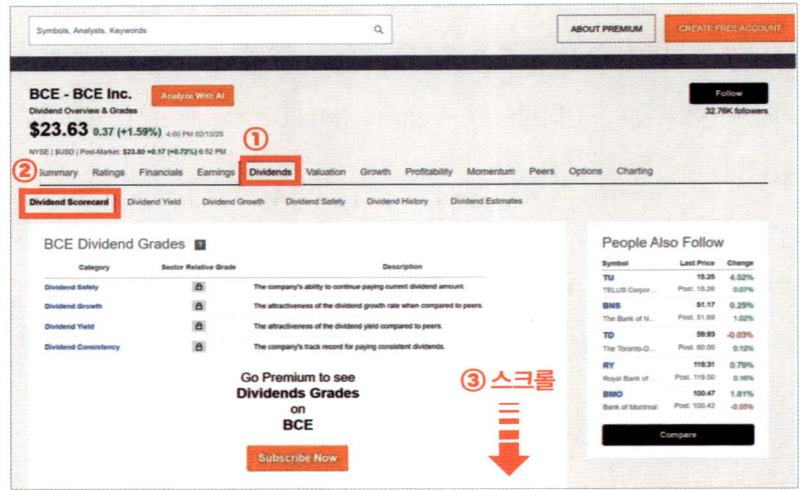

종목을 검색하면 위 그림과 같은 화면이 나오는데, 여러 메뉴들 가운데 ① Dividend 〉② Dividend Scoreboard를 선택한 후 ③ 아래로 스크롤을 내려보겠습니다.

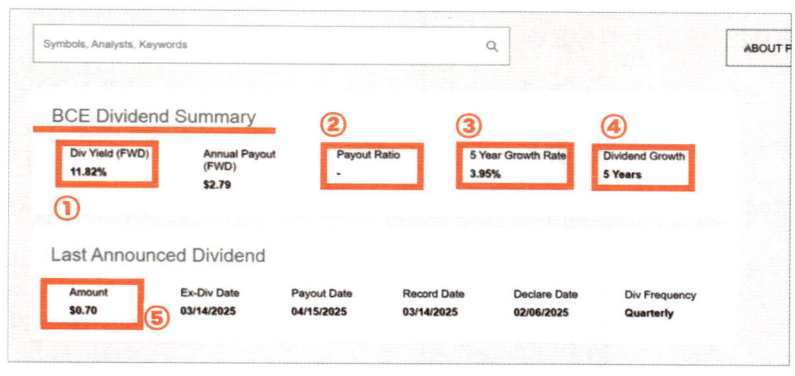

BCE 주식의 배당 정보 요약(Dividend Summary) 정보를 찾으셨나요? 이 화면에서 우리는 ① 배당수익률이라든지, ② 배당 성향, ③ 배당 성장률, ④ 배당 증액 연수와 같은 숫자를 확인할 수 있습니다.

먼저 ① 배당수익률인데요. 엑셀 파일에 나와 있던 숫자가 12.3%였던 것에 비해, 시킹 알파에서는 11.82%라는 수치가 적혀 있군요. 당연한 일입니다. 엑셀 파일에는 배당 블루칩 리스트를 작성하던 당시의 배당수익률이 나와 있고, 시킹 알파에는 현재의 배당수익률이 나와 있기 때문입니다. 그러니 구체적인 수치는 엑셀 파일이 아닌 시킹 알파나 증권사 HTS에서 확인하는 것이 좋습니다.

그런데 ② 배당 성향에는 아무런 수치가 적혀 있지 않군요. 순이익이 적자일 경우, 배당 성향에 마이너스 값을 쓸 수 없기 때문에 수치가 표시되지 않는 경우도 있습니다. 당연히 순이익이 매우 좋지 않다는 뜻이기 때문에, 배당 성향이 100 이상인 것보다 더 나쁜 시그널이라고 볼 수 있어요.

③ 5년 평균 배당성장률은 3.95%로 크게 높지도 않고, 그렇다고 너

무 낮지도 않은 성장률을 보여주고 있습니다.

그런데 ④ 배당 증액 연수는 5년이라고 표시가 되어 있네요. 배당 블루칩 종목이니까 최소 10년은 넘어야 하는 것 아닌가요? 아니나 다를까 아까 배당 블루칩 리스트 엑셀 파일에는 16년 연속 배당을 올려준 것으로 표시되어 있었습니다. 이처럼 간혹 오류가 난 것처럼 다른 숫자가 적혀 있는 경우가 있어요. 이럴 경우에는 시킹 알파의 배당 히스토리 (Dividend History) 메뉴나 증권사 HTS를 통해 교차 검증을 하시기 바랍니다.

가장 최근에 공시된 배당금이 얼마인지 체크하겠습니다. 가장 최근의 ⑤ 분기 배당금은 0.70달러로 표시되어 있네요.

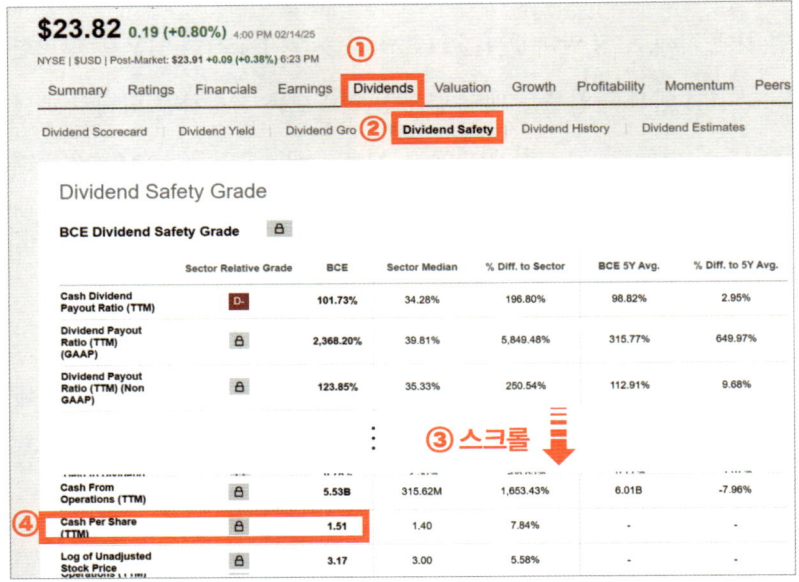

마지막으로 BCE의 주당 현금 보유량을 알아볼게요. ① Dividends 〉
② Dividend Safety 메뉴로 이동한 후, ③ 스크롤을 아래로 내려서 ④
Cash Per Share(TTM) 항목을 확인합니다. 1.51달러라고 표시가 된 것
이 보이시나요? 이 주식은 분기당 배당금이 0.70달러인데, 현금 보유량
은 한 주당 1.51달러라고 합니다. 순이익이 없다면, 대략 2분기 정도 버
틸 수 있을 정도의 현금을 보유하고 있네요.

지금까지 시킹 알파에서 얻은 배당주 정보들을 배당주 체크리스트
에 입력한 후에 다음 과정으로 넘어가도록 하겠습니다.

Ⓢ **배당주 체크리스트(실습)**

종목명	업종	배당 주기	배당 증액 연수	배당 성향	배당 수익률	배당 성장률	순이익 추세	주당 현금 보유액
BCE Inc	통신		5년?	-	11.82%	3.95%		1.51 (배당금: 0.7)

증권사 HTS에서 배당 정보 정리하기

체크리스트의 나머지 빈칸들을 채워보도록 하겠습니다. 배당 주기와 순이익 추세 등을 추가로 확인하면 되겠군요. 이 항목들을 확인하기 위해서 증권사 HTS를 켜보도록 하죠.

위의 그림은 제가 미국 배당주 정보를 얻기 위해 사용하는 키움증권의 해외 주식 전용 HTS인 '영웅문 글로벌' 화면입니다. 사실 HTS에서 제공되는 정보들은 증권사별로 크게 다르지 않기 때문에 각자 사용하시는 증권사의 HTS를 그대로 사용하셔도 상관이 없어요. 이 책에서는 어떤 정보들을 확인해야 하는지 짚어드릴 목적으로 제가 이용 중인 키움증권 HTS 화면들을 기준으로 알아보겠습니다.

키움증권에서 주식 거래를 하지 않더라도 계좌만 만들어두면 HTS
는 얼마든지 사용할 수 있어요. 그러니 제가 보는 것과 똑같은 화면이 필
요하시다면 키움증권 계좌를 하나쯤 만들어두셔도 좋을 것 같습니다.
그리고 미국 주식을 실제로 거래하실 때는 여러 증권사를 비교해보시고
수수료가 가장 저렴한 증권사를 이용하시면 되겠습니다.

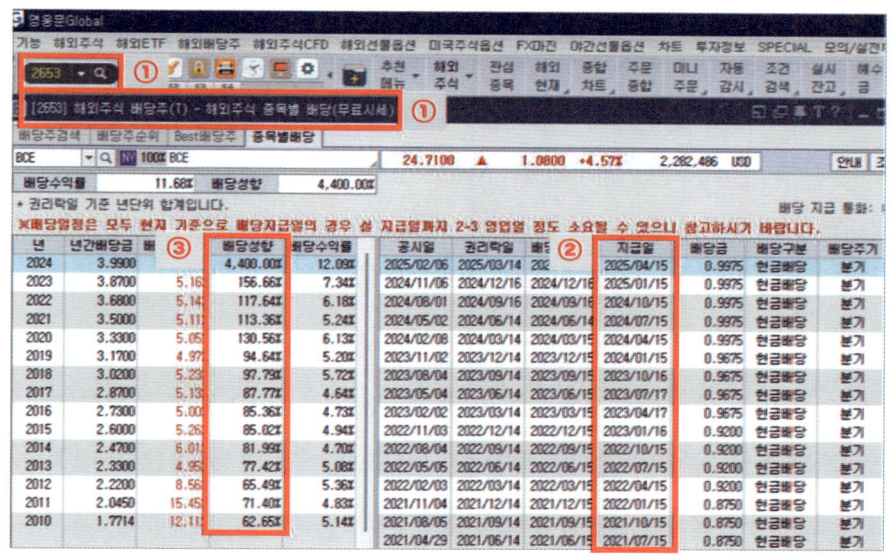

가장 먼저 불러올 화면은 ① '[2653] 해외 주식 종목별 배당' 화면입
니다. HTS의 왼쪽 상단 검색창에 화면번호 '2653'을 입력하시면 해당
화면을 불러오실 수 있습니다.

이 화면에서는 배당금에 관한 여러 가지 정보를 확인할 수 있어

요. 저는 일단 배당 주기를 확인하기 위해서 우측에 있는 ② 배당 지급일을 살펴볼 거예요. 종목 검색창에 BCE를 입력해보면, 이 주식은 1/4/7/10월 중순쯤에 배당금을 지급한다는 사실을 알 수 있습니다. 그 밖에도 공시일, 권리락일, 배당 기준일 등의 생소한 용어도 나오는데, 이에 관해서는 다음 장에서 자세히 알아보도록 하겠습니다.

배당 성향은 배당의 안정성을 판단하는 데 매우 중요한 지표이므로, 비록 시킹 알파에서 한 번 확인하긴 했지만 HTS에서 다시 한 번 확인하겠습니다. 여기서는 현재의 배당 성향뿐만 아니라 연도별로 배당 성향이 어떻게 변했는지 그 추세도 볼 수 있거든요. 제가 배당 성향을 설명할 때, 두 가지 기준을 제시했었죠? 배당 성향이 100%를 넘지 않을 것과, 배당 성향이 계속 오르고 있는 종목을 피해야 한다는 것이었습니다.

BCE의 배당 성향은 어떤가요? ③ 배당 성향을 확인해보면, 이 종목은 2020년 이후로 배당 성향이 계속 100%를 넘었고(버는 돈보다 배당으로 빠져나가는 돈이 더 많음), 2010년 이후부터 지속적으로 배당 성향이 오르고 있다는 것을 알 수 있습니다. 앞으로의 배당 안정성을 생각한다면, 피해야 할 종목이라고 말할 수 있겠네요.

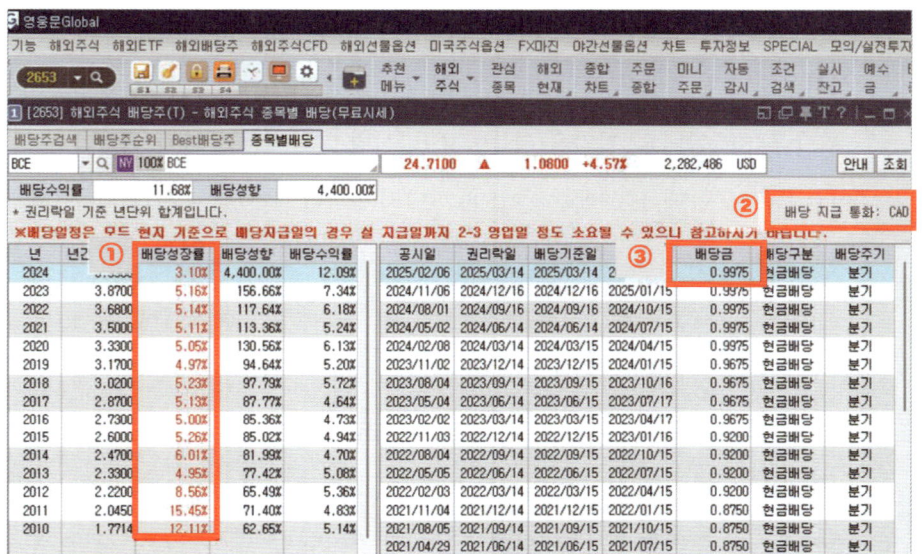

크게 중요한 내용은 아니지만, 궁금해하실 분도 계실 것 같아 한 가지만 더 짚어보도록 하겠습니다. 이 화면에서 배당성장률을 보면, BCE는 2010년부터 현재까지 배당을 매년 늘려왔다는 것을 확인할 수 있습니다. 배당성장률이 플러스(+)라는 것은 전년도에 비해 배당금이 늘어났다는 뜻이니까요.

그런데 이상하죠? 배당 블루칩 엑셀 파일에서 이 종목의 배당 증액 연수는 16년이었습니다. 그리고 시킹 알파에서는 배당 증액 연수가 5년이라고 나와서 우리를 혼란에 빠지게 했었죠. 이제 마지막으로 HTS를 보니, 여기서는 16년이 맞는 것처럼 보입니다. 왜 이렇게 정보 소스마다 각각 다른 수치가 나왔을까요?

사실 BCE는 미국에 상장되어 있긴 하지만 캐나다 국적의 유무선 통신회사입니다. 그래서 배당금도 ② 배당 지급 통화를 보면 캐나다 달러로 지급하고 있네요. 기억을 더듬어보면, 시킹 알파에서는 분기 배당금이 0.7달러였는데, HTS에는 ③ 0.9975달러(캐나다 달러)로 표시가 되는 것을 알 수 있습니다. 배당금의 숫자 단위가 다른 것이죠.

결론만 얘기하자면, 캐나다 달러를 기준으로 배당 증액 연수를 따지면 16년 동안 배당을 늘려온 것이 맞습니다. 그런데 시킹 알파에서는 배당금을 달러로 환산해 계산하기 때문에 환율 변동으로 인해 전년도에 비해 배당이 줄어든 시기도 있었을 거예요. 그런 이유 때문에 시킹 알파에서는 배당 증액 연수가 5년이라고 표시된 것이고요.

이런 종목은 흔하지도 않을뿐더러, 크게 중요한 것도 아니기 때문에 방금 이 내용은 잊으셔도 무방합니다. 제가 괜히 언급하는 바람에 여러분의 머리를 더 복잡하게 만들었을 수도 있겠네요. 하지만 이와 같이 다양한 루트로 교차검증을 하면서 정보를 확인하면 해당 종목에 대해 더 깊이 알 수 있게 된다는 점을 기억해주셨으면 합니다.

그럼 마지막으로 순이익 추세를 점검해볼게요.

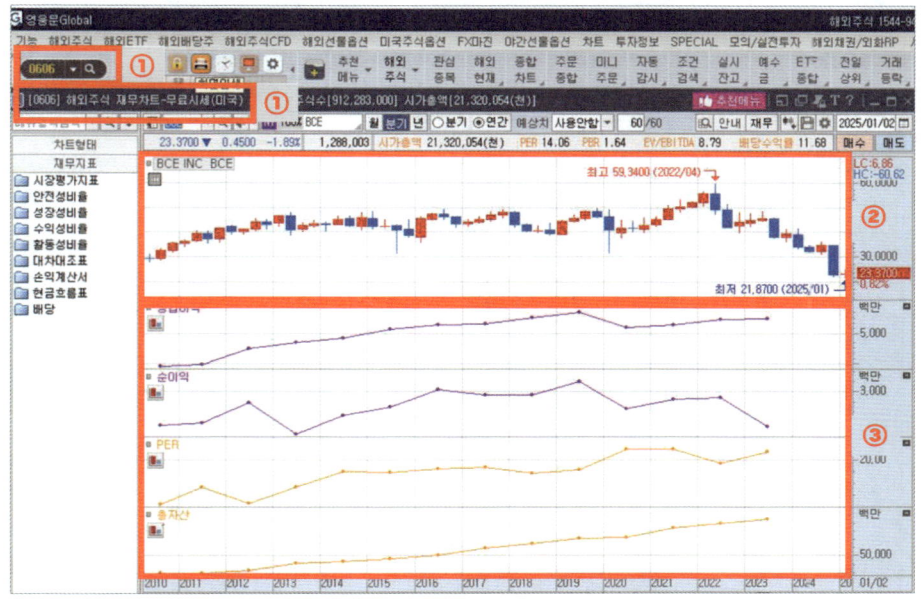

HTS의 왼쪽 상단 검색창에 화면번호 ① 0606을 입력해 해외 주식 재무 차트 화면을 열겠습니다. 재무 차트는 일반 차트와 조금 달라요. 일반 주식 차트는 기본적으로 일별 주가와 거래량을 표시하죠. 거기에 주가 이동평균선들이 함께 표시되는 경우가 많고요.

하지만 재무 차트는 상단에 ② 주가의 움직임을 표시하고, 하단에 ③ 각종 재무제표들을 볼 수 있도록 구성되어 있습니다. 순이익과 같은 재무제표의 변화가 주가에 어떻게 반영되는지 확인하기 위한 화면입니다. 이 화면을 우리의 목적에 맞게 살짝 바꿔서 세팅해보겠습니다.

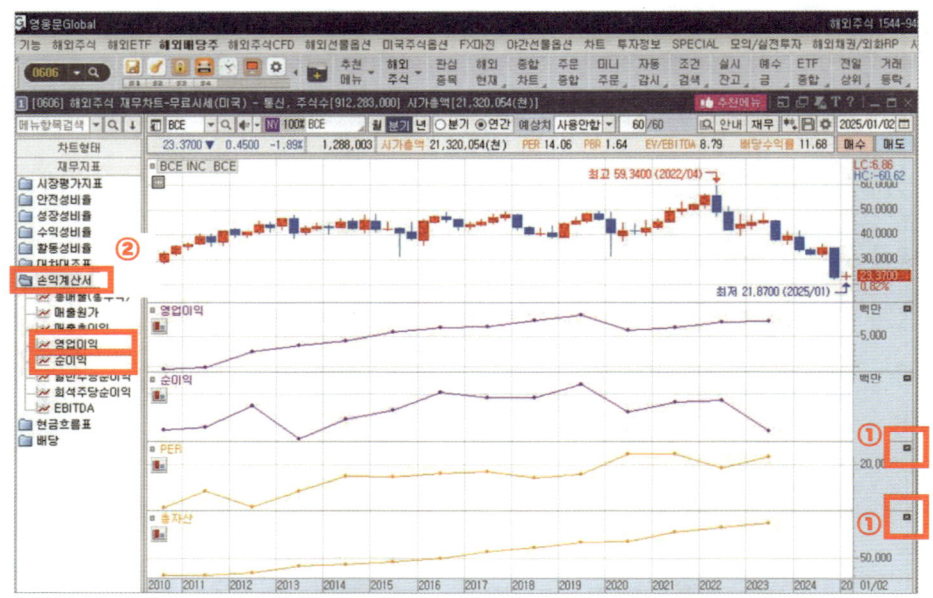

　지금 우리에게 필요한 재무제표는 영업이익과 순이익입니다. 재무
차트에 기본적으로 표시되는 PER과 총자산도 주식 투자할 때 중요하긴
하지만, 배당주 투자에서는 크게 도움이 되지 않으므로 일단 없애도록
할게요. ① 해당 항목의 우측에 있는 X 단추를 클릭해 표시되지 않도록
삭제합니다.

　혹시 재무 차트를 열었는데 영업이익과 순이익이 나타나지 않는다
고 당황할 필요는 없습니다. 좌측 메뉴에서 필요한 재무제표들을 추가
할 수 있거든요. ② 손익계산서 항목 아래에 있는 영업이익과 순이익을
클릭하면 간단하게 해당 지표들을 추가할 수 있습니다.

재무제표는 ① 연간으로도 확인이 가능하고, 분기별로도 확인이 가능합니다. 우선 연간으로 영업이익과 순이익을 파악해볼게요. 재무제표를 파악한다고 해서 엄청난 기술이 필요한 건 절대 아닙니다. 그림을 보고, '상식적으로' 그리고 '느낌이 오는 대로' 판단하시면 됩니다.

앞의 두 그래프 중 위의 그림을 보면, 영업이익은 크게 문제가 없어 보이지만 순이익은 2016년 이후로 계속 하락하는 추세입니다. 2019년도에 한 번 순이익이 상승하긴 했으나 전체적으로 감소하는 추세를 되돌리진 못했습니다. 한마디로 썩 좋지 못하네요.

아래 그림을 보면, 분기별로도 마찬가지입니다. 순이익은 계속 지지부진하다가 2024년 3분기에 큰 폭의 적자를 기록합니다. 영업이익에는 큰 문제가 없어 보이는 데 비해 순이익은 적자를 기록한 것으로 보아 어떤 일회성 비용이 크게 잡힌 것으로 보입니다. 앞서 손익계산서의 구조를 공부했던 것 기억하시죠?

이제 마지막으로 HTS에서 얻은 배당주 정보들까지 배당주 체크리스트에 기록한 후에 다음 과정으로 넘어가도록 하겠습니다.

🪙 배당주 체크리스트(실습)

종목명	업종	배당 주기	배당 증액 연수	배당 성향	배당 수익률	배당 성장률	순이익 추세	주당 현금 보유액
BCE Inc	통신	1/4/7/10	5년?	-	11.82%	3.95%	나쁨	1.51 (배당금: 0.7)

5단계

투자 판단하기

배당주 체크리스트의 빈칸을 모두 채웠으니, 이제 이 종목에 대해서 투자할지 말지 판단하는 일만 남았습니다. 배당주를 선택할 때 가장 중요한 것은 향후에 배당이 깎이지 않을 종목을 고르는 것이라는 점을 다시 한번 상기하면서 각 항목들을 점검해보겠습니다.

🪙 배당주 체크리스트(실습)

종목명	업종	배당 주기	배당 증액 연수	배당 성향	배당 수익률	배당 성장률	순이익 추세	주당 현금 보유액
BCE Inc	통신	1/4/7/10	16년	-	11.82%	3.95%	나쁨	1.51 (배당금: 0.7)
			②	③	①		④	

① 배당수익률 11.82%와 배당성장률 3.95%는 나쁘지 않은 수치입니다. 특히 배당수익률은 매우 높은 수준이라고 볼 수 있지요. 하지만 배당성장률의 경우, 2011년 이후로 지속적으로 낮아지는 추세인 점도 기억해두실 필요가 있겠습니다.

② 배당 증액 연수는 16년으로 보통 수준입니다. 우리가 앞으로 점검할 종목들은 모두 배당 증액 연수가 10년을 초과할 것이기 때문에 16년 정도로는 그리 높은 숫자라고 판단할 수 없어요. 저의 경우에는 배당 증액 연수가 25년을 넘기면 '좋음', 15~25년은 '보통', 15년 미만은 '낮음' 정도로 평가하고 있습니다.

③ 가장 큰 문제는 배당 성향입니다. 정상적인 수준이 아니지요. 2010년 이후로 배당 성향이 계속 높아지고 있다는 점, 2020년 이후로 배당 성향이 100% 이상 수준으로 고착화되었다는 점에서 이 종목은 앞으로 배당을 줄일 위험이 매우 높다고 판단할 수 있습니다. 지금 현재 회사가 벌어들이는 돈보다 배당으로 지급하는 돈이 더 많다는 뜻이니까요.

④ 순이익 역시 지속적으로 낮아지고 있는 추세입니다. 현재도 배당 성향이 100% 이상인데, 지금보다 순이익이 더 낮아진다면 현재 수준으로 배당금을 지급하기는 더욱 어려워질 것이 분명합니다.

이러한 점들을 모두 고려했을 때, 결론적으로 이 종목에는 투자하지 않는 편이 좋을 것 같네요. 언제 배당금을 줄인다고 해도 이상하지 않은 회사니까요.

물론 향후에 이 종목이 무조건 배당을 줄일 거라고 단언할 수는 없습니다. 배당금만 줄어들지 않는다면, 배당수익률이 높은 지금이 오히려 투자하기 좋은 시기라고 볼 수도 있지요. 그래서 저와 다른 판단으로, 위험을 감수하면서 이 종목에 투자하실 분들도 있을 것입니다. 내년부터 갑자기 기업 상황이 좋아져서 순이익이 팍팍 늘어날 수도 있는 일 아니겠어요?

하지만 제가 이 책에서 말씀드리는 투자 방법은 배당금을 '안정적으로' 늘리는 일에 중점을 두고 있습니다. 위험은 최대한 줄이면서 마음 편하게 투자할 수 있는 종목을 찾는 게 가장 중요한 핵심 포인트죠. 이런 관점에서 BCE처럼 배당 성향이 매우 높고, 순이익은 갈수록 낮아지는 종목은 과감하게 배제하는 편이 좋겠습니다.

첫 종목에서 투자할 주식을 찾아내지 못했다고 해서 서운해할 필요는 없습니다. 우리의 배당 블루칩 리스트에는 아직도 많은 종목들이 남아 있으니까요. 이제 그다음 종목으로 넘어가서 체크리스트 항목들을 다시 채워나가겠습니다. 그리고 이 과정은 여러분의 포트폴리오를 채워줄 종목들을 충분히 선별해낼 때까지 반복할 것입니다. 처음에는 이 작업이 익숙하지 않아서 시간이 다소 걸릴지도 모르지만, 조금만 익숙해지면 속도가 금세 빨라질 테니 처음부터 너무 조바심내지 않으셔도 됩니다.

그렇다면 우리는 체크리스트의 빈칸에 어떤 숫자들이 들어 있어야 안심하고 투자할 수 있을까요? 배당 블루칩 리스트에서 BCE보다 세 줄 아래에 있었던 알트리아의 지표들을 정리해보았습니다.

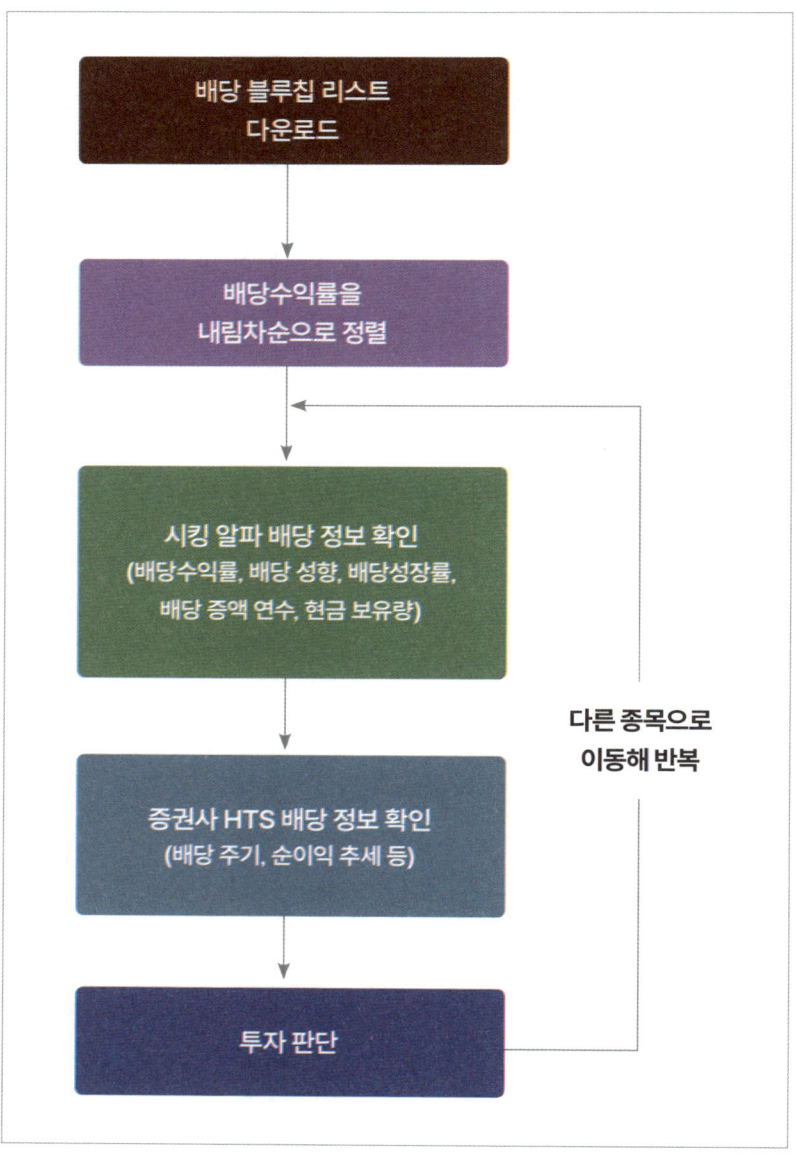

종목명	업종	배당 주기	배당 증액 연수	배당 성향	배당 수익률	배당 성장률	순이익 추세	주당 현금 보유액
알트리아	경기 방어주	1/4/7/10	55년	77.97%	7.73%	4.05%	보통	1.85 (배당금: 1.02)

경기방어주(소비재)로 분류되는 알트리아는 1/4/7/10월에 배당을 주는 종목입니다. 배당 증액 연수는 무려 55년이나 되고요. 배당수익률 7.73%와 배당성장률 4.05%는 충분히 매력적으로 보입니다. 이와 더불어 최근 몇 년 동안의 배당성장률이 4%대에서 안정적으로 유지되고 있다는 점을 HTS에서 확인하셨다면 더욱 믿음이 가겠네요.

배당 성향은 77.97%입니다. 썩 낮은 수치는 아니지만, 배당 성향이 100%를 넘지 않고, 또한 증가하는 추세도 아니기 때문에 투자를 주저할 이유는 없습니다.

재무 차트를 확인해본 결과, 영업이익은 지속적으로 증가하고 있으며, 순이익 역시 2019년 이후로 꾸준히 증가하는 추세예요. 이 모든 내용을 종합해보면, 알트리아는 투자를 고려해도 좋을 만한 종목이라는 결론입니다(물론 이것은 제가 글을 쓰고 있는 시점의 판단이고, 여러분이 이 책을 읽을 시점에는 다른 결론을 내릴 수도 있습니다).

하지만 단순히 숫자 몇 개를 알아냈다고 해서 우리의 소중한 돈을 바로 투입할 만큼 여러분은 섣부른 투자자가 아니겠죠? 좀 더 확신을 가지고 자신감 넘치게 투자에 나서려면, 우리에게는 해당 종목에 대한 정보

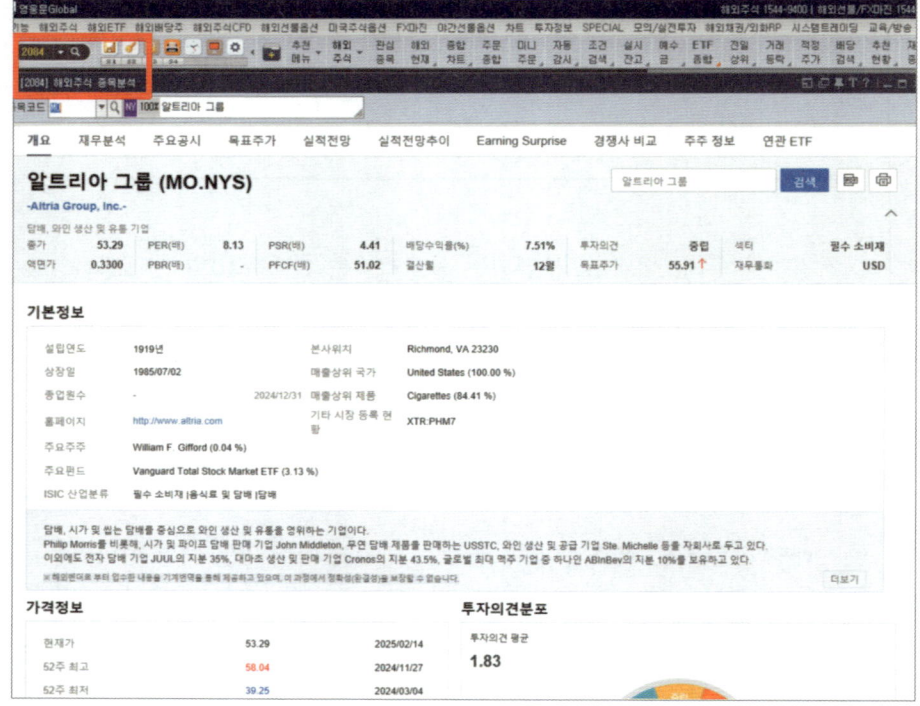

들이 더 필요합니다. 최소한 이 회사가 뭐하는 회사인지 정도는 알고 투

자해야 하지 않겠어요? 체크리스트를 채운 다음에 투자할 만한 회사라

고 판단된다면, 그다음으로 해야 할 일은 이 회사가 어떤 회사인지 정보

를 찾는 일입니다.

　　해당 기업의 추가적인 정보를 얻기 위해서, 저는 HTS의 해외 주

식 종목 분석 화면(화면번호: 2084)을 자주 이용하는 편입니다. 이 화면

은 이 회사가 무슨 상품을 팔아서 돈을 버는 기업인지와 같은 기본 정

$ 알트리아 종목 정보 검색하기 ②

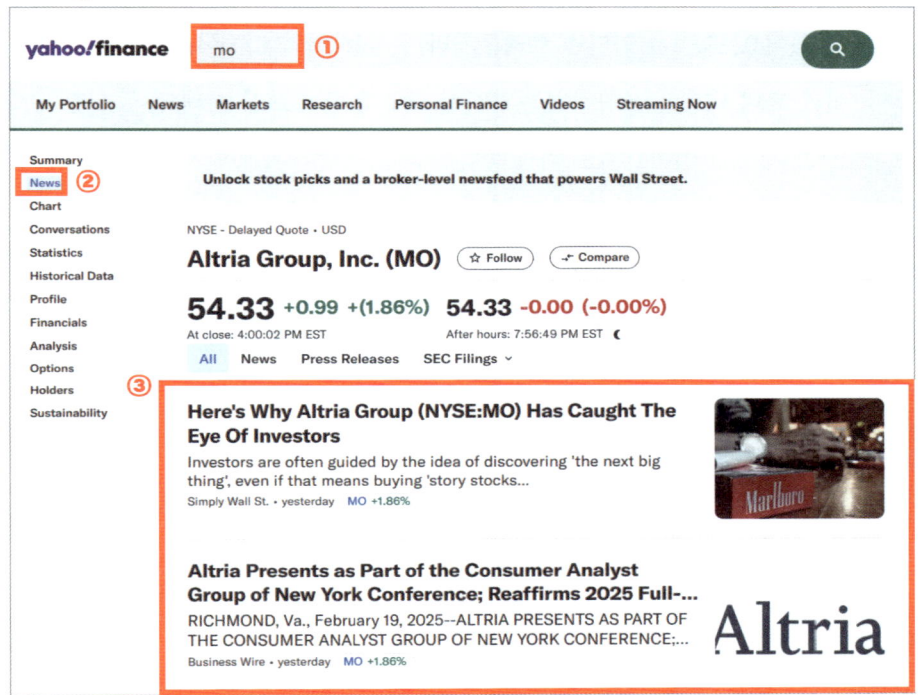

보를 알려주고, 애널리스트들의 투자 의견 분포도 보여줍니다. 매출의 구성은 어떻게 이루어지는지, 혹은 앞으로의 실적 전망은 어떠한지 등을 이 화면에서 함께 찾아본다면 투자 결정을 내리는 데 큰 도움이 될 거예요.

최신 이슈나 뉴스 기사 등은 야후 파이낸스 사이트에서 검색하실 수 있어요. 야후 파이낸스에서 ① 검색창에 해당 종목의 티커명을 입력하고, ② 뉴스 메뉴를 선택해, ③ 관심이 가는 제목을 클릭하면 기사 내용을 보실 수 있습니다. 기사가 영어로 되어 있다고 해도 걱정하실 필요는 없어요. 요즘은 인터넷 브라우저마다 자동 번역 기능이 워낙 잘 되어 있으니 내용을 파악하시는 데에는 어려움이 없으실 거예요. 뉴스를 몇 개 정도만 읽어보셔도 해당 종목의 최근 이슈가 무엇인지, 시장에서는 이 종목에 대해 어떻게 보고 있는지 대략적으로 파악할 수 있을 것입니다.

처음에는 이 모든 정보를 종합해 스스로 판단하고 투자 결정을 내리는 과정이 어려울 수도 있어요. 하지만 배당 블루칩 리스트에 나와 있는 종목들을 하나씩 차근차근 찾아보면서 연습하신다면 금방 익숙해지실 수 있을 거예요. 그리고 머지않아 [6×3+2] 투자 그릇을 여러분이 직접 엄선한 종목들로 채울 수 있을 것입니다.

리츠 종목 투자 시 주의할 점

우리는 지금까지 배당 블루칩 리스트를 활용해 투자 종목을 발굴하는 방법을 알아보았습니다. 그런데 배당 블루칩 리스트를 활용하실 때 몇 가지 주의할 점이 있어요. 그중 첫 번째는 리츠 업종의 주식에 관한 것입니다.

리스트를 보면, 업종(sector)에 부동산(Real Estate)이라고 표시된 종목들이 있습니다. '유니버설 헬스 리얼티 인컴 트러스트(UNIVERSAL HEALTH REALTY INCOME TRUST)'나 '게이밍 앤드 레저 프로퍼티스(GLPI, Gaming and Leisure Properties)' 같은 회사들 말이죠. 이런 부동산 회사들을 일컬어 리츠(REITs, Real Estate Investment Trusts) 회사라고 합니다. 부동산을 임대해 수익을 얻는 회사들을 말하지요. 쉽게 말해 건물주 회사들입니다.

그런데 리스트에서 이 종목들을 살펴보니 공통점이 한 가지 있군요. 이 회사들은 하나같이 배당 성향이 매우 높습니다. 배당 성향이 100%를

Ticker	Name	Sector	Price	Dividend Yield	Years of Dividend Increases	Payout Ratio
BCE	BCE INC	Communication Services	$23.27	12.3%	16	159.6%
TU	TELUS CORP	Communication Services	$14.59	8.0%	21	0.0%
UHT	UNIVERSAL HEALTH REALTY INCOME TRUST	Real Estate	$50.25	7.7%	40	221.5%
MO	ALTRIA GROUP, INC.	Consumer Defensive	$53.40	7.6%	54	66.6%
MPLX	MPLX LP	Energy	$52.67	7.3%	12	80.7%
LYB	LyondellBasell Industries N.V.	Basic Materials	$75.87	7.1%	13	78.4%
WASH	WASHINGTON TRUST BANCORP INC	Financial Services	$32.27	7.0%		84.1%
AES	AES CORP	Utilities	$10.12	6.9%	12	
PFE	PFIZER INC	Healthcare	$25.49	6.7%	16	220.5%
VZ	VERIZON COMMUNICATIONS INC	Communication Services	$40.56	6.7%	20	62.7%
EPD	ENTERPRISE PRODUCTS PARTNERS L.P.	Energy	$32.93	6.5%	27	84.4%
BEN	FRANKLIN RESOURCES INC	Financial Services	$20.05	6.4%	45	50.1%
GLPI	Gaming & Leisure Properties, Inc.	Real Estate	$48.45	6.3%	11	102.3%
EIX	EDISON INTERNATIONAL	Utilities	$52.87	6.3%	21	91.5%
NWBI	Northwest Bancshares, Inc.	Financial Services	$12.95	6.2%	13	105.4%
PII	Polaris Inc.	Consumer Cyclical	$44.13	6.1%	30	72.7%
UVV	UNIVERSAL CORP /VA/	Consumer Defensive	$53.61	6.0%	54	66.9%
FLIC	FIRST OF LONG ISLAND CORP	Financial Services	$13.66	6.0%		95.2%
FIBK	FIRST INTERSTATE BANCSYSTEM INC	Financial Services	$32.05	6.0%		83.1%
BNS	BANK OF NOVA SCOTIA	Financial Services	$51.04	6.0%	12	73.0%
GTY	GETTY REALTY CORP /MD/	Real Estate	$31.48	6.0%	12	150.1%
HVT	HAVERTY FURNITURE COMPANIES INC	Consumer Cyclical	$21.72	5.9%	11	135.4%
O	REALTY INCOME CORP	Real Estate	$54.15	5.9%	28	290.1%

넘는 건 기본이고, 높게는 300%에 달하는 종목도 있어요. 그렇다면 배당 성향이 100%를 초과하는 종목들은 투자하지 말라고 했으니, 리츠 종목들도 투자하면 안 되는 것일까요?

아닙니다. 사실 리츠 종목들의 배당 성향이 높은 데에는 이유가 있어요. 리츠 회사는 임대 사업을 하다 보니까, 아무래도 부동산을 많이 가지고 있겠죠? 그런데 부동산 같은 자산을 보유한 기업들은 회계 처리를 할 때 감가상각이라는 것을 해야 합니다.

감가상각이란 기업이 자산을 취득한 후, 그 자산의 가치가 시간이 지남에 따라 감소하는 것을 회계적으로 반영하는 과정을 말합니다. 예를 들어, 자동차를 구입하면 처음에는 새 차이기 때문에 가치가 높지만, 시간이 지날수록 노후화되어 가치가 점점 떨어지잖아요. 회계에서는 이러한 가치의 감소를 일정 기간 동안 나누어 비용으로 처리하는데 이를 감가상각이라고 합니다.

감가상각비는 손익계산서에서 비용으로 차감을 합니다. 그래서 감가상각비가 커지면 커질수록 순이익은 낮아지는 효과가 있어요. 특히, 리츠 회사들처럼 부동산을 많이 보유한 회사들은 감가상각비로 잡히는 비용이 많기 때문에 당기순이익은 더욱 낮아질 수밖에 없겠죠. 감가상각 때문에 순이익이 낮아지다 보니, 상대적으로 배당 성향은 높아지게 되는 거고요.

그런데 곰곰이 생각해보면, 감가상각비는 다른 비용들과 달리 실제로 현금이 빠져나가는 지출은 아니거든요. 단지 회계상의 숫자일 뿐이죠. 게다가 경험적으로 생각해봐도, 부동산(토지나 건물)은 자동차처럼 시간이 지날수록 가치가 점점 줄어드는 자산도 아니잖아요.

이런 점에서 리츠 회사의 배당 지급 능력을 판단할 때, 다른 회사들과 똑같은 기준으로 계산한 배당 성향을 쓰면 안 될 것 같다는 생각이 듭니다. 사업이 정상적으로 잘 돌아가고 있는 리츠 회사인데도 배당 성향이 너무 높게 표시될 우려가 있거든요. 그래서 투자자들은 리츠 회사의 배당 성향을 계산할 때, 순이익 대신에 사업운영수익(FFO)이라는 숫자를 넣어서 계산하곤 합니다.

$$사업운영수익(FFO) =$$

$$당기순이익 + 감가상각비 - 부동산 매각 손익$$

FFO는 리츠 회사들이 본연의 업무인 임대 사업으로 돈을 얼마나 잘 벌고 있는지 보여주기 위한 지표입니다. 그래서 당기순이익을 계산할 때 비용으로 뺐던 감가상각비를, FFO를 계산할 때는 다시 더해줍니다. 감가상각비의 영향을 없애는 것이죠. 또한 임대 사업 이외의 일회성 이익이 FFO에 반영되지 않도록 부동산 매각 수익도 다시 차감해 계산합니다. 이해되시나요?

그렇다면 순이익으로 계산한 배당 성향과 FFO로 계산한 배당 성향은 얼마나 다를까요?

어떤 리츠 회사의 손익계산서가 오른쪽 표와 같다고 합니다. 1년 동안의 임대 수입이 50억 달러이고, 운영 비용(5억 달러)과 감가상각비(25억 달러)를 차감한 영업이익은 20억 달러입니다. 여기에 이자 비용(-10억 달러), 자산 매각 손익(+1억 달러), 법인세(-1억 달러)를 더해 계산해보니, 당기순이익은 10억 달러입니다.

이 회사가 1년 동안 주주들에게 지급한 배당 총액이 24억 달러였다고 한다면, 배당 성향은 얼마나 되나요? 무려 240%입니다. 10억 달러를 벌어서 24억 달러를 배당으로 지급했다고 하니, 번 돈보다 배당금으로 나간 돈이 훨씬 더 많아 보이네요. 일반적인 상황이라면 이런 회사에는 절대로 투자해선 안 됩니다.

💲 순이익으로 계산한 배당 성향(리츠)

리츠 회사 손익계산서 예시		(단위: 백만 달러)
임대 수입	**5,000**	
- 운영 비용	(500)	
- 감가상각비	(2,500)	
영업이익	**2,000**	
- 이자 비용	(1,000)	
+ 자산 매각 손익	100	
- 법인세	(100)	
당기순이익	**1,000**	→ **배당 총액 2,400**

$$\text{배당 성향} = \frac{\text{배당 총액}}{\text{당기순이익}} \times 100 = \frac{2,400}{1,000} \times 100 = \textbf{240\%}$$

그런데 이 회사가 다름 아닌 리츠 회사이기 때문에 상황은 조금 달라집니다. 리츠 회사의 배당 성향은 순이익으로 나눠서 계산하는 게 아니라고 했죠? 그래서 FFO를 기준으로 다시 배당 성향을 계산해보았습니다.

FFO는 당기순이익에 감가상각비를 더하고, 부동산 매각 손익을 차감해 계산합니다. 순이익 10억 달러에 감가상각비 25억 달러를 다시 더해주고, 자산 매각 이익 1억 달러를 다시 빼주면, 168쪽 그림에 표시한 대로 FFO는 34억 달러네요. 이제 순이익 대신 FFO를 넣어서 배당 성향

💲 FFO로 계산한 배당 성향(리츠)

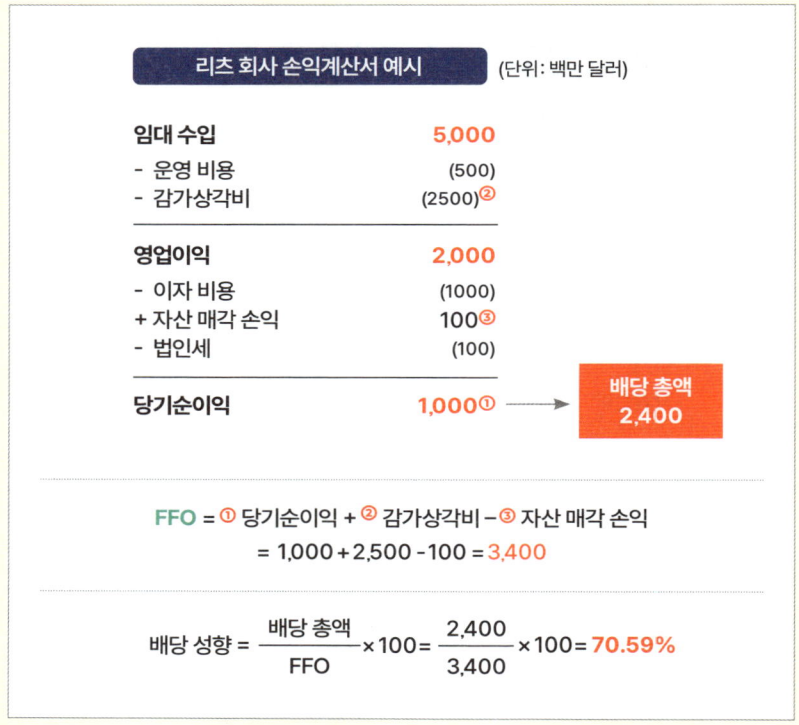

리츠 회사 손익계산서 예시	(단위: 백만 달러)
임대 수입	**5,000**
- 운영 비용	(500)
- 감가상각비	(2500)②
영업이익	**2,000**
- 이자 비용	(1000)
+ 자산 매각 손익	100③
- 법인세	(100)
당기순이익	**1,000①** → 배당 총액 **2,400**

FFO = ① 당기순이익 + ② 감가상각비 − ③ 자산 매각 손익
= 1,000 + 2,500 − 100 = **3,400**

$$배당\ 성향 = \frac{배당\ 총액}{FFO} \times 100 = \frac{2,400}{3,400} \times 100 = \mathbf{70.59\%}$$

을 다시 계산해보겠습니다. 이번에는 배당 성향이 대략 70% 정도로 나오는군요. 다행히 그리 높지 않은 수치입니다.

순이익으로 배당 성향을 계산하면 240%인데 FFO로 배당 성향을 계산하면 70% 정도이니, 둘 사이에 차이가 꽤 많이 난다는 것을 확인할 수 있습니다. 물론 부동산을 얼마나 보유하고 있는지, 그래서 감가상각비가 얼마나 큰지에 따라 리츠 회사마다 그 차이는 달라질 수 있어요.

지금까지 리츠 회사의 배당 성향을 분석할 때 순이익 대신 FFO를 사용해야 하는 이유와 계산하는 방법에 대해서 말씀을 드렸습니다. 꽤 복잡한 얘기였어요. 아마 이 책에 기록될 내용 가운데 가장 어려운 내용이 아니었나 싶네요.

그런데 우리가 앞으로 리츠 종목을 만날 때마다 따로 FFO를 계산하고, 배당 성향을 다시 맞춰볼 수는 없는 일이잖아요. 그렇다면 리츠 주식의 배당 성향(FFO 기준)을 쉽게 조회할 수 있는 방법은 없을까요?

사실 이건 걱정할 필요가 없습니다. 시킹 알파에서는 리츠 종목의 배

ⓢ 리얼티 인컴의 배당 성향

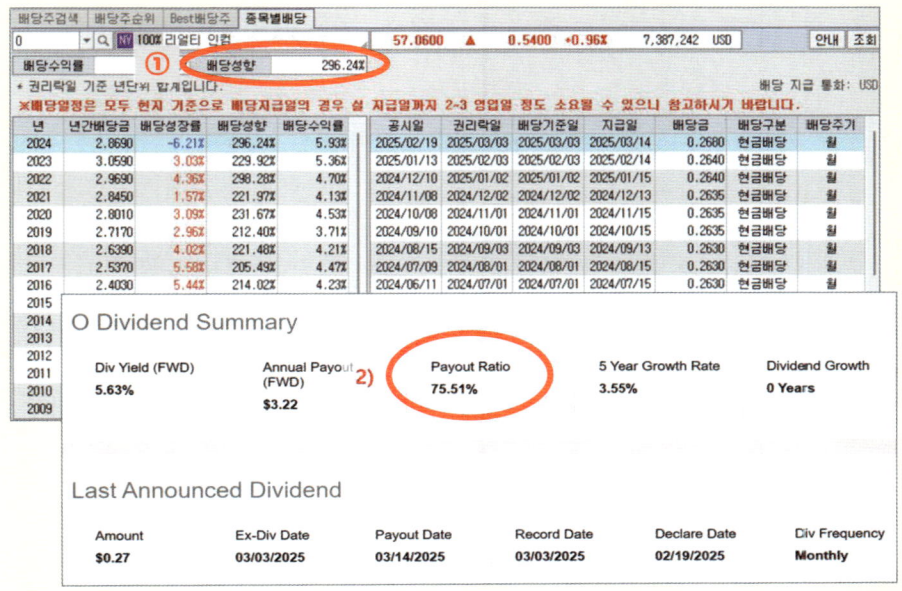

당 성향을 FFO 기준으로 이미 계산해놨거든요.

앞의 그림은 대표적인 리츠 종목인 리얼티 인컴의 배당 성향을 증권사 HTS와 시킹 알파에서 각각 조회한 화면입니다. ①은 HTS에서 조회한 내용인데, 배당 성향이 296.24%로 나오는군요. 순이익을 기준으로 계산했기 때문에 배당 성향이 높게 나옵니다.

반면 ②는 같은 시기에 시킹 알파 사이트에서 리얼티 인컴의 배당 지표를 조회한 화면입니다. 배당 성향이 75.51%라고 표시되어 있군요. FFO를 기준으로 계산된 배당 성향이라서 수치가 낮게 나왔습니다. 우리는 앞으로 기업 분석을 할 때, 시킹 알파에서 배당 성향을 확인하는 것을 기준으로 삼겠습니다.

PTP 종목 투자 시 주의할 점

　배당 블루칩 리스트에서 주의해야 할 종목이 한 가지 더 있습니다. 172쪽 그림의 목록을 보시면, 종목명의 끝에 LP라는 영문이 붙은 회사들을 몇 군데 볼 수 있어요. 'MPLX LP'나 'ENTERPRISE PRODUCTS PARTNERS L.P.(이하 EPD)'와 같은 종목들인데요. 결론부터 말씀드리자면, 이런 종목들은 가급적 투자하지 않는 것이 좋습니다.

　PTP(Publicly Traded Partnership) 종목이라는 것이 있습니다. PTP는 미국 내의 천연가스 파이프라인이나 부동산에 파트너십 형태로 투자하는 기업을 말해요. 172쪽 그림에 표시해둔 종목들처럼 이름의 마지막에 LP라고 적힌 주식들을 포함합니다.

　PTP 종목에 투자할 때 주의해야 하는 이유는 바로 세금 때문입니다. 미국인이 아닌 투자자가 PTP 종목에 투자하면 주식을 팔 때 매도 금액에 대해 10%의 세금을 내야 하거든요. 양도소득세(양도차익에 대한 세금)가 아니라 '매도 금액'에 대해서 세금을 내는 것임에 유의해야 합니다.

(S) PTP 종목 주의

Ticker	Name	Sector	Price	Dividend Yield	Years of Dividend Increases	Payout Ratio
BCE	BCE INC	Communication Services	$23.27	12.3%	16	159.6%
TU	TELUS CORP	Communication Services	$14.59	8.0%	21	0.0%
UHT	UNIVERSAL HEALTH REALTY INCOME TRUST	Real Estate	$38.25	7.7%	40	221.5%
MO	ALTRIA GROUP, INC.	Consumer Defensive	$53.40	7.6%	54	66.6%
MPLX	MPLX LP	Energy	$52.67	7.3%	12	80.7%
LYB	LyondellBasell Industries N.V.	Basic Materials	$75.87	7.1%	13	78.4%
WASH	WASHINGTON TRUST BANCORP INC	Financial Services	$32.27	7.0%		84.1%
AES	AES CORP	Utilities	$10.12	6.9%	12	
PFE	PFIZER INC	Healthcare	$25.49	6.7%	16	220.5%
VZ	VERIZON COMMUNICATIONS INC	Communication Services	$40.56	6.7%	20	62.7%
EPD	ENTERPRISE PRODUCTS PARTNERS L.P.	Energy	$32.93	6.5%	27	84.4%
BEN	FRANKLIN RESOURCES INC	Financial Services	$20.05	6.4%	45	50.1%
GLPI	Gaming & Leisure Properties, Inc.	Real Estate	$48.45	6.3%	11	102.3%
EIX	EDISON INTERNATIONAL	Utilities	$52.87	6.3%	21	91.5%
NWBI	Northwest Bancshares, Inc.	Financial Services	$12.95	6.2%	13	105.4%
PII	Polaris Inc.	Consumer Cyclical	$44.13	6.1%	30	72.7%
UVV	UNIVERSAL CORP /VA/	Consumer Defensive	$53.61	6.0%	54	66.9%
FLIC	FIRST OF LONG ISLAND CORP	Financial Services	$13.66	6.0%		95.2%
FIBK	FIRST INTERSTATE BANCSYSTEM INC	Financial Services	$32.05	6.0%		83.1%
BNS	BANK OF NOVA SCOTIA	Financial Services	$51.04	6.0%	12	73.0%
GTY	GETTY REALTY CORP /MD/	Real Estate	$31.48	6.0%	12	150.1%
HVT	HAVERTY FURNITURE COMPANIES INC	Consumer Cyclical	$21.72	5.9%	11	135.4%
O	REALTY INCOME CORP	Real Estate	$54.15	5.9%	28	290.1%

다시 말하자면, 손익 여부와 상관없이 매도 금액의 10%를 세금으로 떼어가요.

예를 들어 제가 EPD 주식을 1,000달러치 샀다고 가정해볼게요. 그런데 주가가 떨어져서 900달러가 되었습니다. 손해를 보고 팔아야 하는 것이죠. 손해를 본 것도 억울한데, 이와 같은 경우에도 900달러의 10%인 90달러를 세금으로 더 내야 합니다. 뭔가 굉장히 손해를 보는 느낌이군요.

또한 LP라는 글자가 붙어 있는 종목은 배당소득세도 많이 떼어갑니다. 나중에 세금에 대해서 종합적으로 자세히 다루겠지만, 우리는 미국 주식에 투자해 배당을 받을 때, 배당 금액의 15%를 배당소득세로 내게 됩니다. 그런데 LP가 붙은 종목은 15%가 아니라, 37%의 배당소득세를 내야 해요. 두 배가 넘는 세금을 내는 것이죠.

배당 금액이 1,000달러라면, 보통의 미국 배당주는 세금 15%를 떼고 850달러를 받는데, LP 배당주는 37%를 떼고 630달러밖에 받지 못합니다. 세율이 워낙 높다 보니, 배당수익률이 높아도 실제로 받는 금액은 오히려 더 적을 수 있죠.

저도 미국 배당주 투자를 시작한 초창기에, 그 당시에도 배당수익률이 높았던 EPD 주식을 샀던 적이 있어요. 그런데 처음 배당금이 입금되던 날, 제가 생각했던 것보다 (세금 때문에) 배당금이 적게 들어와서 당황했던 기억이 나네요.

이런 두 가지 이유(매도 금액의 10% 세금, 배당소득세 37%) 때문에 PTP종목을 투자할 때는 특별히 유의해야 합니다. 다행히 증권사들은 우리가 이런 종목에 실수로 투자하지 않도록 PTP 종목 리스트를 홈페이지 게시판에 공개하고 있어요. 또한 실수로 매수하는 일이 없도록, PTP 종목의 매수 버튼을 누르면 174쪽의 그림과 같은 경고(?) 메시지를 띄워줍니다.

그러니까 여러분이 실수로 PTP 종목을 매수하실 걱정은 크게 하지 않으셔도 됩니다. 투자하시다가 이와 유사한 안내 메시지 창을 만나게 된다면, '아하! PTP 종목은 세금을 많이 떼어가는 주식이랬지!'라고, 이 책의 내용을 떠올리시면서 피해 가시면 되겠습니다.

Ⓢ 미래에셋증권의 PTP 종목 주의 메시지

PTP종목 유의사항 안내

선택하신 종목은 PTP 종목으로 2023년부터
매도금액의 10%가 원천징수 과세(미국 IRS
1446(f)) 될 수 있으니 신중히 판단하시어 투자하시기
바랍니다.

온라인 매수주문은 제한되며 직원을 통한 접수는
가능합니다.
매도주문은 온라인 접수가 가능합니다.

자세한 내용 및 과세 면제종목은 해외주식 공지사항을
참고해 주시기 바랍니다.

확인

매월 적금처럼
주식을 사라

투자 금액 배분하기

배당 블루칩 리스트에서 투자해도 좋을 만큼 매력적인 배당주들을 충분히 골라내셨나요? 그렇다면 지금부터는 선별한 종목들을 어떻게 운용하면 좋을지 차근차근 알아보겠습니다.

176쪽 그림은 제가 배당 블루칩 리스트에서 배당주 10종목을 골라 각각의 배당수익률을 정리한 표입니다. 특정 종목을 추천하는 것이 아니기 때문에 종목명은 임의로 바꿔두었습니다.

10종목의 구성은 배당 주기별로 골고루 분포하도록 선정했습니다. 1/4/7/10월 종목 세 개, 2/5/8/11월 종목 세 개, 3/6/9/12월 종목 서 개, 그리고 매월 배당금을 주는 월 배당 종목 한 개, 이런 방식으로 말이죠.

종목명	배당 주기	배당수익률	주가(달러)	분기별(월별) 배당금(달러)
AAA	1/4/7/10	7.16%	57	1.02
BBB	1/4/7/10	6.40%	20	0.32
CCC	1/4/7/10	6.04%	55	0.83
DDD	2/5/8/11	6.55%	11	0.18
EEE	2/5/8/11	6.33%	43	0.68
FFF	2/5/8/11	6.00%	54	0.81
GGG	3/6/9/12	7.40%	40	0.74
HHH	3/6/9/12	7.15%	78	1.34
III	3/6/9/12	5.05%	19	0.24
JJJ	매월	5.68%	57	0.27

　　미국 배당주 투자를 처음 시작하시는 분들은 10종목을 고르는 일이 어려울 수도 있어요. 그러니 처음에는 4종목이나 7종목 정도로 시작하셔도 전혀 상관없습니다. 저는 많은 종목을 동시에 운용하는 예시를 보여드리기 위해서 처음부터 10종목을 골라보았습니다.

　　표를 보면, 배당수익률이 낮게는 5% 초반에서, 높게는 7% 중반까지의 종목들로 구성이 되었습니다. 평균적으로 배당수익률이 6% 중반이라는 점 정도만 기억해두시고 다음으로 넘어가겠습니다.

　　만약 우리에게 5,000달러(약 700만 원)의 현금이 있다고 가정해보죠.

우리는 이 돈으로 열 개의 종목에 나누어 투자하게 될 것입니다. 투자를 계속 진행하다 보면, 자연스럽게 어떤 종목은 비중이 늘어나고, 어떤 종목은 비중이 줄어들기도 합니다. 하지만 일단 저는 모든 종목을 동일한 비중으로 나누어서 분산 투자해보겠습니다.

⑤ 배당주 체크리스트(실습)

(단위: 달러)

종목명	주가	수량(주)	매수 단가	비중(%)
AAA	57	8	456	9.13
BBB	20	25	500	10.01
CCC	55	9	495	9.91
DDD	11	45	495	9.91
EEE	43	12	516	10.33
FFF	54	10	540	10.81
GGG	40	12	480	9.61
HHH	75	7	525	10.51
III	19	28	532	10.65
JJJ	57	8	456	9.13
합계			4,995	100.00

5,000달러를 열 개 종목에 동일한 비중으로 나누어 투자하려고 한다면, 한 종목당 투자 금액은 대략 500달러 정도가 됩니다. 한 종목당

500달러를 기준으로 각 종목에 투자한다면, 위의 표와 같이 배분해 투자할 수 있겠군요.

주가가 57달러인 AAA 종목은 8주를 매수할 경우, 매수 단가가 456달러가 될 것이고, 전체 투자금의 9.13%를 투자하게 됩니다. BBB종목은 주가가 20달러이므로 25주를 산다면 매수 단가는 500달러가 되겠네요. 이와 유사한 방식으로 나머지 종목들도 500달러를 기준으로 주가를 나누어 투자할 수량을 정합니다.

그렇게 계산해낸 열 개 종목의 매수 단가를 모두 더하면, 합계 금액은 4,995달러가 됩니다. 제가 한 것이지만, 이 정도면 5,000달러를 잘 분산해서 투자했군요.

배당가계부 만들기

앞에서 정한 수량대로 각 종목을 배분해 매수한다면, 우리가 매월 받게 되는 배당금은 대략 얼마나 될까요? 이를 확인하기 위해 이번에는 배당가계부를 만들어보았습니다.

이 배당가계부의 양식은 앞으로도 종종 등장할 계획입니다. 배당가계부를 어떻게 만들어야 하나 고민하실 필요는 없어요. 뒤에서 완성된 배당가계부의 최종본을 무료로 제공해드릴 예정이니, 그 파일을 다운로드해서 쓰시면 됩니다(301쪽 QR코드 참조). 지금은 이해를 돕기 위해서

(단위: 달러, 주)

	A	B	C	D	E	F	G	H	I	J	K	L	M	N	O	P	Q
1	<20XX년 배당표>																
2	종목명	주가	수량	주당 배당금	1월	2월	3월	4월	5월	6월	7월	8월	9월	10월	11월	12월	합계
3	AAA	57	8	1.02	8.16			8.16									16.32
4	BBB	20	25	0.32	8.00			8.00									16.00
5	CCC	55	9	0.83	7.47			7.47									14.94
6	DDD	11	45	0.18		8.10			8.10								16.20
7	EEE	43	12	0.68		8.16			8.16								16.32
8	FFF	54	10	0.81		8.10			8.10								16.20
9	GGG	40	12	0.74			8.88			8.88							17.76
10	HHH	75	7	1.34			9.38			9.38							18.76
11	III	19	28	0.24			6.72			6.72							13.44
12	JJJ	57	8	0.27	2.16	2.16	2.16	2.16	2.16	2.16							12.96
13	합계				25.79	26.52	27.14	25.79	26.52	27.14	0.00	0.00	0.00	0.00	0.00	0.00	158.90

배당가계부의 일부, 뼈대만 그려놓은 것이니 여기서는 이 배당가계부의 구조를 파악하는 데에만 신경을 써주시기 바랍니다.

배당가계부를 만드는 목적은 매월 배당금이 얼마나 들어오는지 체크하기 위한 용도입니다. 매월 배당금이 들어오는 칸에는 하늘색으로 표시가 되어 있는 것을 확인할 수 있습니다.

그렇다면 1월에 배당금이 들어오는 종목은 몇 개일까요? 4개입니다. 배당 주기가 1/4/7/10월인 종목 3개와 월 배당 종목 1개에서 배당금이 들어올 테니까요. 종목명으로는 AAA, BBB, CCC, JJJ입니다.

주가가 57달러였던 AAA 종목은 총 8주를 매수했습니다. 한 주당 배당금이 1.02달러이므로 1월에 들어오는 AAA 종목의 배당금은 8.16달러입니다(지금은 배당가계부의 구조를 익히는 단계이니 배당소득세는 계산에 넣지 않았습니다).

마찬가지 방식으로 BBB는 8.00달러, CCC는 7.47달러, JJJ는 2.16달러의 배당금이 들어온다는 것을 확인할 수 있습니다. 이에 따라 1월에 들어오는 배당금의 합계는 총 25.79달러입니다.

5,000달러를 투자해 첫 달에 들어온 배당금의 합계가 25.79달러라니, 출발이 나쁘지 않네요. 원화로 환산하면 약 700만 원을 투자해 첫 달에 약 36,000원의 이자를 받은 것입니다.

마찬가지로 2월과 3월의 배당금 합계를 계산해보면, 2월은 26.52달러, 3월은 27.14달러의 배당금이 들어옵니다.

적금처럼 매월 추가로 투자하기

일단 이런 구조가 만들어졌다면 계좌를 유지하는 것만으로도 우리는 매월 일정 금액의 배당금을 받게 됩니다. 황금알을 낳는 거위의 기본 뼈대 정도는 갖춰진 것이죠. 지금 이대로만 계좌 상태를 유지하더라도 괜찮습니다. 여러분은 매월 25~27달러의 배당금을 지속적으로 받을 수 있을 테니까요. 종목을 잘 선택하셨다면, 종목별로 매년 한 번씩은 배당금 인상도 있을 것이고요.

하지만 우리의 플랜은 여기서 멈추지 않습니다. 저의 목표는 매월 배당금을 우상향으로 늘려나가는 것이니까요. 3월에 배당금을 27달러 받았다면, 4월에는 다시 25달러를 받는 것이 아니라 27달러 이상을 받을 수 있도록 전략을 짤 것입니다. 이를 위해 ① 매월 받는 배당금은 재투자하고, ② 적금처럼 매월 추가로 돈을 적립하는 방법을 사용할 것입니다.

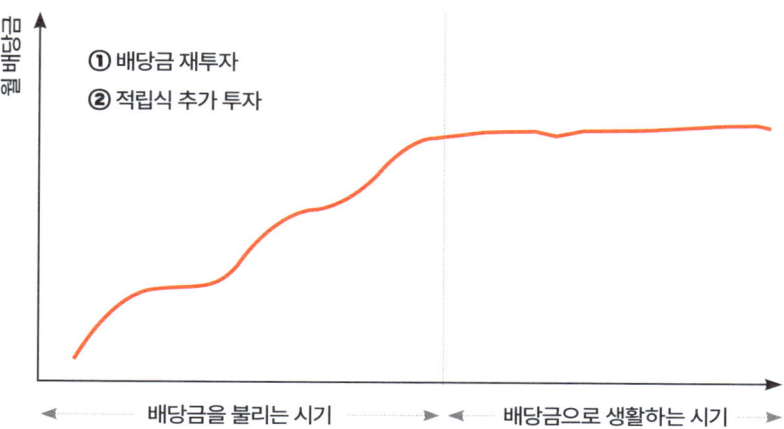

Ⓢ 우리의 목표는 배당금 늘리기

배당금액

① 배당금 재투자
② 적립식 추가 투자

◀—— 배당금을 불리는 시기 ——▶ ◀—— 배당금으로 생활하는 시기 ——▶

　　우선 우리는 매월 받게 될 배당금을 재투자할 것입니다. 어떤 분들은 이렇게 반론할지도 모르겠네요. "지금 당장 배당금을 인출해서 사용하지 않을 거면, 도대체 배당주 투자는 왜 하는 거야?"

　　물론 배당금을 충분히 불리고 난 이후에는 배당금을 인출해 생활비로 사용할 것입니다. 하지만 그건 은퇴 이후의 일입니다. 아직은 아니에요. 지금은 25달러 남짓한 돈을 바로 꺼내서 쓸 것이 아니라, 빠르게 배당금을 불려나가는 것이 더 중요합니다. 재투자하면 복리효과로 빠르게 배당금을 불릴 수 있다는 장점이 있습니다.

　　또한 우리는 매월 일정 금액을 적금과 같은 방식으로 추가 투자하면서 투자 원금도 늘려나갈 예정입니다. 매월 많은 금액을 투자할수록 우리의 배당금도 빠른 속도로 불어날 테지요.

저의 경우에는, 매월 배당금을 재투자할 뿐만 아니라 평균 50만 원 정도의 금액을 추가로 투입하고 있습니다. 50만 원을 적금 대신 배당주 계좌에 넣는다는 기분으로 말이죠. 지금부터는 제가 투자하는 금액을 예시로 들어, 얘기를 이어나가도록 하겠습니다.

자, 앞서 5,000달러를 투자한 여러분은 1월에 받은 25.79달러의 배당금과 신규 투자금 50만 원(약 350달러)으로 추가 투자할 수 있습니다. 여러분은 이 375달러 남짓한 돈으로 배당주 그릇에 담겨 있는 10종목 가운데 어떤 종목을 추가로 매수하면 좋을까요?

그 해답을 찾기 위해서는 우선 '주식을 언제 사면, 배당금이 언제 들어오는지' 그 구조를 이해할 필요가 있습니다.

배당 일정 이해하기

어떤 종목을 추가로 매수할지 결정하는 과정은 다소 복합적입니다. 우선, 포트폴리오에서 차지하고 있는 각 종목의 비중을 비교해서 결정할 수 있습니다. 모든 종목에 동일하게 10%씩 투자할 계획이었는데, 어느 한 종목의 비중이 유독 낮다면 그 종목에 우선적으로 투자해 비중을 늘릴 수 있다는 뜻입니다.

배당수익률을 비교해서 투자할 종목을 고를 수도 있겠네요. 최근에 주가가 떨어져서 배당수익률이 높아진 종목이 있다면, 그런 종목들에 추가로 투자하는 방법도 고려할 수 있습니다.

포트폴리오 비중을 고려한다거나 배당수익률을 비교해서 투자할 종목을 고르는 일은 계좌를 관리하는 데 있어 매우 흥미로운 주제이지만, 지금은 딱 이 정도로만 언급하고 넘어가겠습니다. 아직 이 주제를 다루기엔 우리의 배당가계부는 이제 겨우 기본적인 틀만 갖춰진 상태니까요.

그것보다 우리에게 지금 당장 중요한 것은 '배당주를 언제 사면, 배당금은 언제 들어오는지' 그 일정을 파악하는 일입니다.

배당 일정은 미국 배당주의 다른 정보들을 조회할 때와 마찬가지로 시킹 알파 사이트나 증권사 HTS에서 확인할 수 있습니다. 특히 HTS에서 확인한다면 지난 배당 일정들도 한 화면에서 동시에 확인할 수 있어서 배당 히스토리를 전체적으로 파악하기에 편합니다.

184쪽의 그림은 시킹 알파 사이트와 증권사 HTS에서 검색한 알트리아 주식의 배당 일정입니다. 이 그림을 보면, 미국 배당주의 배당 일정과 관련된 네 개의 날짜를 표시하고 있어요. ① 공시일(Declare Date)과 ② 권리락일(Ex-Div Date), ③ 배당 기준일(Record Date), ④ 지급일(Payout Date)입니다.

① 공시일은 말 그대로 배당 금액과 배당 일정 등을 공식적으로 발표(공시)하는 날입니다. 그렇다면 ④ 지급일은 배당금을 지급하는 날이겠네요. 단어만 보고 쉽게 이해가 되지 않는 것은 ② 권리락일과 ③ 배당 기준일 두 가지입니다.

💲 배당 일정 알아보기

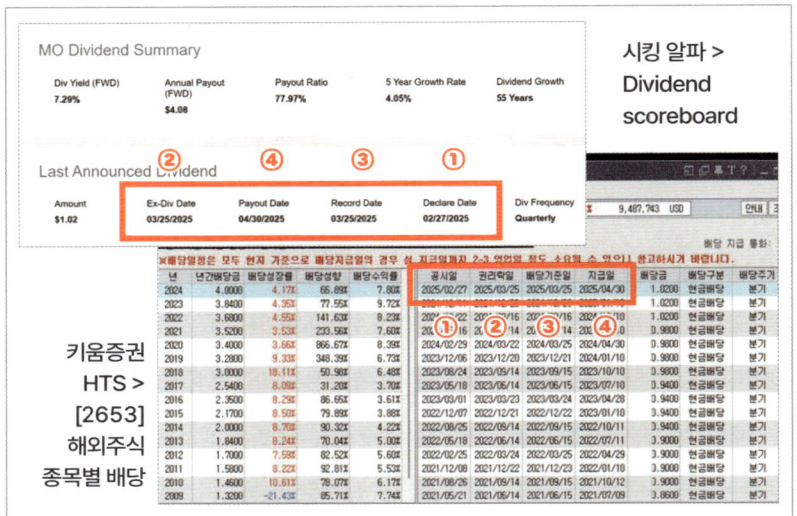

② 권리락일에서 권리락이란 '권리가 떨어져 나가고 없다'라는 뜻입니다. 그러니까 권리락일은 '배당을 받을 권리가 없는 날'이라고 이해하시면 됩니다. 권리락일에 배당주를 매수해봤자 배당을 받을 권리가 없다는 것이죠. 바꿔 말하면, 배당금을 받기 위해서는 늦어도 권리락일 하루 전에는 주식을 매수해야 합니다.

③ 배당 기준일은 배당받을 자격이 주어지는 날입니다. 배당 기준일에 해당 주식의 주주로 기록이 되어 있어야 배당을 받을 수 있습니다. 얼핏 생각하면, '주식을 매수하면 곧바로 주주가 되는 거 아니야?'라고 생각하실 수 있어요. 하지만 주식을 매수한다고 바로 주주가 되는 것은 아니에요. 내 계좌에서 매수 대금이 결제되어 빠져나가야 완전한 주주가

됩니다.

예전에는 주식 매매에 대한 결제일이 D+2일이었습니다. 즉, 매수를 하고 난 후 2영업일이 되는 날, 돈이 빠져나가고 비로소 주주로 인정받았습니다. 그러니 배당금을 받기 위해서는 배당 기준일로부터 2영업일 전에는 주식을 매수해야 했습니다.

하지만 2024년 5월부터 미국 주식의 결제일은 D+1일로 제도가 변경되었어요. 이에 따라 배당 기준일 하루 전날까지만 주식을 산다면 배당을 받을 수 있게 되었죠.

그런데 아까 배당을 받으려면 권리락일 하루 전에 주식을 사야 한다고 하지 않았나요? 그런데 지금은 배당 기준일 하루 전에 주식을 사야 한다고요? 네, 그렇습니다. 2024년 5월 이전에는 권리락일과 배당 기준일 사이에 하루의 차이가 있었지만, 그 이후로는 권리락일과 배당 기준일이 같은 날짜가 되었습니다.

알트리아 주식의 배당 일정을 확인해보겠습니다. 공시일은 2025년 2월 27일이고, 권리락일과 배당 기준일은 둘 다 2025년 3월 25일로 동일합니다. 배당금을 지급하는 날짜는 2025년 4월 30일이네요.

권리락일과 배당 기준일 설명 때문에 말이 조금 복잡해지긴 했습니다만, 결론은 매우 심플합니다. 배당을 받기 위해서는 권리락일(배당 기준일)의 하루 전인 3/24일까지 주식을 사야 한다는 것입니다. 깔끔하게 '권리락일 하루 전'이라고 기억하시면 되겠습니다. 그러면 지급일인 4/30일에 배당금을 받을 수 있어요.

일	월	화	수	목	금	토
2/23	2/24	2/25	2/26	2/27 공시일	2/28	3/1
2	3	4	5	6	7	8
9	10	11	12	13	14	15
16	17	18	19	20	21	22
23	24 주식 매수 시기	25 권리락일 (배당 기준일)	26	27	28	29
30	31					

배당을 받기 위해서는 권리락일(배당 기준일) 하루 전 (3/24)까지 주식을 사야 한다.

포트폴리오 종목들의 배당 일정

알트리아에 투자해 4월의 배당금을 받기 위해서는 늦어도 3월 24일까지는 주식을 매수해야 한다고 했습니다. 배당을 받는 월의 전월, 중순경에는 주식을 사야 한다는 것이죠. 그렇다면 알트리아 외에 다른 종목들은 어떨까요? 포트폴리오에 들어 있는 다른 종목들의 배당 일정도 정리해보았습니다.

⑤ 포트폴리오 배당 일정 알아보기

종목명	공시일 (Declare Date)	권리락일 (Ex-Div Date)	배당 기준일 (Record Date)	지급일 (Payout Date)
AAA	2025/02/27	2025/03/25	2025/03/25	2025/04/30
BBB	2025/02/24	2025/03/31	2025/03/31	2025/04/11
CCC	2025/02/27	2025/04/07	2025/04/07	2025/04/30
DDD	2025/02/21	2025/05/01	2025/05/01	2025/05/15
EEE	2025/02/28	2025/04/10	2025/04/14	2025/05/01
FFF	2025/02/25	2025/04/14	2025/04/14	2025/05/05
GGG	2024/11/25	2024/12/16	2024/12/16	2024/12/31
HHH	2024/11/22	2024/12/02	2024/12/02	2024/12/09
III	2024/11/15	2024/11/29	2024/11/29	2024/12/13
JJJ	2025/02/19	2025/03/03	2025/03/03	2025/03/14

앞의 표에서 첫 번째로 주목할 것은 모든 종목의 권리락일과 배당 기준일이 동일하다는 점입니다. 그 이유에 대해서는 앞에서 이미 설명해 드렸습니다.

사실 이제는 권리락일과 배당 기준일을 구분해서 표시하는 건 아무런 실익도 없어요. 다만 아직도 공시할 때 이와 같이 용어를 구분해 쓰고 있으니까 우리도 각 용어의 뜻이 무엇인지 정도는 알고 있어야겠습니다.

이 표에서 두 번째로 체크할 포인트는 권리락일과 지급일 사이에 얼마만큼의 차이가 있는지입니다. 일반적으로 배당지급일과 권리락일 사이에는 대략 한 달 정도의 차이가 나요. 그러니 주식을 사서 바로 배당금을 받으려면 배당을 받는 날로부터 최소 한 달 이전에는 주식을 사야 한다는 결론입니다.

다만 주식마다 편차는 있어요. 예를 들어 앞의 표에서 AAA 종목은 지급일과 권리락일의 차이가 한 달이 조금 넘습니다. 반면 HHH 종목은 권리락일로부터 불과 1주일 만에 배당급을 지급합니다. 투자를 계속하다 보면, AAA보다 차이가 더 많이 나는 종목이나 HHH보다 간격이 더 적은 종목도 만날 수 있겠죠. 배당 일정은 종목마다 천차만별이니까요.

이처럼 종목마다 지급일을 기준으로 주식을 언제 사야 배당금을 받을 수 있는지 차이가 나기 때문에, 우리는 주식을 매수하기에 앞서 배당 일정을 꼼꼼히 확인해야 배당금을 놓치는 실수를 피할 수 있습니다.

배당금 재투자 전략

그런데 주식을 살 때마다 배당 일정을 확인하기란 여간 피곤한 일이 아닙니다. 더군다나 배당금을 꾸준히 늘리는 3I 시스템을 유지하기 위해서는 한 달에 한 번씩 재투자가 이루어져야 하죠. 매번 재투자할 때마다 배당 일정 때문에 머리가 복잡해진다면, 배당주 투자는 자산을 늘려나가는 즐거운 일이 아니라 스트레스로 다가올 수도 있습니다. 그리고 이런 복잡한 투자는 제가 원하는 방식이 아니에요.

저는 배당주 투자를 단순화하면서도 배당금 지급 일정을 놓치지 않기 위해서 다음과 같은 투자 원칙을 만들었습니다. '1월의 배당금으로는 1/4/7/10월 종목에 재투자하자'는 것입니다.

이 원칙은 말 그대로 이해하시면 됩니다. 1월에 받는 배당금으로는 1/4/7/10월에 배당을 주는 종목에 투자하는 것이죠. 마찬가지로 2월에 받는 배당금으로는 2/5/8/11월 종목에, 3월에 받는 배당금으르는 3/6/9/12월에 투자합니다.

이 원칙대로 투자한다면, 1월에 받은 배당금으로 재투자한 만큼 4월에는 배당금을 더 받을 수 있습니다. 4월에 재투자한 돈 만큼 7월의 배당금을 늘릴 수 있겠죠. 7월의 배당금은 10월의 배당금을 늘리는 일에 쓰이게 될 것입니다. 어째서 그렇게 되냐고요? 실제로 예시를 들어서, 이 투자의 흐름을 따라가보도록 하겠습니다.

우리는 AAA~JJJ까지 10종목에 투자한 상태입니다. 1월에 배당금

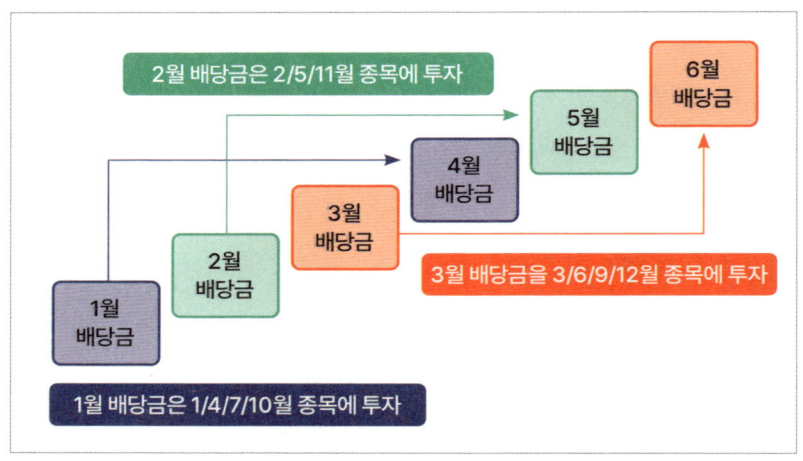

💲 1월 배당금은 1/4/7/10월 종목에 투자하자

25.79달러를 받게 되죠. 배당금이 지급되는 날짜는 종목마다 조금씩 다를 수 있지만, 늦어도 1월 31일에는 25.79달러가 우리의 계좌에 입금된 상태일 것입니다. 여기에다 적금처럼 넣겠다던 신규 투자금 50만 원도 있었죠. 달러로 환전해서 350달러라고 하겠습니다. 이 둘을 합치면 새로 미국 배당금에 투자할 추가 금액은 375.79달러가 됩니다. 이 돈으로 우리는 2월 내에 1/4/7/10월 배당 종목 중 하나인 AAA에 투자해보겠습니다.

군이 복잡하게 배당 일정을 확인하지 않아도, 2월에 추가로 투자한 AAA는 4월에 배당금을 받을 수 있어요. 권리락일로부터 지급일까지는 일반적으로 한 달의 시간이 걸린다고 했었죠. 조금의 차이는 있겠지만, 4월에 배당을 지급받는 종목의 권리락일은 3월 중에 있을 것입니다. 그러니 우리는 2월 중에만 주식을 매수한다면, 4월 배당은 여유 있게 받을 수 있는 것이죠. 배당 일정을 일일이 들여다보지 않아도 말입니다.

이 과정을 단순하게 정리해서 저는 '1월의 배당금으로는 1/4/7/10월 종목에 재투자하자'는 원칙을 만들게 되었습니다.

만약 이와 같은 방식으로 1년 동안 투자를 한다면 어떻게 될까요? 1월의 배당금과 신규 투자금으로는 AAA를 사고, 2월의 배당금과 신규 투자금으로는 DDD를 사고, 3월의 배당금과 신규 투자금으로는 GGG 를 사고, 4월의 배당금과 신규 투자금으로 BBB를 사고……. 1년 동안 이와 같이 투자를 한 결과는 아래의 배당가계부와 같습니다.

💲 1년차 배당가계부 결과

	A	B	C	D	E	F	G	H	I	J	K	L	M	N	O	P	Q
1	<20XX년 배당표>																
2	종목명	주가	수량	주당 배당금	1월	2월	3월	4월	5월	6월	7월	8월	9월	10월	11월	12월	합계
3	AAA	57	14	1.02	8.16			14.28			14.28			14.28			51.00
4	BBB	20	44	0.32	8.00			8.00			14.08			14.08			44.16
5	CCC	55	16	0.83	7.47			7.47			7.47			13.28			35.69
6	DDD	11	79	0.18		8.10			14.22			14.22			14.22		50.76
7	EEE	43	21	0.68		8.16			8.16			14.28			14.28		44.88
8	FFF	54	17	0.81		8.10			8.10			8.10			13.77		38.07
9	GGG	40	21	0.74			8.88			15.54			15.54			15.54	55.50
10	HHH	75	12	1.34			9.38			9.38			16.08			16.08	50.92
11	III	19	48	0.24			6.72			6.72			6.72			11.52	31.68
12	JJJ	57	8	0.27	2.16	2.16	2.16	2.16	2.16	2.16	2.16	2.16	2.16	2.16	2.16	2.16	25.92
13	합계				25.79	26.52	27.14	31.91	32.64	33.80	37.99	38.76	40.50	43.80	44.43	45.30	428.58

1월의 배당금 총액은 25.79달러였습니다. AAA에 재투자를 한 결과, 4월의 배당금 총액은 31.91달러로 증가했죠. 4월의 배당금과 신규 투자 금을 BBB 종목에 재투자해 7월의 배당금 총액은 37.99달러로 늘어났고 요. 7월에는 CCC에 재투자해 10월의 배당금 총액은 43.80달러가 되었 습니다.

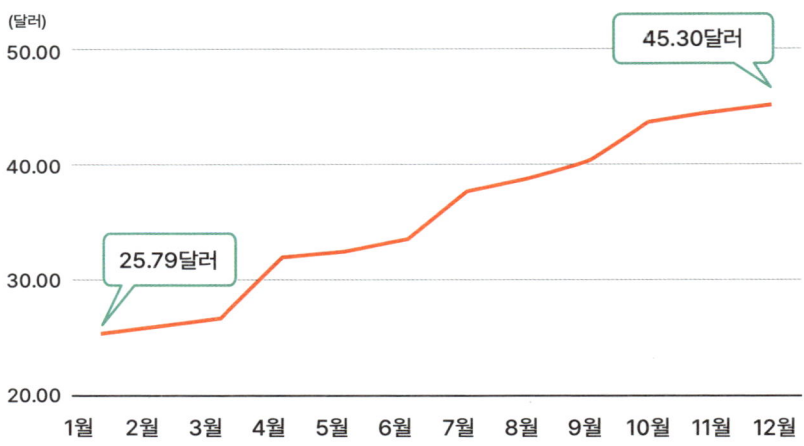

이와 같이 시뮬레이션을 돌려본 결과, 1월에 25.79달러였던 배당금이 12월에는 45.30달러까지 늘어났습니다. 와우! 우리가 목표로 삼았던 배당금 우상향 그래프가 드디어 만들어졌네요.

혹시나 쓸데없는 오해를 하실까 봐 덧붙이자면, 1월 배당금으로 꼭 1/4/7/10월의 종목을 사야만 하는 것은 아닙니다. 투자하는 시점에 더 좋은 종목, 꼭 사야 할 주식이 있을 수 있죠. 그런 경우에는 배당 일정에 얽매이지 말고, 투자 기회가 온 주식을 매수하면 됩니다. 제가 말씀드리려고 하는 것은 배당 일정을 착각해서 예상했던 배당금을 받지 못하는 일을 막고자 투자 과정을 단순화하는 방법을 제시한 것임을 밝혀두겠습니다.

배당금이 매월 늘어나는 3I 시스템을 완성하기까지 우리가 한 일이라곤 별로 많지 않아요. 우선 ① 배당금이 줄어들지 않을 종목을 배당 블루칩 리스트에서 골랐고, ② 각 종목에 투자금을 배분해 매수했습니다. 그리고 ③ 배당금을 받을 때마다 재투자한 것이 전부죠. 여기까지 잘 따라오셨나요?

그런데 한 가지 고백하자면, 시뮬레이션을 하면서 제가 반영하지 않은 것이 있어요. 바로 '주가의 움직임'은 하나도 반영하지 않았죠. 1년 내내 주가가 그대로라고 가정을 하고 시뮬레이션을 했거든요.

그런데 주식시장은 이렇게 단순하지 않습니다. 우리가 선택한 주식의 가격은 언제든 오를 수도 있고, 떨어질 수도 있잖아요. 그리고 주가가 어떻게 움직이냐에 따라 우리의 대응도 달라져야 합니다.

다음 장에서는 미국 배당주 투자를 하면서, 주가의 변동에 어떻게 대응하면 좋을지에 대해서 고민해보도록 하겠습니다.

마지막으로 이번 장의 내용을 간단히 정리해보았습니다.

기억해야 할 내용

- 배당금을 받기 위해서는 권리락일 하루 전까지 주식을 사야 한다.
- 1월(4월,7월,10월)의 배당금으로는 1/4/7/10월 종목에 재투자하자.

월배당금 500만 원은
언제 가능할까?

* 편집자가 독자의 마음에서 작가에게 물어보았습니다.

주린이 작가님, 궁금한 게 있습니다. 저는 은퇴 후 한 달 생활비로 500만 원 정도 필요할 것 같은데, 미국 배당주 투자로 매달 500만 원씩 받는 것도 가능할까요? 가능하다면, 목표를 달성하는 데 금액과 시간은 얼마나 들까요?

모니뜨리 당연히 가능하죠. 충분한 투자금만 있다면, 당장 다음 달부터라도 매월 500만 원씩 받는 것이 가능합니다. 가령 독자님께 8억 6,000만 원의 투자금이 있다고 생각해볼게요. 이 금액으로 배당수익률 7%의 미국 배당주 포트폴리오를 만들어서 투자해요. 그럼 매월 받게 되는 배당금이 대략 500만 원 정도 됩니다(8억 6,000만원 × 7% ÷ 12개월) 배당소득세 15%를 감안한다면, 실수령액은 425만 원 정도 되겠네요. 쉽죠? 그런데 혹시, 독자님은 8억 6,000만원을 가지고 계신가요?

주린이 하하. 안타깝게도 그만한 돈은 아직 없네요.

모니뜨리 그렇다면 이 책에서 말씀드린 대로, 매월 적금처럼 투자금을 모으면서 배당금을 늘려나갈 수밖에 없겠네요.

한 달에 모을 수 있는 금액은 사람마다 다를 텐데요. 목표를 달성할 때까지 받는 배당금을 모두 재투자한다고 가정한다면, 각 금액별 목표 달성 시기는 아래의 표와 같습니다.

Ⓢ **월배당금 500만 원 달성 시기**(배당수익률 7% 가정)

월 적립액	배당수익률	목표 달성 시기
50만 원	7%	456개월(38년)
100만 원	7%	336개월(28년)
200만 원	7%	231개월(19년 3개월)
500만 원	7%	125개월(10년 5개월)

매월 50만 원씩 모은다면 456개월이 지난 후에 월 배당금을 500만 원씩 받을 수 있고, 매월 500만 원씩 모은다면 125개월이 지난 후에 목표를 달성할 수 있어요. 이것은 단순히 생각해보면, 8억 6,000만 원을 모으는 데 걸리는 시간이라고 말할 수도 있겠네요.

주린이 그렇군요. 그런데 50만 원씩 38년이나 모아야 목표를 달성할 수 있다니, 시간이 너무 오래 걸리는 것 아닌가요?

모니뜨리 여기서 한 가지 추가로 고려할 것이 있습니다. 제가 책에서 설명하는 행동수칙대로 투자한다면 배당소득뿐만 아니라 매매차익도 얻을 수 있다는 점이에요.

즉, 매수 원칙에 따라 적절한 종목을 선택하고, 매도 원칙에 따라 적절한 시기에 교체 매매를 한다면 매매차익을 추가로 얻어서 목표 달성 시기를 앞당길 수 있습니다.

제 경험상 매매를 통해 얻는 수익은 배당수익 이상인 경우가 많았는데요. 매매수익률을 7%라고 가정하고 목표 달성 시기를 다시 계산해보면, 아래의 표와 같습니다.

💲 **월배당금 500만 원 달성 시기(배당수익률 7%, 매매수익률 7% 가정)**

월 적립액	배당수익률	매매수익률	목표 달성 시기
50만 원	7%	7%	277개월(23년 1개월)
100만 원	7%	7%	217개월(18년 1개월)
200만 원	7%	7%	161개월(13년 5개월)
500만 원	7%	7%	98개월(8년 2개월)

주린이 아! 목표 달성 시기가 많이 앞당겨졌네요.

모니뜨리 매월 500만 원씩을 모은다면, 8년 2개월 만에 목표를 달성할 수 있지요. 지금까지 말씀드린 다른 것들은 다 잊어버리시더라도, '8년 2개월'이라는 기간만큼은 꼭 기억해두셨으면 좋겠어요. '8년 2개월'이 무슨 의미냐면, 월 배당금을 특정 금액만큼 받기 위해서 매월 그 금액만큼 모을 때 목표를 달성하는 데 걸리는 기간입니다.

월 배당금을 50만 원씩 받기 위해 매월 50만 원씩 모은다면, 목표를 달성하는 데 걸리는 시간은 8년 2개월입니다. 매월 100만 원씩 8년 2개월 동안 미국 배당주에 투자하면, 월 배당금 100만 원을 달성할 수 있겠지요. 주린이님이 목표를 달성하는 데 걸리는 기간도 대략 8년 2개월이라고 생각하시면 외우기 편하겠네요.

미국 배당주 투자 vs
배당주 ETF 투자

주린이 미국 배당주에 투자하는 방법 중에 개별 종목 말고, 배당주 ETF를 매수하는 방법도 있다고 들었어요. 배당주 ETF에 투자해도 괜찮을까요?

모니뜨리 이번 책에서는 따로 다루지 않았지만, ETF에 투자하는 것도 매우 좋은 배당주 투자 방법 중 하나예요.

우선, ETF는 한 종목만 사더라도 수십 개 이상의 개별 종목에 골고루 분산 투자를 하는 효과가 있기 때문에 투자 위험을 크게 낮출 수 있어요. 또한, ETF는 전문가가 여러분을 대신해 포트폴리오를 관리해주기 때문에 믿고 맡길 수 있다는 장점도 있습니다. 여러분이 배당 블루칩 리스트를 뚫어지게 들여다보면서 한 종목씩 꼼꼼히 분석하는 노력을 들이지 않아도 된다는 점에서 배당주 ETF는 아주 손쉬운 투자 방법이라고 할 수 있죠.

주린이 그렇다면 투자할 만한 배당주 ETF를 고르는 팁도 있을까요?

모니뜨리 배당주 ETF도 개별 미국 배당주와 마찬가지로 배당금을 받는 것이 목적이기 때문에 배당수익률은 얼마인지, 또 향후에 배당 성장 가능성은 어떠한지를 기준으로 두고 살펴보시면 됩니다. 그리고 ETF마다 투자의 콘셉트가 조금씩 다른데, 사려고 하는 ETF가 어떤 종목들에 투자하는지 알아보는 것도 중요합니다.

예를 들어볼까요? 뱅가드라는 회사에서 운용하는 VIG라는 ETF가 있어요. 이 ETF는 10년 이상 배당을 증액해온 338개의 회사에 투자합니다. 최소한 배당 블루칩에 해당하는 종목들에만 투자하는 것이죠.

VIG는 배당수익률(1.59%)이 다소 낮은 대신에 배당성장률은 10% 가까이 됩니다. 현재의 배당 수준보다는 향후의 성장성에 함께 투자하는 ETF라고 생각하시면 되겠습니다.

어떤 사람들은 배당블루칩 대신에 배당을 25년 이상 증액해온 배당 귀족 종목에 투자하고 싶을 수도 있어요. 이런 분들은 NOBL이라는 ETF에 투자하는 것을 고려해볼 수 있습니다.

NOBL은 배당 귀족에 포함된 69개 회사에 투자하는 ETF인데, 현재 배당수익률은 2.05%, 배당성장률은 5.93% 수준입니다.

국내 투자자들이 가장 많이 투자하는 배당주 ETF 중 하나는 SCHD입니다. SCHD는 VIG와 마찬가지로 10년 이상 배당을 증액한 회사에 투자하지만, 기술성장주가 포함된 VIG와 달리 배당금을 많이 주는 종목들 위주로 투자하기 때문에 배당수익률(3.79%)이 VIG보다 높습니다.

지금까지 살펴본 ETF들이 배당수익률 측면에서 아쉽다면, 조금 특별한 ETF에 눈을 돌려볼 수도 있어요. 예를 들어, PFF는 400종목 이상의 우선주에 투자하는 ETF입니다. 일반적으로 우선주는 보통주보다 더 많은 배당금을 지급하기 때문에 PFF의 배당수익률도 6.62%로 다른 배당주 ETF보다 높은 수준입니다.

커버드콜 전략으로 더 많은 배당금을 지급하는 JEPI와 같은 ETF도 있어요. 여기서 커버드콜이란 주식 매수와 동시에 콜옵션을 매도하면서 얻는 옵션 프리미엄으로 더 많은 배당금을 지급하는 전략을 말합니다. JEPI의 배당수익률은 8.15%로 다른 배당주 ETF보다 배당금이 상당히 많은 편이지만, 커버드콜 ETF는 주가 상승 여력이 제한적이고, 오히려 주가가 하락해 원금 손실이 발생할 수도 있으니 신중하게 접근해야 합니다.

한편, 최근에는 '국내에서 상장된' 미국 배당주 ETF에도 투자를 할 수 있게 되었습니다. 대표적인 종목으로는 미래에셋자산운용의 TIGER 미국배당다우존스와 신한자산운용의 SOL미국배당다우존스가 있어요. 이 종목들은 한국판 SCHD라고도 부를 만큼 SCHD와 매우 유사한 방식으로 투자합니다. 배당수익률도 3~4%로 SCHD와 크게 차이가 나지 않아요. 이들 종목은 국내에 상장되어 있기 때문에 거래가 용이할 뿐만 아니라 연금 계좌나 ISA 계좌를 활용해 절세가 가능하다는 점에서 주목할 만합니다.

지금까지 설명한 배당주 ETF들의 특징을 정리해보면, 다음의 표와

$ 배당주 ETF들의 특징

종목명	배당 주기	배당 수익률	배당 성장률	운용사	자산 규모	특징
VIG	3/6/9/12월	1.59%	9.73%	Vanguard	$1,165억	10년 이상 배당성장 기업
NOBL	3/6/9/12월	2.05%	5.93%	ProShares	$113억	25년 이상 배당성장 기업
SCHD	3/6/9/12월	3.75%	10.38%	Charles Schwap	$711억	10년 이상 배당성장 기업
PFF	매월	6.62%	0.94%	BlackRock	$142억	우선주
JEPI	매월	8.15%	16.63%	JPMorgan	$415억	커버드콜 전략
TIGER 미국배당 다우존스	매월	3.57%	-	미래에셋 자산운용	2조 2,513억 원	국내 상장 ETF
SOL 미국배당 다우존스	매월	3.57%	-	신한 자산운용	7,668억 원	국내 상장 ETF

같습니다.

주린이 얘기를 듣다 보니, ETF가 더욱 솔깃해지는데요? 특히 전문가가 알아서 분산 투자를 해준다는 점이 매력적인 것 같아요. 배당주 ETF에 투자해도 된다면, 미국 배당주(개별종목)는 따로 공부할 필요가 없는 것 아닌가요?

모니뜨리 물론 배당주 ETF는 좋은 투자 수단이지만, 개별 종목 투자와 비교하면 장단점이 있어요. ETF는 전문가가 운용해준다는 장점이 있는 대신, 내가 포트폴리오에 개입을 할 수 없다는 한계가 있습니다.

가령 포트폴리오의 배당수익률이 만족스럽지 못하다고 생각해볼게요. 개별 종목에 투자했다면, 배당수익률이 높은 종목의 비중을 늘리고 낮은 종목의 비중을 줄이는 방식으로, 포트폴리오 전체의 배당수익률을 올릴 수 있습니다. 하지만 ETF 투자에서는 구성 종목의 비중을 제가 따로 바꿀 수 없죠.

또한 〈스텝 3 매도하기〉에서 설명하겠지만, 미국 배당주는 '충분히' 오른 주식을 매도하고, 배당수익률이 높은 종목으로 갈아타면서 수익을 극대화할 수 있어요. 이것이 미국 배당주 투자의 묘미 중 하나인데, ETF에서는 이런 투자의 재미를 느끼기 좀처럼 힘들죠.

한마디로 개별 종목에 투자를 하면 내 스타일대로 유연하게 운용할 수 있는 데 비해, ETF는 투자 종목을 임의로 변경할 수 없기 때문에 수동적으로 따라갈 수밖에 없다는 단점이 있습니다.

주린이 그렇다면 배당주 ETF는 어떻게 활용할 수 있을까요?

모니뜨리 경험이 많지 않은 초보 투자자는 ETF로 배당주 투자에 입문하는 것도 좋은 방법입니다.

미국 배당주 투자 초기에는 투자금이 크지 않기 때문에 여러 종목에 분산 투자를 하는 것이 힘들어요. 그래서 투자의 규모가 일정 수준이 되기 전까지는 위험 관리를 위해서 배당주 ETF를 활용하는 것이 매우 유용하지요.

그러다가 투자 규모가 늘어나고 투자 경험도 쌓여서 종목을 보는 시야가 넓어지면, 서서히 개별 종목으로 옮겨갈 수 있을 것입니다.

개별 종목에 투자하거나 혹은 배당주 ETF에 투자하거나, 둘 중에 꼭 한 가지만을 고집할 필요는 없어요. 개별 종목으로 이루어진 포트폴리오의 일부로 배당주 ETF를 병행해서 함께 투자할 수도 있겠지요.

혹은 배당주 ETF 계좌와 미국 배당주 계좌를 따로 만들어서 서로 대결하는 방식으로 성과를 비교해보는 것도 재밌는 시도가 되겠네요. 내가 직접 운용하는 계좌의 성과가 전문가들이 운용하는 배당주 ETF의 성과를 앞지른다면 투자에 자신감도 생기고 짜릿한 경험이 될 것입니다.

스텝 3

매도하기

SELL

주가가 충분히 오른 배당주는 매도하라

기업의 라이프사이클과 배당금

3I 시스템의 기본적인 전략은 바이 앤드 홀드(buy & hold)입니다. 좋은 배당주를 골라서 매수했다면, 장기 보유를 하면서 끝까지 가져가자는 것이죠. 우리가 해야 하는 일이라고는 [6×3+2] 투자 그릇에 담아 놓은 종목들을 주기적으로 추가 매수해 배당금을 늘리는 것뿐입니다.

하지만 가끔은 장기 보유의 원칙을 깨고, 우리가 가지고 있는 주식을 매도해야 하는 상황이 발생할 수 있어요. 지금부터는 어떤 경우에 '주식 매도'라는 버튼을 눌러야 하는지 설명하고자 합니다. 이번 장의 핵심 문장은 '주가가 충분히 오른 배당주는 매도하라'입니다.

그런데 솔직히 말하자면, '주가가 충분히 오른 배당주는 매도하라' 이 문장은 오해의 여지가 상당히 많은, 그래서 잘못 이해하게 되면 계좌 관리를 망칠 수도 있는 그런 표현입니다. 그래서 추가적인 설명이 꼭 필요해요. 여러분이 오해하지 않고 제 의도를 온전히 이해하실 수 있도록 차근차근 설명해보겠습니다.

어떤 기업이 만들어지고, 성장해나가는 모습을 상상해보겠습니다. 아래의 그림을 보면서 내용을 따라오시기 바랍니다.

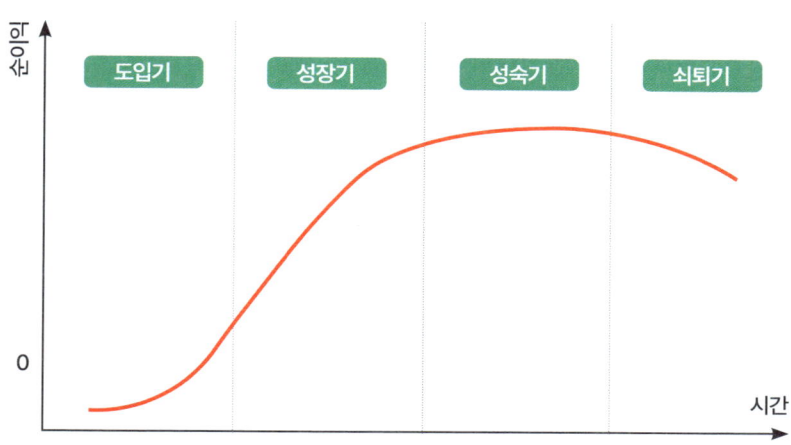

⑤ **기업의 라이프사이클**

기업 하나가 새롭게 탄생했다고 가정하겠습니다. 그런데 첫 번째 시기인 '도입기'의 기업은 처음 등장하자마자 큰 이익을 내는 일이 쉽지 않습니다. 기업의 제품이나 서비스가 사람들에게 아직 알려지지 않았기 때문에 아무래도 시작부터 큰 매출을 기대하긴 힘들겠죠. 그래서 이 시기에는 광고나 홍보, 판촉 등에 비용이 많이 들어갑니다. 또한 공장을 새로 짓거나 설비 등을 구축하는 데 초기 비용도 많이 필요해요. 그리고 아직 매출이 많지 않기 때문에 대규모 생산도 쉽지 않아서 제품 한 개당 생산 단가도 높은 편입니다.

이처럼 사업 초기에는 매출은 낮은 데 비해, 비용은 매우 많이 발생합니다. 그래서 순이익은 마이너스, 즉, 적자를 기록할 수도 있어요. 시장에 자리를 잡기 전까지는 손해를 감수하면서 사업을 해야 할 수도 있는 일이죠.

두 번째 시기인 '성장기'에는 기업의 제품과 서비스가 시장에서 조금씩 자리를 잡아나가기 시작합니다. 제품의 인지도가 높아지면서 수요가 급격히 늘어나고, 덩달아서 매출도 크게 증가하는 시기입니다. 신규 수요가 계속해서 생겨나기 때문에 생산 시설을 늘려서 제품을 더 많이 찍어낼수록 이익은 크게 증가합니다. 점차 대량 생산이 가능해지면서 제품 한 개당 생산 원가는 낮아지고, 마진율은 더 높아지겠네요. 이러한 성장기는 제품의 잠재적인 추가 구매자가 없어질 때까지 지속됩니다.

세 번째 시기인 '성숙기'는 한마디로 이렇게 표현하면 될 것 같아요. "이 제품을 쓸 사람들은 이미 다 쓰고 있다!" 기존의 소비자들은 이 회사의 제품과 서비스를 지속적으로 반복 구매하지만, 이미 쓸 사람들은 다 쓰고 있기 때문에 신규로 유입되는 소비자는 그다지 많지 않습니다. 그래서 매출성장률은 그리 높지 않지요.

하지만 성장률이 낮다고 해서 순이익까지 낮은 것은 아닙니다. 이미 많은 충성 고객들이 있기 때문에 매출액과 순이익이 높은 상태를 오랜 기간 동안 유지할 수도 있거든요.

성숙기가 지난 기업들은 각종 위기에 직면하게 됩니다. 소비자들의 취향이 변하면서 우리 제품에 대한 충성도가 낮아질 수도 있고, 시장에서 유사한 제품들이 여럿 생겨나면서 우리 기업의 점유율을 야금야금 뺏어갈 수도 있습니다.

이런 위기가 발생했을 때, 새로운 돌파구를 만들어내지 못한다면 기업은 '쇠퇴기'에 접어들게 됩니다. 매출액도 하락하고, 순이익도 점차 줄어들겠죠. 시장에서 제품을 철수해야 할 수도 있고, 심한 경우에는 기업 자체가 사라져버릴 수도 있습니다.

간단히 정리하자면, ① 도입기에는 매출액과 순이익이 모두 낮습니다. ② 성장기에는 매출액이 급성장하면서 순이익도 늘어나고요. ③ 성숙기에는 시장이 포화상태이기 때문에 매출액과 순이익의 성장세가 둔화됩니다. 마지막으로 ④ 쇠퇴기를 잘 극복해내지 못한다면 기업의 수명은 거기서 막을 내리게 됩니다.

배당주 얘기를 하다가 갑자기 기업의 라이프사이클에 대한 설명을 하는 것이 조금은 뜬금없이 느껴질 수도 있겠네요. 그렇다면 지금부터는 기업의 배당 정책이 라이프사이클에 따라 어떻게 달라지는지, 배당에 초점을 맞춰서 얘기해보도록 하겠습니다.

도입기에는 매출이 높지 않고, 순이익이 적자인 경우가 많다고 했습니다. 회사의 입장에서는 이익도 없는데 주주들에게 배당을 챙겨줄 돈이 어디 있겠어요. 그래서 도입기의 회사는 배당금을 주지 않는 경우가 대부분입니다.

성장기에는 매출이 급성장하면서 순이익도 증가합니다. 순이익이

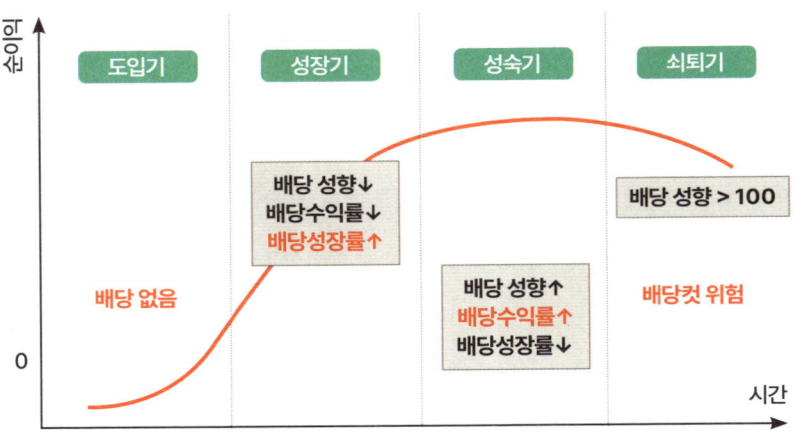

$ 기업의 라이프사이클

순이익

| 도입기 | 성장기 | 성숙기 | 쇠퇴기 |

배당 없음

배당 성향↓
배당수익률↓
배당성장률↑

배당 성향↑
배당수익률↑
배당성장률↓

배당 성향 > 100

배당컷 위험

0

시간

본격적으로 생겨나기 시작하면서 회사는 배당금에 대한 고민을 하기 시작합니다. 주주들에게 배당금을 줘야 할지 말아야 할지, 배당금을 준다면 얼마나 줘야 할지 선택해야 하는 것이죠. 순이익이 100이라면, 그중에 배당금을 몇 퍼센트나 줘야 할지(배당 성향) 결정해야 합니다.

만약 기업의 현재 시기가 성장기인 것이 명확하다면, 회사는 배당금을 늘리는 것보다 그 돈으로 투자를 늘리는 편이 현명합니다. 순이익을 재투자하는 만큼 회사의 규모도 커지고, 더 많은 이익을 뽑아낼 수 있기 때문입니다.

성장기의 기업들은 대체로 배당 성향이 낮아요. 그리고 배당 성향이 낮은 만큼 배당수익률도 낮습니다. 반면 배당금 대신 투자액을 늘리기 때문에, 순이익은 빠르게 증가하고 배당성장률이 높습니다.

성숙기에는 매출액과 순이익의 성장세가 둔화된다고 했습니다. 투자를 추가로 늘린다고 해도 신규 수요를 창출하기는 힘든 상황입니다. 우리 회사의 제품을 쓸 사람들은 이미 다 쓰고 있거든요. 투자를 늘려도 매출을 성장시키는 데에는 한계가 있기 때문에, 성숙기의 기업은 순이익의 많은 부분을 주주들에게 환원하는 선택을 합니다. 그래서 성숙기에는 배당 성향이 높고, 이에 따라 배당수익률도 높은 편입니다. 반면 순이익의 성장은 제한적이므로, 배당성장률이 낮습니다.

쇠퇴기에는 매출액과 순이익이 감소한다고 했습니다. 성숙기를 지나며 배당 성향이 이미 높아진 상태에서 순이익이 감소한다면 어떻게 될까요? 순이익 100 중에 80을 배당금으로 지급하고 있었는데, 이제는 순이익이 80미만으로 감소해버렸다면요?

이런 경우에 단기적으로는 배당 성향이 100%를 초과하게 됩니다. 기업이 번 돈보다 배당금으로 빠져나가는 돈이 더 많다는 뜻입니다. 그리고 이와 같은 상태가 지속된다면, 결국은 배당금을 깎아버리는 선택을 할 수밖에 없어요. 이것이 우리가 가장 피해야 할 그 이름, 바로 '배당컷'입니다.

그렇다면 '배당주 투자자'로서 우리는 도입기, 성장기, 성숙기, 쇠퇴기 중에 어떤 라이프사이클을 지나고 있는 기업에 투자해야 할까요?

우선, 배당을 주지 않는 도입기 기업에 투자하실 분들은 없을 거라고 믿습니다. 또한 배당 성향이 지속적으로 100%를 넘는 기업은 피하라고 했으니, 쇠퇴기의 기업 또한 위험해요. 소거법으로 도입기와 쇠퇴기를 제외했으니, 그렇다면 남는 것은 두 개뿐입니다.

배당 성향이 낮고, 배당성장률이 높은 성장기의 기업에 투자하거나, 배당 성향이 높고, 배당수익률이 높은 성숙기의 기업에 투자하거나, 둘 중에 하나죠. 배당주 투자에서는 흔히 전자의 기업을 배당성장주라고 부르고, 후자의 기업을 고배당주라고 부릅니다.

배당성장주 vs 고배당주

이제 배당성장주와 고배당주에 대해 이야기로 넘어가보겠습니다. 이 두 가지 종류의 주식은 배당을 준다는 공통점은 있지만, 세부적으로 들여다보면 완전히 다른 주식입니다. 단순히 배당금을 많이 주냐, 적게 주냐의 차이가 아니에요. 배당성장률이 1~2% 더 높은지 낮은지의 문제도 아니고요. 이 두 주식은 서로 완전히 다른 방식으로 접근해야 합니다. 어째서 그런지 배당성장주의 특징부터 살펴보겠습니다.

배당성장주의 첫 번째 특징은 앞서 라이프사이클을 보면서 설명해드린 것처럼 배당 성향이 낮고, 배당성장률이 높다는 점입니다.

배당성장률이 높다는 것은 시간이 지날수록 배당금이 빠른 속도로 오른다는 뜻입니다. 예를 들어 어떤 주식의 배당성장률이 평균 10%이고, 올해 10달러의 배당금을 지급했다고 가정해보겠습니다. 그렇다면 내년에는 11달러의 배당금을 기대할 수 있을 것이고, 내후년에는

12.1달러의 배당금을 기대할 수 있을 것입니다.

　이처럼 배당금이 빠른 속도로 증가한다고 하면, 많은 사람들은 이렇게 생각할 것입니다. '배당금이 오르니까 배당수익률도 오르겠군!' 이런 생각은 어쩌면 당연한 것입니다.

$$배당수익률 = \frac{배당금}{주가}$$

　배당수익률은 위의 식으로 계산되기 때문에, 분자에 있는 배당금이 오르면, 배당수익률도 오른다고 생각하는 것이 상식적입니다.

　하지만 현실에서는 '배당성장주'의 배당금이 오른다고 해서 배당수익률이 덩달아 오르지는 않습니다. 왜 그럴까요? 그 이유는 분자의 배당금이 증가하는 만큼, 분모인 주가도 함께 오르기 때문입니다.

　214쪽의 그림은 펩시코 종목의 배당 내역을 HTS의 '해외 주식 종목별 배당 화면'에서 조회한 것입니다.

　우선 ① 배당성장률을 보겠습니다. 펩시코의 배당성장률은 연도별로 조금씩 차이가 나긴 하지만, 매년 5~13%씩 배당이 증가하는 것을 확인할 수 있습니다. 상당히 높은 편입니다.

　이에 따라 ② 연간 배당금도 많이 올랐어요. 2010년에는 연간 배당금이 1.89달러에 불과했는데, 2024년에는 5.33달러까지 증가했습니다. 15년 동안 배당금이 세 배 가까이 올랐군요.

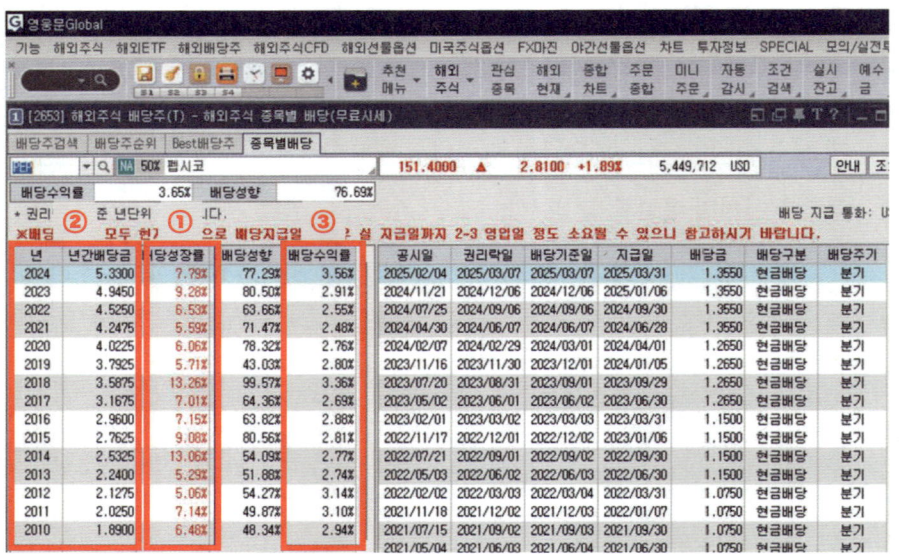

그렇다면 배당금이 오른 만큼 배당수익률도 세 배 정도 올랐을까요? 그렇지 않습니다. ③ 배당수익률은 15년 전이나 지금이나 비슷한 수준입니다. 2% 후반에서 3% 초중반을 유지하고 있어요. 왜 그럴까요? 이유는 앞서 말씀드린 대로, 배당금이 오르는 만큼 주가도 함께 올랐기 때문입니다. 그렇다면 이번에는 주가 차트도 함께 확인해봐야겠군요.

오른쪽 차트를 보면 한눈에 보기에도 주가가 많이 올랐죠? 2010년에 60달러 수준이던 주가는 2023년도에 180달러 수준까지 올랐어요. 아하! 15년 동안 배당금도 3배 정도 올랐고, 주가도 3배 정도 올랐으니, 배당수익률은 크게 높아지지도 떨어지지도 않았던 것이로군요.

지금 우리가 발견한 사실을 조금 다르게 표현해보겠습니다. 배당성

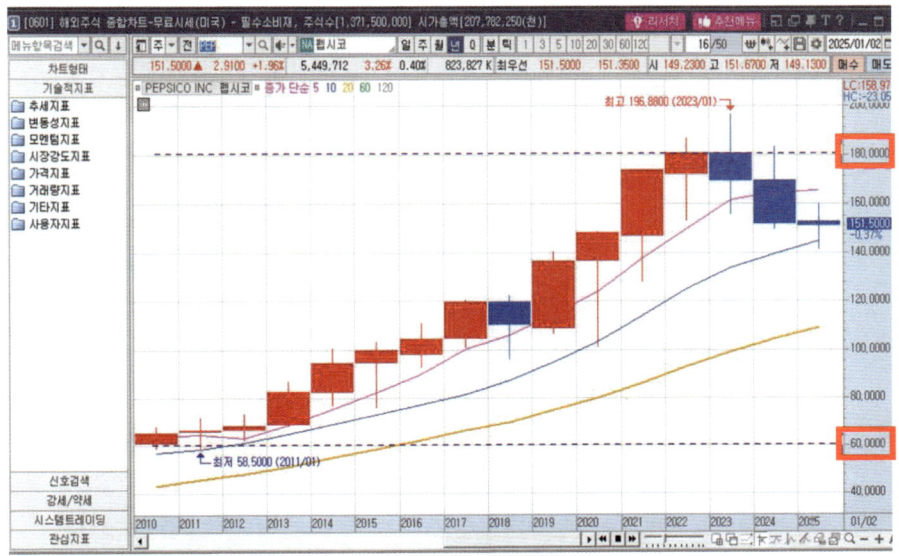

장주의 두 번째 특징은, 주가가 올라도 배당수익률이 떨어지지 않는다는 것입니다. 주가가 오르는 동안 배당금도 함께 오르기 때문입니다. 이해되시나요? 이 내용을 머리에 꼭 담아두고서 이제 고배당주의 특징으로 넘어가 비교해보겠습니다.

고배당주의 첫 번째 특징은, 배당 성향이 높고, 배당수익률이 높다는 점입니다. 이 역시 라이프사이클을 보면서 다룬 내용이니, 추가로 설명하지는 않겠습니다.

그리고 두 번째 특징은 배당성장주와는 달리 주가가 오르면 배당수익률이 떨어진다는 점입니다. 왜 그런지는 설명하지 않아도 아시겠죠? 주가가 오르더라도 배당성장주만큼 배당금이 빠른 속도로 오르지 않기

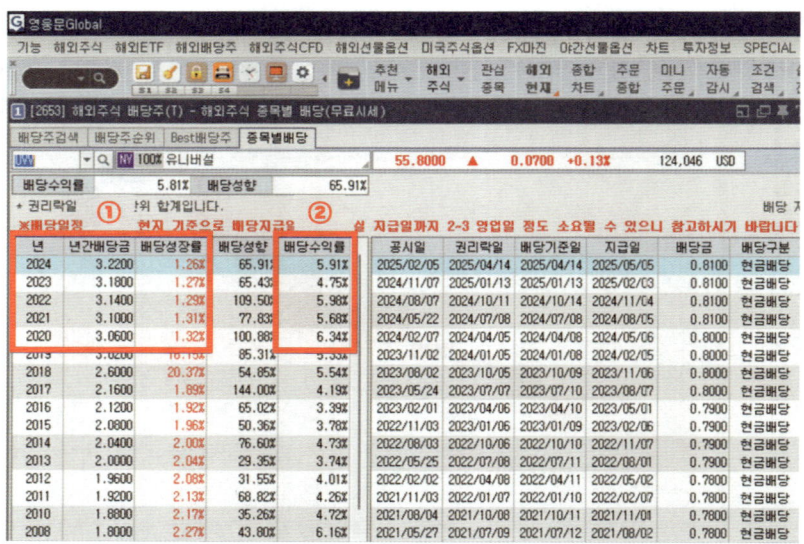

때문입니다. 배당수익률이 떨어진다는 것은 배당주로써의 매력이 떨어진다는 뜻입니다. 그렇기 때문에 고배당주의 주가가 단기간에 갑자기 올랐다면 매도를 고민해봐야 합니다.

위 그림은 유니버설 종목의 배당 내역을 조회한 것입니다. 유니버설은 담배의 원료인 잎담배를 재배해, 담배 제조 회사(알트리아 등)에 공급해주는 업체입니다. 담배 사업이라는 업종이 수요가 급증하는 업종은 아니기 때문에 ① 배당성장률은 매년 1% 정도 수준으로 그리 높지 않습니다. 그런데 ② 배당수익률을 보면 주가의 움직임에 따라서 높게는 6%대에서 낮게는 4%대로 큰 폭으로 움직이죠.

이렇게만 얘기하면 크게 와닿지 않으니, 주가 차트를 보면서 설명을

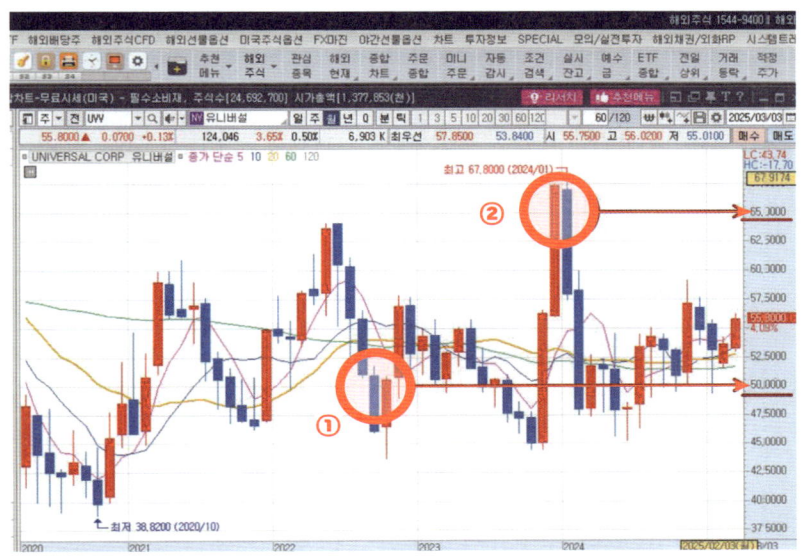

보충해보겠습니다.

만약 제가 ① 2022년 말쯤에 유니버설 주식을 50달러에 매수했다고 생각해보겠습니다. 2022년도에는 연간 배당금이 주당 3.14달러이므로 배당수익률은 6.28%(3.14/50)가 되겠네요. 유니버설 주식을 매수한 이후로 1년 동안 주가는 오르기도 하고, 떨어지기도 했습니다. 하지만 저는 배당을 받는 것이 목적이었으므로 추가적인 거래를 하지 않고 브유만 하고 있었습니다.

그러던 중에 ② 2023년도 말에 갑자기 유니버설의 주가가 갑자기 오르기 시작합니다. 주가가 65달러 이상으로 크게 치솟았어요. 2023년도의 연간 배당금은 주당 3.18달러이니까 배당수익률은 4.89%(3.18/65)가

되었습니다. 주가가 오르면서 배당수익률이 6.28%에서 4.89%까지 떨어진 것입니다.

상황이 이와 같다면 여러분은 어떻게 행동을 하시겠습니까? 보기는 아래의 세 가지밖에 없습니다.

① 주가가 오르는 추세이니까 추가 매수한다.
② 배당금을 받는 것이 목적이니 그냥 보유한 채로 배당금을 받는다.
③ 배당수익률이 많이 떨어졌으니까 매도한다.

217쪽 그림의 주가 차트에는 주가가 다시 하락한다는 결과까지 표시되어 있으니, '당연히 매도해야 하는 거 아니야?'라고 선택하신 분도 있을 거예요. 하지만 현실에서 우리는 앞으로 주가가 어떻게 될지 모릅니다. 2024년도에 주가가 더 오를 수도 있는 일이죠. 그러니 단순히 주

⑤ 배당성장주 vs 고배당주

배당성장주	vs	고배당주
성장기	라이프사이클	성숙기
배당 성향↓ 배당성장률↑	특징	배당 성향↑ 배당수익률↑
주가가 올라도 배당수익률 변동 X	가격 변동	주가가 오르면 배당수익률 ↓
배당수익+주가 상승	투자 목적	배당수익

가만 보고 판단할 문제는 아니에요.

이와 같은 상황에서 어떻게 행동해야 하는지, 그 정답은 이번 장의 마지막에 구체적으로 공개하도록 하겠습니다.

지금까지 설명해드린 배당성장주와 고배당주의 특성에 대해서 표로 정리해보았습니다.

앞의 표를 보면 느끼시겠지만, 배당성장주와 고배당주는 확연히 다른 투자 방식입니다. 무엇보다도 각각에 투자하는 투자자들의 성향이 완전히 다릅니다.

우선 배당성장주는 '꿩 먹고, 알 먹고'를 노리는 투자자들이 많습니다. 배당을 받으면서, 주가 상승에 따른 이익도 함께 얻기를 원합니다. 사실 배당금을 받는 것보다 시세차익을 추구하는 경향이 커요. 배당은 그냥 덤으로 받는 것쯤으로 생각하는 경우가 많죠. 펩시코 주식만 보더라도 15년 동안 배당수익률은 연평균 3% 정도에 불과한데, 주가 상승으로 얻을 수 있는 이익은 원래 투자금의 두 배나 되잖아요.

그래서 배당성장주 투자자들은 어떤 주식의 가격이 단기간에 50달러에서 65달러로 30% 정도 올랐다고 해도 급하게 매도하지 않습니다. 기업의 성장세가 계속 유지된다면 주가는 앞으로도 계속 오를 테니까 서둘러 매도할 필요가 없는 것입니다.

이에 비해 고배당주 투자자들은 배당받는 일에 진심입니다. 시세차익은 모르겠고(?), 단지 배당금을 안전하게, 그리고 많이 받는 것이 가장 큰 투자 목적입니다.

고배당주 투자자들은 주가가 단기간에 50달러에서 65달러로 30%가 올랐다는 사실을 '1주당 15달러 이익'으로 받아들이지 않습니다. 오히려 배당수익률이 6.28%에서 4.89%로 하락하면서 투자 매력도가 크게 떨어졌다는 것을 의미하지요. 결국 주가가 올라서 배당수익률이 떨어진 주식을 매도하고, 그 돈으로 배당수익률 6%대인 다른 종목으로 교체매매를 합니다.

앞쪽의 유니버설 주가 차트를 다시 떠올려볼게요. 주가가 30% 상승한 뒤에 다시 급하게 하락해 원래의 가격 수준까지 떨어졌었죠? 단기간에 주가가 떨어진 이유는 유니버설의 배당수익률 하락에 실망한 고배당주 투자자들이 대량으로 매도하며 벌어진 일이라고 추측할 수 있습니다. 고배당주에 투자할 때 자주 목격되는 주가 패턴입니다.

이러한 이유 때문에 아이러니하게도 배당을 많이 주는 종목들의 주가가 큰 폭으로 상승하는 일은 그리 많지 않아요. 주가의 상승은 고배당주 투자자들의 이탈을 불러오고, 그 결과 주가를 다시 원래의 수준으로 되돌리기 때문입니다.

배당성장주와 고배당주 중에 어떤 것이 더 좋다거나, 더 나쁘다고 얘기하는 것이 아닙니다. 다만 투자자들의 성향이 이처럼 서로 다르다는 사실을 이해해야 미국 배당주 투자를 할 때 유연하게 대처할 수 있다는 것을 말씀드리는 겁니다.

주가가 오른 고배당주, 교체 매매하기

이번 장의 핵심 문장은 '주가가 충분히 오른 배당주는 매도하라'였습니다. 이제 이 문장에 한 글자를 추가해서 내용을 조금 보충해보겠습니다. 바뀐 문장은 이렇습니다. '주가가 충분히 오른 '고'배당주는 매도하라.'

만약 여러분이 투자한 주식이 배당성장주라면, 그래서 앞으로 회사가 빠르게 성장할 것을 기대하고 투자했다면, 주가가 단기간에 올랐다고 해서 급하게 매도할 필요가 없습니다. 회사의 성장세가 지속된다면 주식의 가격은 계속해서 오를 테니까요. 그러니 주가가 충분히 올랐을 때 매도를 고려할 주식은 '고배당주'로 한정하겠습니다.

그렇다면 지금부터는 '주가가 충분히 오른 고배당주'를 매도하면 어떤 일이 벌어지는지 알아볼 차례입니다. 만약 여러분이 배당 블루칩 리스트에서 다음의 두 종목을 발굴해냈다고 가정해보겠습니다.

💲 주가가 오르면 매도 후 종목 교체 ①

종목명	배당 주기	주가	분기 배당금	연 배당금 (분기 배당금×4회)	배당수익률
AAA	2/5/8/11	50달러	0.8달러	3.2달러	6.4%
BBB	2/5/8/11	70달러	1달러	4달러	5.7%

AAA와 BBB는 배당 주기가 둘 다 2/5/8/11월인 주식입니다. 주가가 50달러인 AAA의 분기 배당금은 0.8달러로, 배당수익률은 6.4%입니다. 주가가 70달러인 BBB의 분기 배당금은 1달러로, 배당수익률은 5.7%이고요. 다시 한번 강조하지만, 종목을 선택할 때 가장 중요한 것은 '배당이 깎이지 않을 종목'을 고르는 것이므로, 두 종목 모두 배당 증액 연수나 배당 성향, 순이익 추세, 현금 보유량 등을 고려했을 때 안전한 주식이라고 가정하겠습니다.

투자금으로 500달러를 가지고 있던 여러분은 둘 중에 배당수익률이 더 높은 AAA에 투자하기로 마음먹었습니다. AAA의 주가는 50달러였으니까 10주를 매수할 수 있겠군요. 이 투자를 통해 여러분은 2/5/8/11월에 각각 8달러의 배당금을 받을 수 있습니다.

여러분은 한참 동안 AAA를 보유하고 있었습니다. 분기마다 8달러의 배당금을 받으면서 말이죠. 그러던 어느 날, 여러분은 주식 계좌를 확인하다가 AAA의 주가가 50달러에서 65달러로 오른 것을 발견합니다. 유니버설의 주가 차트에서 보았던 대로 말이죠. 이 상황에서 여러분은 어떻게 하시겠어요? 저는 이렇게 한번 해보겠습니다.

오른쪽 상단의 표에는 AAA와 BBB의 변동된 주가와 이에 따른 배당수익률을 변화를 표시해두었습니다. AAA의 주가는 50달러에서 65달러로 올랐고, 이에 따라 배당수익률은 6.4%에서 4.9%로 떨어졌습니다. 반면, BBB의 주가는 70달러에서 59달러로 하락했고, 이에 따라 배당수익률은 5.7%에서 6.8%로 올랐어요. 이전에는 AAA의 배당수익률이 높았

💲 주가가 오르면 매도 후 종목 교체 ②

종목명	배당 주기	주가	분기 배당금	연 배당금 (분기 배당금×4회)	배당수익률
AAA	2/5/8/11	65달러(↑)	0.8달러	3.2달러	4.9%
BBB	2/5/8/11	59달러(↓)	1달러	4달러	6.8%

지만, 지금은 BBB의 배당수익률이 더 높아진 것이지요. 저는 '주가가 충분히 오른' AAA를 매도해, 그 돈으로 지금 현재 배당수익률이 더 높은 BBB를 매수하고자 합니다.

이를 위해, 저는 우선 AAA 주식 10주를 매도해 650달러를 현금화합니다. 그리고 그 돈으로 BBB 주식을 매수하지요. 650달러로 한 주당 59달러인 BBB 주식을 사는 것이기 때문에 총 11주를 매수할 수 있습니다. 이 거래를 통해, 분기마다 8달러를 받던 배당금은 11달러로 늘어나게 됩니다.

만약 AAA 주식을 그대로 보유한다면, 우리의 배당금은 앞으로도 8달러입니다. 처음부터 투자금 500달러를 BBB에 투자했다면 그 당시 BBB의 주가는 70달러였기 때문에 9주를 매수할 수 있었을 것이고, 배당금은 7달러에 불과했을 것입니다. 하지만 처음에 AAA에 투자하고, 주가가 오른 후에 BBB로 종목 교체를 함으로써 우리는 배당금을 11달러까지 늘릴 수 있었습니다.

이와 같이 주가가 '충분히' 올랐을 때 종목을 교체하는 것만으로, 우리는 투자금을 더 늘리지 않고서도 배당금을 키우는 것이 가능합니다. 분기당 8달러 받던 배당금을 11달러로, 무려 3달러나 늘렸잖아요. 놀랍지 않나요? 이 과정에서 우리에게는 아무런 손해도 없습니다.

주가가 '충분히' 올랐다는 의미

이쯤에서 궁금해지는 것이 있습니다. 아까부터 주가가 '충분히' 올랐을 때 매도하라는 표현을 자주 썼는데, 도대체 얼마나 올라야 충분히 오른 것일까요? 10%? 20%? 30%?

이미 눈치를 채신 분들도 계시겠지만, 여기서 충분하다는 표현은 정확한 수치로 주가가 몇 퍼센트나 올랐냐 하는 개념이 아닙니다. 중요한 것은 주가가 올랐을 때, 이 주식을 매도하고 이를 대체할 수 있는 종목이 있느냐 없느냐의 여부입니다.

만약 대체 가능한(배당수익률이 더 높은) 종목이 없다면, 주가가 30% 올라도 이는 충분히 오른 것이 아닙니다. 반면 대체 가능한 종목이 있다면, 주가는 단 5%만 올라도 충분히 올랐다고 할 수 있어요. 흠, 이게 무슨 얘기인지 아직은 정확히 이해하기 힘드시죠?

또한 시세차익을 위한 주식 투자에 익숙한 분들은 이렇게 걱정을 하기도 합니다. "주가가 '충분히' 올라서 다른 종목으로 갈아탔는데, 거기서 주가가 더 오르면 어떻게 해?"

당연한 얘기지만, 어떠한 주식이든 주가는 우리가 매도한 가격보다도 더 많이 오를 수 있습니다. 그리고 내가 이미 팔아치운 주식의 가격이 더 오르는 것만큼 배 아픈 일이 없지요. 우리는 이런 경우를 대비(?)해 종목을 한꺼번에 교체하지 않고, 조금씩 옮겨갈 수도 있습니다. 비중을 조절해가며 조금씩 매매할 수도 있다는 뜻입니다.

아래 그림은 제가 지금도 보유하고 있는 버라이존과 유니버설의 주가 차트입니다. 주가의 변동에 제가 어떤 방식으로 대응했는지 예를 들어 설명해드리겠습니다.

그림이 조금 복잡하니, 차근차근 설명하겠습니다. 우선, 빨간색 선은

Ⓢ **버라이존과 유니버설의 주가 변동과 배당수익률**

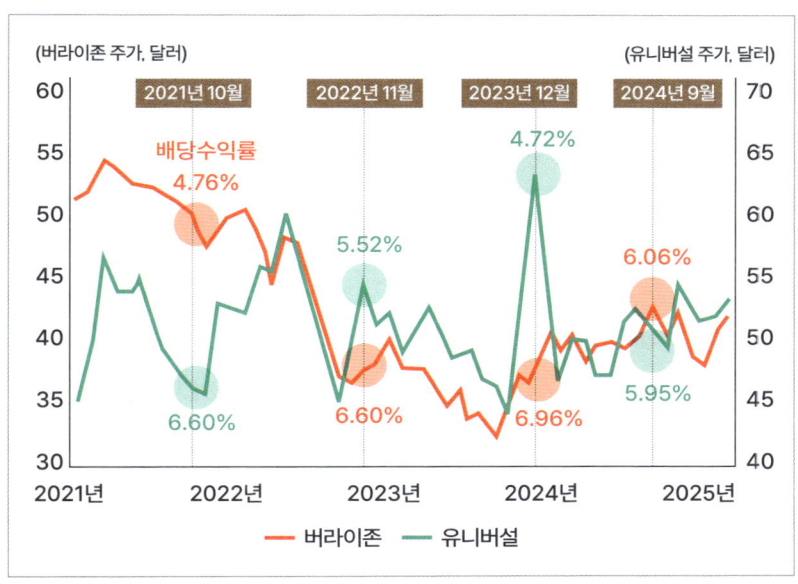

2021년 이후에 버라이즌의 주가가 어떻게 움직였는지를 보여줍니다. 그리고 파란색 선은 유니버설 주가의 움직임입니다.

첫 번째 시점인 2021년 10월로 가볼게요. 저는 여기서 첫 번째 투자 결정을 합니다. 버라이즌과 유니버설, 두 종목 가운데 한 종목을 매수하기로 한 것이죠. 저는 과연 어떤 종목을 골랐을까요? 다른 조건이 크게 차이 나지 않는다는 전제하에 버라이즌의 배당수익률은 4.76%였고, 유니버설의 배당수익률은 6.60%였으니, 배당수익률이 더 높은 유니버설에 투자했습니다. 여기까지는 여러분도 어렵지 않게 저와 같은 투자 판단을 하셨을 거예요. 2022년 중순에 유니버설의 주가가 한 차례 크게 오른 적이 있습니다. 매수 시점 대비 30% 가까이 상승했어요. 이건 충분히 오른 것일까요? 아닙니다. 왜냐하면, 이때의 버라이즌 배당수익률과 유니버설 배당수익률은 거의 비슷했거든요. 즉, 주가가 오른 유니버설을 매도해 버라이즌으로 갈아타더라도 배당금을 늘리는 데에는 아무 도움이 되지 않는다는 뜻입니다. 오히려 거래 비용만 발생할 뿐이죠. 그래서 저는 유니버설의 주가가 30%나 올랐지만 아무런 행동도 하지 않았습니다.

두 번째 시점은 2022년 11월입니다. 유니버설의 주가는 저점에 비해 다시 한 번 올랐어요. 이건 충분히 오른 것일까요? 2022년 중순에 올랐던 것보다 주가가 낮은데요? 하지만 저는 이 시점의 상승에 대해서는 충분히 올랐다고 판단했습니다. 왜냐하면 대체 가능한(배당수익률이 더 높은) 종목이 있었기 때문입니다. 배당수익률이 5.52%인 유니버설을 매도하고 배당수익률이 6.60%인 버라이즌을 매수한다면, 이 교체 매매만으로도 배당금을 늘릴 수 있다는 사실에 주목했죠. 단, 유니버설의 주가가 추가로 더 오를 가능성도 있기 때문에 전량을 매도하지는 않고, 50%만 매도해 버라이즌으로 갈아탔어요.

세 번째 시점은 2023년 12월입니다. 유니버설의 주가는 65달러 이상으로 크게 올랐어요. 주가가 오르니, 배당수익률은 5% 이하까지 크게 낮아졌고요. 버라이즌과의 배당수익률 차이는 무려 2%가 넘습니다. 저는 이 시기에 유니버설의 나머지 잔량을 전부 매도하고 버라이즌을 추가로 매수합니다. 이 시점에 제가 보유하고 있는 주식은 버라이즌 100%가 되었습니다.

네 번째 시점은 2024년 9월입니다. 이번에는 버라이즌의 주가가 10% 정도 상승했어요. 이전에 유니버설이 올랐던 것처럼 큰 폭으로 상승한 것은 아니지만, 다시 유니버설로 갈아타기에는 충분한 오름세였습니다. 그래서 저는 배당수익률이 5.95%였던 버라이즌을 절반 매도해, 배당수익률이 6.06%였던 유니버설을 매수했습니다.

이와 같은 방식으로 오른 주식을 매도해 다른 종목으로 교체 매매를 하는 것은 어떤 효과가 있을까요? 우리가 기대하는 효과는 딱 한 가지입니다. 더 많은 배당금을 받을 수 있다는 것이죠.

첫 번째 시점인 2021년 10월에 우리에게 1,000달러가 있었고, 이 돈으로 유니버설 주식 21주를 매수해 지금까지 보유했다면 우리가 분기당 받을 수 있는 배당금은 17달러입니다. 반면 위에서 설명한 대로 주가가 충분히 올랐을 때 적절히 교체 매매를 했다면, 현재 우리가 받을 수 있는 배당금은 분기당 22.85달러까지 늘어납니다. 추가로 투자금을 투입하지 않았는데도, 분기 배당금을 무려 5.85달러나 늘릴 수 있는 것이지요.

지금까지는 이해를 돕기 위해서 버라이즌과 유니버설, 두 종목만을 가지고 설명했어요. 하지만 미국 배당주는 이 두 종목만 있는 것이 아니죠. 배당 블루칩 리스트에는 훨씬 많은 종목이 담겨 있으니까요. 내가 보유하고 있는 배당주의 주가가 올랐을 때 어떻게 대응해야 하는지 전체적으로 정리해보도록 하겠습니다.

주가가 올랐을 때, 어떻게 대응할까?

이제 앞에서 미뤄두었던 문제를 설명하기 위한 재료는 모두 갖춰졌습니다. 마지막으로 이 문제를 해설하면서 이번 장의 내용을 정리해보도록 하겠습니다. 우리의 시험 문제는 다음과 같습니다.

문제

내가 보유하고 있는 미국 배당주 주식들 가운데 한 종목의 주가가 50달러에서 65달러로 크게 올랐다. 배당 투자자로써 우리는 이 종목의 주가 상승에 어떻게 대응해야 할까?

① 주가가 오르는 추세이므로, 추가 매수한다.

② 배당금을 받는 것이 목적이므로, 그냥 보유한 채로 배당금을 받는다.

③ 배당수익률이 많이 떨어졌으므로, 매도한다.

풀이 과정은 다음의 순서대로 진행합니다.

1단계

해당 주식이 고배당주에 해당하는지 확인한다

배당성장률이나 배당 성향, 순이익 추세 등을 확인해 이 주식이 고배당주에 해당하는지, 아니면 배당성장주에 해당하는지 확인합니다. 단약 이 주식이 배당성장주에 해당한다면 향후 이익의 성장성에 따라 주가는 더 크게 오를 수도 있으니 지금 당장 서둘러 매도할 필요가 없습니다.

반면 이 주식이 고배당주에 해당한다면, 주가의 상승에 따라 배당수익률이 낮아지기 때문에(배당주로서의 매력이 떨어지기 때문에) 매도를 고려할 수 있습니다.

2단계

배당 블루칩 리스트에서 배당수익률이 더 높은 종목이 있는지 확인한다

배당 블루칩 리스트에는 우리가 투자할 수 있는 후보 종목들이 많이 들어 있습니다. 배당 블루칩 리스트를 다운받아서, ① 배당컷의 위험은 없고, ② 같은 주기에 배당을 지급하는 종목들 가운데 ③ 해당 주식보다 배당수익률이 더 높은 종목이 있는지 확인합니다. 만약 대체할 만한 종목이 없다면 2번 보기처럼 아무것도 하지 않고 그냥 보유한 채 배당금을 계속 받으면 됩니다.

3단계

2단계에서 배당수익률이 더 높은 주식이 있다면 교체 매매를 고려한다

배당 블루칩 리스트에서 같은 주기의 배당 지급 종목 중에 배당수익률이 더 높은 종목이 있다면, 지금 종목을 매도하고 새 종목으로 갈아탈 수 있습니다. 배당수익률이 더 높은 종목으로 교체 매매를 하게 되면 투자금을 더 투입하지 않고도 배당금을 늘릴 수 있다는 장점이 있습니다.

단, 이때 해당 주식을 전부 한꺼번에 다 갈아탈지, 아니면 비중을 정해두고 상황을 지켜보면서 조금씩 갈아탈지는 '개인의 매매 성향'이나 '갈아타려고 하는 종목과의 배당수익률 차이'에 따라 선택하시면 되겠습니다.

이번 장에서는 기업의 라이프사이클을 시작으로, 주가와 배당금에 따른 많은 내용을 다뤘습니다. 마지막으로 이번 장의 내용을 간단히 정리해보도록 하죠.

기억해야 할 내용

- 배당성장주와 고배당주의 투자 방법은 다르다.
- 고배당주의 경우, 주가가 오르면 배당수익률이 낮아져서 투자의 매력도가 떨어진다.
- 내가 보유하고 있는 고배당주의 주가가 '충분히' 올랐다면 매도를 고민해 보자.

배당컷 발생 종목은 매도하라

배당주를 매도하는 2가지 경우

3I 시스템에서 보유하고 있는 주식을 매도하는 경우는 딱 두 가지 밖에 없습니다. 첫 번째는 지난 장에서 공부했던 '주가가 충분히 올랐을 경우'이고, 두 번째는 이번 장에서 알아볼 '배당컷이 발생했을 경우'입니다.

주가가 올라서 주식을 매도하는 것은 기분 좋은 일입니다. 주가가 올랐기 때문에 내 계좌의 잔고 금액은 늘어났을 것이고, 종목을 갈아타는 과정에서 배당금도 늘릴 수 있기 때문입니다. 말하자면 아름다운 이별 (매도)인 셈이지요.

반면 배당컷이 발생해 주식을 매도하는 상황은 그리 달갑지 않습니다. 배당컷이 발생하면, 내가 받게 될 배당금이 줄어드는 것은 물론이고, 주가도 큰 폭으로 떨어지기 때문에 평가금액도 줄어듭니다. 즉, 투자 손실이 불가피합니다. 배당주 투자자 입장에서는 최악의 이별입니다.

배당컷에 대해 간단하게 설명하자면, 배당컷은 기존에 주던 배당금을 줄이는 것을 뜻합니다. A라는 회사가 30년 동안 한 해도 빠짐없이 배당금을 늘려왔다고 생각해보세요. 그런데 이 회사가 갑자기 경영 사정이 어려워져서 올해부터는 배당금을 절반으로 줄이겠대요. 이런 것이 바로 배당컷입니다.

배당컷은 단순히 배당금이 줄어든다는 것 이상으로 좋은 않은 시그널입니다. 우선, 기업의 입장에서는 배당금을 기존처럼 지급할 만큼 순이익을 벌어들이지 못했음을 의미합니다. 더 나아가 향후에도 당분간은 실적을 예전만큼 회복하지 못할 거라고 판단하고 있음을 뜻하죠.

배당주 투자자의 입장에서는 회사가 신뢰를 저버렸다고 생각할 수 있습니다. 앞으로도 매년 배당금을 늘려줄 것을 기대하며 투자했는데 배당컷을 해버렸다는 것은 결국 투자자의 기대를 배신한 것과 다름없죠. 결국 투자자는 배당컷에 대한 실망감으로 주식을 매도하게 되고, 이는 주가의 급락으로 이어집니다.

연애할 때 바람을 피울 것 같은 이성은 무조건 피해야 하듯이, 배당주 투자를 할 때도 배당컷이 발생할 것 같은 종목은 반드시 피해야 합니다. 같은 맥락에서 미국 배당주 투자를 시작한 이후로 제가 가장 싫어하게 된 단어도 단연 '배당컷'이었어요. 투자 종목을 발굴할 때마다 저의 최우선 과제는 배당수익률이 높은 종목을 고르는 것이 아니라, 배당컷이 발생할 만한 종목을 피하는 것이었습니다.

그런 의미에서 2022년 3월에 발표했던 AT&T의 배당컷은 저에게 큰 충격이었습니다. 제가 미국 배당주 투자를 시작한 지 2년도 채 되기 전에 발생한 일이었습니다.

AT&T의 배당컷

AT&T는 미국 최대의 통신 회사입니다. 앞에서 살펴본 통신 회사인 버라이즌과 양대 산맥을 이루고 있는 회사죠. 이 두 회사를 국내 기업으로 비교해 말하자면, 미국의 SKT와 KT라고 할 수 있겠네요.

AT&T는 1985년부터 2021년까지 무려 36년 동안이나 배당금을 인상해온 배당 귀족주였습니다. 오랜 기간 배당을 늘려왔던 만큼 갑자기 배당을 줄일 거라곤 누구도 예상하지 않았죠. 그랬던 AT&T가 2022년 3월에 돌연 배당금 삭감을 선언했습니다. 기존에 분기당 0.52달러씩 주던 배당금을 0.2775달러로 줄이겠다고 발표한 것이죠. 배당금을 무려 47%나 깎아버린 배당컷이었습니다.

여러분도 예상하시다시피, 배당컷 이후에 AT&T의 주가는 크게 하락했습니다. 배당컷 이전에 최고 21.53달러였던 주가는 배당컷 이후에 최저 14.46달러까지 떨어졌어요. 약 33%나 하락한 것입니다.

제가 AT&T 주식을 처음으로 매수했던 것은 2020년 7월이었어요. 솔직히 말하자면, 저는 투자를 시작할 때까지만 해도 이 주식이 훗날 배당컷을 하리라고는 꿈에도 상상하지 못했습니다. 왜냐하면 그 당시에

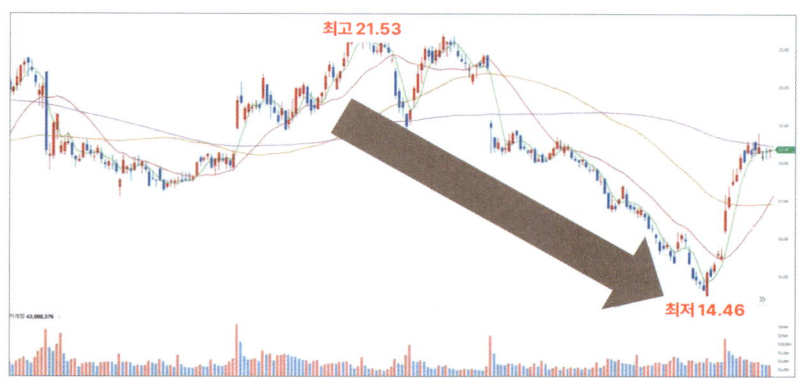

$ 배당컷 이후 AT&T의 주가

최고 21.53

최저 14.46

AT&T는 ① 36년이나 배당금을 증액해온 배당 귀족주였고, ② 배당 성향도 (제가 종목 분석을 했던 시점을 기준으로) 65%대로 안정적인 수준이었기 때문입니다. 이와 더불어 통신사업 가입자 수는 꾸준히 증가하는 추세였기 때문에 매출액이 갑자기 떨어지는 일도 없을 거라고 판단했어요. 거기에다 배당수익률도 7%대로 높았으니, AT&T는 너무나 매력적인 배당주가 아닐 수 없었죠.

그렇다면 이제 여러분은 궁금할 거예요. 이처럼 매력적인 배당주였던 AT&T가 2년 후에는 왜 배당컷을 할 수밖에 없었을까요?

지금에 와서 사후적으로 평가해보자면, 그 원인은 단 한 줄로 설명할 수 있습니다. 새로운 사업(OTT 사업)에 뛰어들면서 큰 돈을 빌렸는데, 그 '이자 비용이 너무나 컸기 때문'입니다.

사건은 AT&T가 2016년도에 미디어 사업에 진출하기 위해 워너브

라더스를 인수한 것에서부터 시작합니다. 인수 자금이 무려 854억 달러였는데, 이때부터 AT&T의 부채는 크게 늘어나기 시작했습니다.

만약 새로운 사업이 잘 풀렸다면 AT&T의 배당금에는 아무런 문제가 없었을 것입니다. 하지만 코로나 시기를 겪으면서 이 신규 사업은 생각처럼 잘 풀리지 않았어요. 그런데 금리는 계속 오르기만 했죠. 부채가 크게 늘어난 데다 금리까지 급격히 오르니 이자 비용은 더욱 큰 폭으로 증가할 수밖에 없었습니다. 결국 과도한 이자 비용은 순이익을 크게 감소시켰고, AT&T는 배당금을 줄이겠다는 결정을 할 수밖에 없었던 것입니다.

이제 AT&T의 배당컷 이유를 알게 된 여러분은, 미국 배당주 투자에 대해 어떤 막막한 기분을 느낄 수도 있을 것 같아요. 내가 어떤 기업에 투자했는데, 만약 그 기업이 AT&T처럼 갑자기 배당컷을 해버리면 어떡하나 걱정이 들지요. 이런 최악의 상황을 피하려면 기업 분석 자료도 많이 읽어야 하고, 회계에 대한 지식도 많아야 할 것 같은 생각도 듭니다. 그리고 아직 (아마도) 주식 투자 초보자인 여러분들은 기업 분석을 하는 작업이 어려워 보이기만 합니다.

물론 투자하기에 앞서 회사가 처한 상황을 입체적으로 조사해보고, 분석하는 일은 우리의 배당주 투자에 분명히 도움이 됩니다. 하지만 기업 분석을 해본 경험이 없다고 해서 미리부터 너무 걱정할 필요는 없어요. 지금까지 이 책을 읽으면서 공부한 내용만으로도 대부분은 배당컷을 미리 알아채고 피할 수 있거든요.

사실 AT&T는 배당컷을 하기 전에 여러 가지 시그널을 보여주었습니다. 단지 배당주 투자 초보자였던 제가 그 시그널들을 미리 눈치 채지 못하고 배당컷을 당했을 뿐이었죠. 지금부터는 기업이 배당컷을 하기 전에 어떠한 전조증상을 보이는지 정리해보는 시간을 가져보도록 하겠습니다.

배당컷 시그널 1
배당성장률을 주목하라

배당컷을 대비하기 위해 가장 먼저 체크해야 할 부분은 배당성장률입니다. 배당성장률의 '흐름'을 알면, 앞으로 배당금이 어떤 식으로 늘어나고 줄어들지 대략적으로 예측해볼 수 있습니다.

우선, 배당성장률의 '흐름'은 자연스럽게 연결되어야 합니다. 가령 작년까지 배당성장률이 10% 수준이었던 어떤 기업이 있다고 생각해보죠. 이렇게 배당성장률이 높았던 기업이 다음 해에 갑자기 배당컷을 발표할 수 있을까요? 가능성이 전혀 없는 건 아니겠지만, 현실적으로 그런 케이스는 별로 없습니다. 적어도 미국 배당주의 경우에는 말입니다. 특히 십수 년 이상 배당금을 늘려왔던 배당 블루칩 기업이라면 더욱 그렇습니다.

배당성장률이 높았던 기업이 배당컷까지 가기 위해서는 '자연스러운' 일련의 과정이 필요합니다. 최대한 단순하게 얘기하자면, ① 배당성장률이 높은 단계에서, ② 배당성장률이 낮은 단계를 지난 후, ③ 배당성장률이 동결되는 단계까지 거치고 난 다음에야 마지막으로 ④ 배당을 줄이는(배당컷) 단계에 이르게 됩니다.

4장에서 그려보았던 기업의 라이프사이클과 함께 비교해보면 이 과정을 좀 더 직관적으로 이해할 수 있습니다.

기업의 라이프사이클은 도입기, 성장기, 성숙기, 쇠퇴기를 거치면서, 아래 그림에 나와 있는 곡선처럼 순이익이 변하게 됩니다. 순이익에 비례해 배당금도 변동한다고 한다면, ① 순이익이 급격히 증가하는 성장기에는 배당성장률 역시 높을 것입니다. 그리고 ② 순이익 증가율이 둔화하는 성숙기에는 배당성장률도 다소 낮아지겠네요. ③ 순이익의 증가

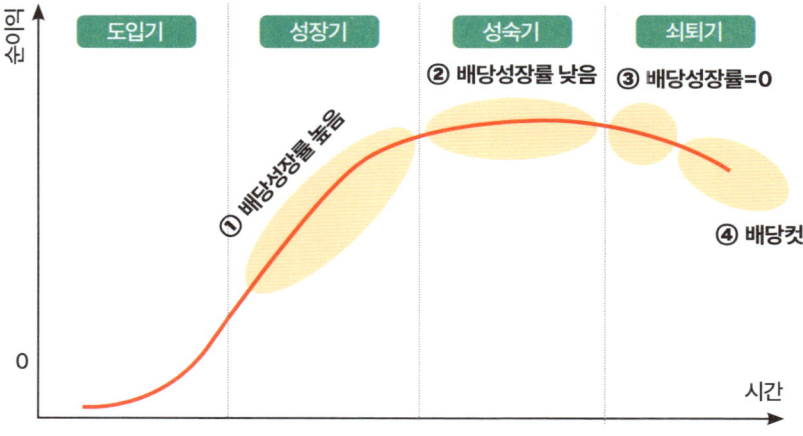

🅢 **기업의 라이프사이클과 배당성장률**

세가 꺾이게 되는 쇠퇴기의 초반부에는 배당이 더 이상 늘어나지 않는 시기를 과도기처럼 지나게 됩니다. 마지막으로 ④ 순이익이 급격히 하락하기 시작하면 기업은 더 이상 버티지 못하고 배당을 줄일 수밖에 없겠죠.

배당성장률의 변화는 '월그린스 부츠 얼라이언스(Walgreens Boots Alliance)'라는 회사의 연도별 배당금 지급 내역을 보면 확연히 드러납니다. 미국 최대의 약국 체인점으로 유명한 월그린스 부츠 얼라이언스는 2024년 1월에 배당컷을 하기 전까지 무려 47년 동안이나 배당을 증액했던 회사입니다. 배당 킹(50년간 배당 연속 증액)을 눈앞에 뒀을 만큼 배당에 진심이었던 회사였죠.

240쪽의 표는 월그린스 부츠 얼라이언스가 배당컷을 하기 직전, 15년간의 연도별 배당금과 이에 따른 배당성장률을 표시한 것입니다. 숫자가 많아서 복잡해 보이지만, 빨간색으로 표시된 배당성장률을 의주로 보면 어렵지 않게 이해할 수 있습니다.

2014년 이전까지 이 회사의 배당성장률은 10% 이상으로 매우 높은 편이었습니다. 2015~2019년에는 이전 시기보다는 배당성장률이 낮아졌지만 5% 이상의 배당성장률을 유지했습니다. 그러다가 2020년 이후에는 이보다 배당성장률이 더 낮아져서 1~3%대까지 둔화했고, 2023년도에는 거의 동결 수준까지 내려온 후에, 결국 2024년도에 -47.9%의 배당컷을 하게 됩니다.

241쪽 그래프는 월그린스 부츠 얼라이언스 연도별 배당금만 따로

💲 월그린스 부츠 얼라이언스 연간 배당금과 배당성장률

연도	연간 배당금(달러)	배당성장률
2009년	0.5000	
2010년	0.6250	25.0%
2011년	0.8000	28.0%
2012년	1.0000	25.0%
2013년	1.1800	18.0%
2014년	1.3050	10.6%
2015년	1.3950	6.9%
2016년	1.4700	5.4%
2017년	1.5500	5.4%
2018년	1.6800	8.4%
2019년	1.7950	6.8%
2020년	1.8500	3.1%
2021년	1.8900	2.2%
2022년	1.9150	1.3%
2023년	1.9200	0.3%
2024년	1.0000	-47.9%

떼어내어 그려본 것입니다. 그래프에 표시된 곡선의 모양을 보면, 아하!
일반적인 라이프사이클 곡선의 모양과 거의 유사하게 움직인다는 사실

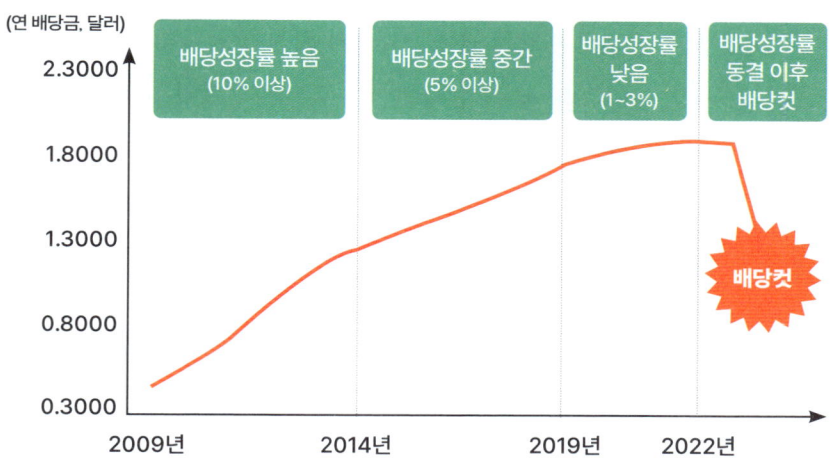

$ 월그린스 부츠 얼라이언스 연도별 배당금 변동

(연 배당금, 달러)

배당성장률 높음 (10% 이상)

배당성장률 중간 (5% 이상)

배당성장률 낮음 (1~3%)

배당성장률 동결 이후 배당컷

배당컷

2.3000

1.8000

1.3000

0.8000

0.3000

2009년   2014년   2019년   2022년

을 확인할 수 있네요. 신기하지 않나요? 공부하면서 이론(기업의 라이프 사이클 이론)과 현실(월그린스 부츠 얼라이언스의 배당금 변동)이 딱 맞아떨어질 때면, 공부하는 보람을 느끼곤 합니다.

이 그림에서 우리가 확인하고 넘어갈 내용은 배당컷이 발생하기 전에 배당성장률의 움직임에는 어떤 자연스러운 '흐름'이 있다는 사실입니다. 즉, 배당성장률이 높았던 시기를 지나, 배당성장률이 중간인 시기와 낮은 시기를 거쳐, 배당성장률이 동결되는 과도기까지 겪고 난 이후에 배당컷이 발생하는 흐름입니다.

만약 배당성장률이 이와 같은 순서로 자연스럽게 움직인다고 한다면, 우리는 배당성장률의 변화를 체크하면서 배당컷에 미리 대비할 수 있겠군요. 다시 한번 말하지만, 배당성장률이 중간 과정을 모두 생략하고 급작스럽게 배당컷을 하는 경우는 거의 없다고 생각하셔도 됩니다.

하지만 모든 주식의 배당금 변동 그래프가 위의 그림처럼 정확하게 그려지는 것은 아닙니다. 특히 고배당주 중에는 배당성장률이 '낮은' 기간이 상당히 오랫동안 지속되는 경우가 많아요. 고배당주로 분류되는 주식들은 10년이 훌쩍 넘는 기간 동안 배당수익률은 높고, 배당성장률은 낮은 '안정적인' 상태를 유지하거든요. 이런 종목들은 배당금 변동 곡선이 월그린스 부츠 얼라이언스처럼 극적으로 나타나지 않을 수도 있어요.

그렇다면 우리는 이런 고배당주 종목에 투자할 때, 어떤 시그널을 보고 배당컷 발생 가능성을 판단할 수 있을까요?

배당컷 시그널 2
배당 증액 중단 시기를 확인하라

배당성장률에 대한 얘기를 조금만 더 이어나가보겠습니다. 앞의 월그린스 부츠 얼라이언스 사례를 보면서 이런 의문을 제기하는 분들이 계실 수도 있어요. 제가 말하길, 시간의 흐름에 따라 배당성장률이 점점 낮아지다가 마지막으로 배당금이 동결되는 시기를 거친 후에 배당컷이 발생한다고 했는데, 월그린스 부츠 얼라이언스는 배당컷이 발생하기 직전까지 배당을 증액했다는 것입니다.

💲 **월그린스 부츠 얼라이언스의 배당컷 직전 연도 배당성장률**

연도	연간 배당금(달러)	배당성장률
2021년	1.8900	2.2%
2022년	1.9150	1.3%
2023년	1.9200	0.3%
2024년	1.0000	-47.9%

위 표를 확인해보면, 월그린스 부츠 얼라이언스는 배당컷이 발생한 2024년의 직전연도인 2023년도에 0.3%의 배당 증액이 있었다고 표시되어 있습니다. 이걸 보고, 이 회사는 배당컷 직전까지도 배당을 계속 증액시켰다고 판단하실 수도 있습니다.

하지만 그렇지 않습니다. 월그린스 부츠 얼라이언스는 배당컷을 하

💲 **1년(4분기)마다 배당금을 증액해야 한다**

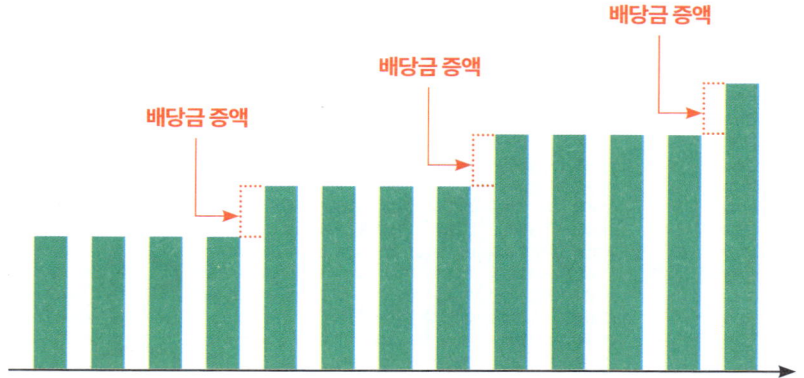

기 전에 분명히 일정 기간 동안 배당금을 동결했어요. 이를 정확히 파악하기 위해서는 분기별 배당 내역을 확인해야 합니다.

배당을 전년도에 비해 증액하고자 한다면, 1년에 최소한 한 번 이상은 배당금을 직전 분기에 비해 올려주어야 합니다. 분기 배당주는 1년에 총 4번 배당금을 지급하지요? 그러니 최소한 4분기마다 한 번은 배당금을 인상해야 한다는 결론이 나옵니다. 그래서 배당을 올려주는 기업은 일반적으로 앞의 도표처럼 4분기마다 한 번씩 배당금을 인상하곤 합니다.

아래는 HTS에서 조회한 월그린스 부츠 얼라이언스의 종목별 배당 화면입니다. 이 회사는 2020년 9월에 주당 0.4675달러의 배당을 지급했

어요. 그리고 4분기 동안 같은 금액의 배당금을 지급한 후에 2021년 9월부터 0.4775달러로 배당금을 증액했고요. 그 이후에는 2022년 9월부터 0.48달러로 배당금을 증액했습니다.

이 스케줄대로라면, 이 회사는 2023년 9월에 배당금을 올렸어야 했어요. 하지만 월그린스 부츠 얼라이언스는 배당금을 증액하는 대신 전 분기와 동일한 0.48달러로 배당금을 동결합니다.

4분기마다 주기적으로 올리던 배당금을 동결했다는 것은 이 회사의 자금 사정에 뭔가 문제가 생겼다는 것을 뜻합니다. 즉, 배당금 동결은 배당컷 발생에 대한 분명한 시그널 중에 하나가 됩니다. 월그린스 부츠 얼라이언스도 마찬가지로 배당금을 동결하고 불과 2분기만인 2024년 3월에 배당컷을 하게 됩니다.

이제 시간을 2023년 9월로 돌려보겠습니다. 여러분이 월그린스 부츠 얼라이언스 주식을 보유하고 있다고 생각해보죠. 그리고 지금 막 이 주식의 배당금이 동결되었다는 사실을 확인하게 되었습니다. 여러분은 이 종목을 어떻게 하시겠어요?

아직 배당컷이 발생한 것은 아니니까 주식을 그대로 보유한 채로 상황을 조금 더 지켜보자고 판단할 수도 있습니다. 하지만 이러한 선택을 한다면 주식을 조금이라도 높은 가격에 매도할 수 있는 기회를 놓치게 될 수도 있어요.

다음 그림은 월그린스 부츠 얼라이언스의 주가 종합 차트에 ① 배당금 동결 발생 시기와 ② 배당컷 발생 시기를 표시한 것입니다. 배당금 동

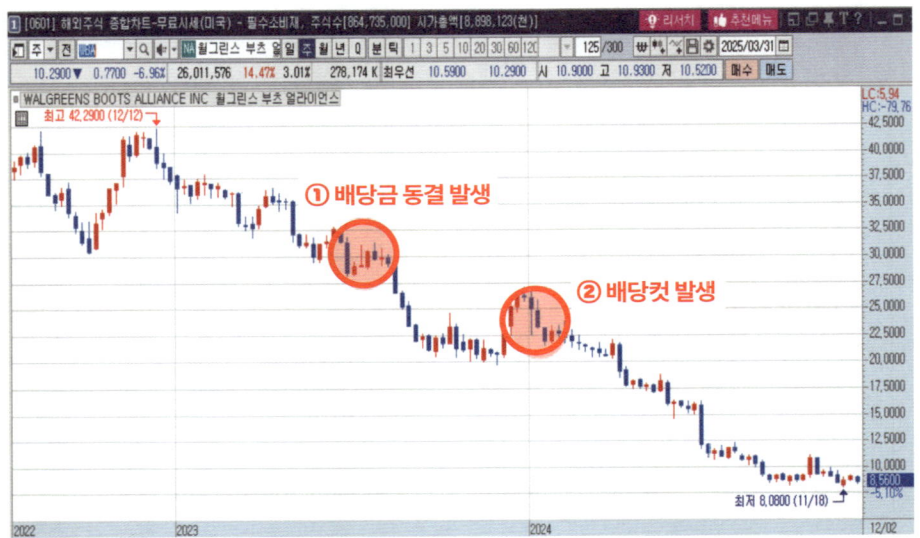

결 시그널을 무심코 지나쳤다면, 여러분은 배당컷이 발생하고 난 다음에 더 낮은 가격으로 이 주식을 정리해야 했을 것입니다. 최악의 시나리오로 배당컷이 발생하고 난 다음에도 이 주식을 정리하지 못했다면, 주가가 반토막나는 광경을 쓰린 가슴으로 지켜볼 수밖에 없겠네요.

배당컷이 발생하기 전의 배당금 동결 시그널은 비단 월그린스 부츠 얼라이언스에서만 나타나는 것이 아닙니다. AT&T에서도 배당컷이 발생하기 전에 비슷한 전조증상을 발견할 수 있었거든요.

AT&T의 경우, 마지막으로 배당금을 올린 것은 2019년 12월이었습니다. 일정대로라면 2020년 12월에 다시 한 번 배당금을 인상했어야 했죠. 하지만 앞서 말씀드린 이유 때문에 순이익이 크게 줄어들었던 AT&T

년	년간배당금	배당성장률	배당성향	배당수익률		공시일	권리락일	배당기준일	지급일	배당금	배당구분	배당주기
2024	1.1100	0%	90.24%	4.87%		2022/03/25	2022/04/13	2022/04/14	2022/05/02	0.2775	현금배당	분기
2023	1.1100	-17.93%	0%	6.62%		2021/12/15	2022/01/07	2022/01/10	2022/02/01	0.5200	현금배당	분기
2022	1.3525	-34.98%	55.89%	6.03%		2021/09/23	2021/10/07	2021/10/11	2021/11/01	0.5200	현금배당	분기
2021	2.0800	0%	1,600.00%	8.46%		2021/06/25	2021/07/08	2021/07/09	2021/08/01	0.5200	현금배당	분기
2020	2.0800	1.96%	137.75%	7.23%		2021/03/26	2021/04/09	2021/04/12	2021/05/03	0.5200	현금	분기
2019	2.0400	2.00%	91.48%	5.32%		2020/12/11	2021/01/08	2021/01/11	2021/02/01	0.5200	현금	분기
2018	2.0000	2.04%	38.02%	7.15%		2020/09/28	2020/10/08	2020/10/12	2020/11/02	0.5200	현금	분기
2017	1.9600	2.08%	93.78%	5.14%		2020/06/26	2020/07/09	2020/07/10	2020/08/03	0.5200	현금배당	분기
2016	1.9200	2.13%	81.36%	4.61%		2020/03/27	2020/04/09	2020/04/10	2020/05/01	0.5200	현금배당	분기
2015	1.8800	2.17%	208.89%	5.58%		2019/12/13	2020/01/09	2020/01/10	2020/02/03	0.5200	현금배당	분기
2014	1.8400	2.22%	56.62%	5.60%		2019/09/27	2019/10/09	2019/10/10	2019/11/01	0.5100	현금배당	분기
2013	1.8000	2.27%	125.00%	5.23%		2019/06/26	2019/07/09	2019/07/10	2019/08/01	0.5100	현금배당	분기
2012	1.7600	2.33%	141.60%	5.34%		2019/03/26	2019/04/09	2019/04/10	2019/05/01	0.5100	현금배당	분기
2011	1.7200	2.38%	87.31%	5.82%		2018/12/13	2019/01/08	2019/01/09	2019/02/01	0.5100	현금배당	분기
2010	1.6800	2.44%	52.48%	5.85%		2018/09/28	2018/10/09	2018/10/10	2018/11/01	0.5000	현금배당	분기
2009	1.6400	2.50%	77.83%	1.42%		2018/06/29	2018/07/09	2018/07/10	2018/08/01	0.5000	현금배당	분기

배당금 동결

는 배당금을 동결하는 결정을 내립니다. 그리고 이로부터 1년 3개월이 지난 2022년 3월에 결국 배당컷이 발생합니다.

AT&T 역시 ① 배당금 동결 발생 시점에 주식을 정리했다면 비고적 높은 가격에 매도할 수 있었을 것입니다. 하지만 이 시그널을 놓쳤다면 ② 배당컷이 발생하고 난 이후에야 더 낮은 가격으로 주식을 팔 수밖에 없겠지요.

이번 장을 마치기 전까지 저는 배당컷 종목의 주가 차트를 몇 가지 더 보여드릴 예정입니다. 이 그림들을 보면서 여러분이 기억하셔야 할 사실은 한 가지입니다. 보유하고 있던 주식이 배당금 증액을 중단했다면, 생각 없이 지나치지 말고 배당컷에 대비하자!

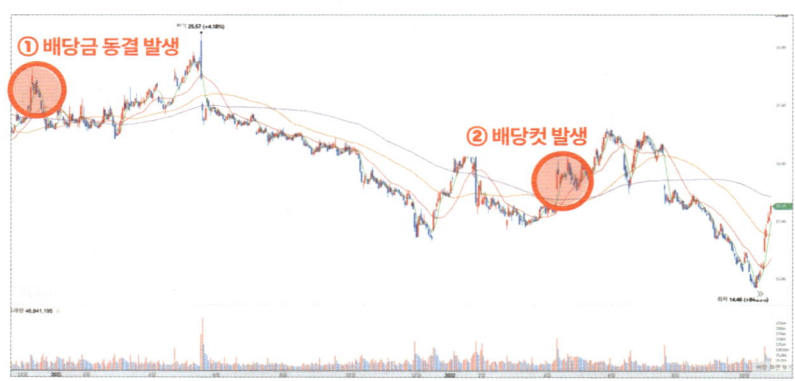

⑤ 배당금 통결 이후 AT&T 주가

① 배당금 동결 발생

② 배당컷 발생

배당 성향이 100%를 초과하면 위험하다

배당 성향도 배당컷 시그널 중 하나입니다. 배당컷 기업들이 배당을 줄이기 전에 필연적으로 배당 성향이 100%를 초과하게 됩니다.

배당 성향이 100%를 초과했다는 말은 순이익으로 벌어들인 돈보다 배당금으로 빠져나가는 돈이 더 많다는 뜻입니다. 벌어들인 돈보다 더 많은 배당을 했으니 이런 상황은 결코 오래 지속될 수 없겠죠. 이 또한 배당컷의 시그널입니다.

배당 성향이 100%를 초과하게 되는 이유는 단 하나입니다. 순이익에 어떤 문제가 생긴 것입니다. 지금부터 기업의 라이프사이클 곡선을 보면서 배당 성향이 100%를 초과하게 되는 과정을 살펴보도록 하겠습니다.

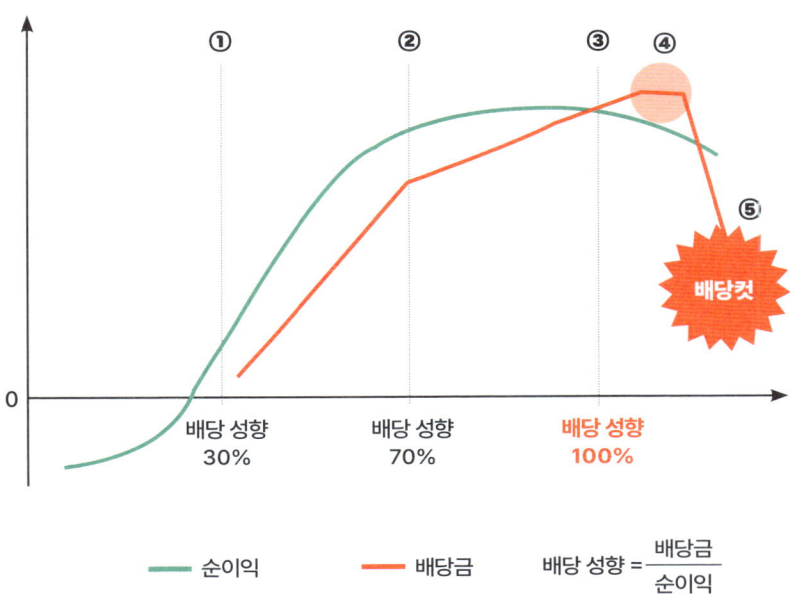

── 순이익	── 배당금

$$배당\ 성향 = \frac{배당금}{순이익}$$

이 그림은 기업의 라이프사이클에 따라 배당금이 어떻게 변하는지를 나타낸 그림입니다. 라이프사이클은 많이 다뤘으므로 이번에는 빨간색으로 표시된 배당금 곡선을 중심으로 설명하겠습니다.

배당금은 앞서 설명한 대로 배당성장률이 높은 구간(기울기가 가파름)과 배당성장률이 낮은 구간(기울기가 완만함), 배당성장률이 동결된 구간(기울기가 0)을 거쳐 배당이 줄어드는 구간으로 순서대로 변합니다.

라이프사이클의 성장기에 해당하는 ①의 시기에는 배당 성향이 높지 않습니다. 기업 입장에서는 주주들에게 배당을 지급하는 것보다 순이익을 재투자해 사업을 성장시키는 것이 유리하기 때문입니다.

라이프사이클의 성장기에서 성숙기로 넘어가는 ②의 시기에는 배당 성향이 성장기에 비해 다소 높아집니다. 사업이 충분히 성장했기 때문에 이제는 순이익을 재투자하는 것보다 주주들에게 배당을 주는 비중을 높이는 것입니다.

라이프사이클의 쇠퇴기로 진입하는 시기에는 순이익이 다소 둔화하는 데 비해 배당금은 계속 늘려나가고 있습니다. 그 결과, 배당금이 순이익을 역전하는 상황이 발생합니다. 순이익과 배당금이 같아지는 ③의 시점에 배당 성향은 100%가 됩니다.

배당 성향이 100%를 초과하는 상황이 지속된다면 기업은 더 이상 배당금을 증액하기 어려워집니다. 그래서 쇠퇴기가 심화하는 ④의 시기에는 우선적으로 배당금을 동결시키는 결정을 하게 됩니다.

그럼에도 기업의 순이익이 개선되지 않고 계속 하락한다면, 결국 ⑤ 배당컷을 해서 배당을 줄일 수밖에 없게 됩니다.

이제 이 그림이 이해되셨나요? 사실 이 그림은 라이프사이클과 배당금의 관계를 지나치게 단순화해서 표현했다는 단점이 있습니다. 현실에서는 그림처럼 시기가 명확하게 구분되어 반영되진 않아요. 쇠퇴기에 진입하기 전에 새로운 상품을 개발해 순이익이 다시 급증하는 제2의 도약기가 도래할 수도 있습니다. 업종의 특성에 따라 배당 성향이 다르다는 점도 이 표에서는 반영이 되어 있지 않습니다.

다만 이러한 단점에도 이 그림은 배당 성향의 변화에 따라 배당컷이 발생하는 과정을 직관적으로 이해하는 데에는 유용합니다.

이 그림에서 우리가 가장 주목해야 하는 시기는 배당 성향이 100%를 초과하게 되는 ③의 시점입니다. 배당 성향이 100%를 초과했음에도 불구하고 향후 순이익에 개선의 여지가 없다면, 배당금은 머지않아 동결되거나 배당컷을 하게 될 것이 뻔하기 때문입니다. 즉, 배당 성향이 100%를 초과하는 ③의 시점이 바로 배당컷의 시그널이라고 할 수 있습니다.

이제 실전으로 들어가보겠습니다. 여러분이 A라는 배당주를 보유하고 있다고 생각해보죠. A 종목의 실적을 발표하는 날이 되었습니다. 그런데 이런! 배당 성향이 100%를 넘는다는 결과를 내놓았습니다. 이 경우에 여러분은 어떻게 해야 할까요?

가장 먼저 해야 할 일은 배당 성향이 100%를 넘게 된 원인을 파악하는 것입니다.

우선 A 회사의 매출이 감소했을 수 있습니다. 회사에서 생산하는 제품의 인기가 떨어져서 많이 팔리지 않았을 수도 있겠네요. 혹은 강력한 라이벌 기업이 등장해 A 회사의 시장 점유율을 낮췄을 수도 있습니다. 계절적 요인으로 인해서 일시적으로 매출이 줄어들었을 수도 있을 것입니다. 매출의 하락으로 순이익이 감소해 결과적으로 배당 성향이 100%를 넘게 되는 것입니다.

혹은 A 회사의 비용이 증가했을 수도 있습니다. AT&T의 사례에서 살펴보았듯이, 이자 비용의 증가는 순이익을 감소시켜 배당 성향을 높이는 원인이 됩니다. 꼭 이자 비용이 아니더라도, 경제 환경의 변화에 따라 생산비 자체가 늘어나서 기업의 채산성이 떨어졌을 수도 있습니다.

그 원인이 매출의 감소든 비용의 증가든, 가장 **중요한** 것은 지금 이 어려움이 단지 일시적인 것인지, 아니면 앞으로도 지속적으로 순이익에 악영향을 미치게 될 것인지 판단하는 일입니다.

만약 이번에 발생한 순이익의 감소가 일시적인 것이라고 판단한다면, 굳이 서둘러 주식을 매도하지 않고 상황을 조금 더 지켜보아도 문제가 없습니다.

알트리아는 2019년도와 2020년도에 배당 성향이 100%를 넘는 어려움을 겪었습니다. 이 당시 알트리아의 배당 성향이 100%를 넘게 된 이유를 조사해보면, 우리는 이를 배당컷 시그널로 받아들여 매도할 것인지, 아니면 일시적인 순이익의 감소로 보고 계속 보유해도 될지 판단할 수 있을 것입니다.

알트리아는 2018년도에 전자담배 1위 회사인 쥴(JUUL)의 지분 35%를 128억 달러에 인수했어요. 알트리아의 연간 영업이익이 100억 달러 수준이었다는 점을 보면, 이 투자가 얼마나 큰 규모였는지 알 수 있습니다.

하지만 기대와는 달리 인수 이후부터 쥴이 몰락하기 시작했어요. 청소년들의 흡연이 전자담배 때문에 급증한다는 여론으로 이미지에 타격을 입었고, 규제 당국의 조사를 받는 신세가 되었습니다. 급기야 미국 식품의약국에서는 쥴의 전자담배 판매를 중단시키기에 이르렀죠.

이로 인해, 알트리아가 가지고 있던 쥴 지분 35%의 가치는 128억 달러에서 17억 달러로 폭락하게 됩니다. 결과적으로 알트리아는 회계장부에 지분증권 '손실'을 기록할 수밖에 없었죠.

알트리아는 회계장부에 쥴로 인한 지분증권 손실 금액을 2019년에 86억 달러, 2020년에 26억 달러라고 기록했습니다. 사실상 쥴로 인한 손실을 2년 동안 모두 반영한 것입니다. 이후에는 쥴에 대한 악재가 추가로 터진다고 해도, 그로 인해 알트리아의 순이익에 미치는 영향은 미미하겠죠. 그러니 이 시기의 배당 성향 급증은 일시적인 요인이라고 판단해도 될 듯합니다.

아래의 알트리아 재무 차트를 살펴보도록 하겠습니다. 이 차트를 보

면, 알트리아의 ① 영업이익은 꾸준히 증가하는 데 비해 ② 2019년의 순이익은 적자 상태인 것을 확인할 수 있습니다. 이때 적자를 기록했던 가장 큰 이유가 위에서 설명했던 쥴에 대한 지분증권 손실 86억 달러 때문이었죠. 그리고 이 일회성 요인이 해소되고 난 이후에는 순이익도 다시 증가하는 추세로 돌아서게 되었다는 점도 체크하시기 바랍니다.

알트리아의 사례와는 다르게 순이익의 감소가 일시적인 것이 아니라 앞으로도 개선될 여지가 없다고 판단한다면, 즉시 매도를 고려해야합니다. 배당 성향이 지속적으로 100%를 상회한다면, 결국은 배당을 줄이지 않을 수 없을 테니까요.

이와 같은 판단을 할 때, 기업의 실적 전망치를 참고하면 도움이 됩니다. 기업의 실적 전망치를 확인하는 가장 쉬운 방법은 HTS의 [해외주식 종목 분석] 화면을 이용하는 것입니다.

오른쪽의 그림은 키움증권 HTS인 영웅문 글로벌의, ① 화면번호 [2084], 해외 주식 종목 분석 화면입니다. 이 화면에서 종목을 검색한 후에 ② 실적 전망 탭을 클릭하면, 그 종목의 실적 전망치를 조회할 수 있어요. 우리가 중요하게 확인할 항목은 ③ EPS입니다.

EPS(Earning Per Share)는 우리말로 주당순이익인데, 기업의 순이익을 발행 주식 수로 나눈 값을 말합니다. 즉, 기업이 주식 한 주당 순이익이 얼마나 되는지를 나타내는 수치입니다. 간단히 말해, EPS가 배당금보다 크다면 배당 성향은 100%보다 낮을 것이고, EPS가 배당금보다 작다면 배당 성향은 100%보다 높을 것입니다.

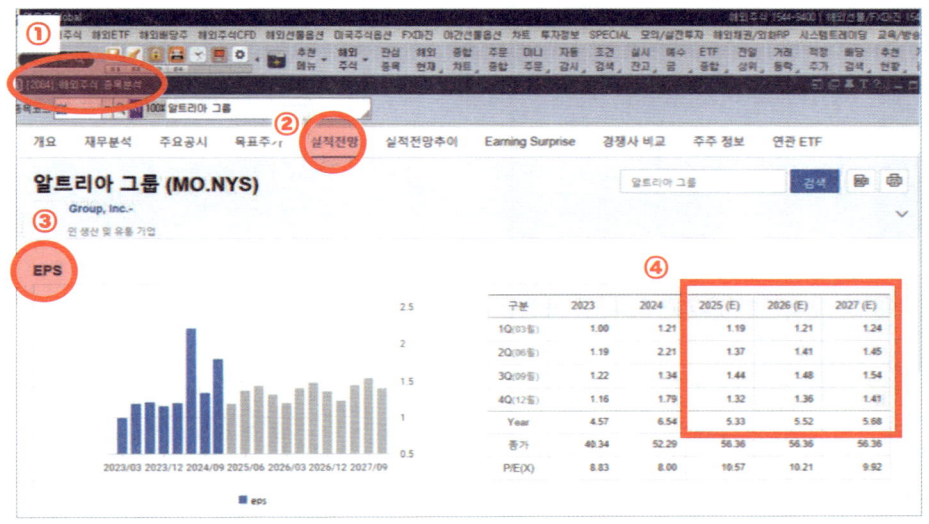

우리는 ④ 표에 나와 있는 숫자들을 확인할 거예요. 이 표에는 연도별로 분기당 EPS와 연간 EPS가 얼마인지 정리되어 있습니다. 연도 옆에 (E)라고 표시되어 있는 것은 '추정치(Estimated)'를 의미합니다. 아직 실적 발표를 하기 전이므로 확정된 값이 아니라 추정치를 표시한 것입니다.

처음으로 돌아가서, 만일 여러분이 보유한 A 종목의 배당 성향이 100%를 초과한 것을 확인했습니다. 그럼 여러분은 제가 알려드린 대로 A 종목의 실적 전망, 그중에서도 추정 EPS를 체크할 것입니다. 만약 추정 EPS 수치들이 우리가 받게 될 배당금보다 크다면, 급하게 매도할 필요는 없습니다. 반대로 추정 EPS가 개선되지 않고 실적이 계속 나쁠 것으로 전망된다면, 배당컷이 발생하기 전에 일찍 매도하는 편이 낫겠습니다.

물론 이는 미래의 실적에 대한 전망치이기 때문에 정확한 수치는 아니라는 점을 주의하셔야 해요. 절대적으로 믿지 말고 참고자료로만 활용하시기 바랍니다.

어떤 투자자가 가장 고수일까?

옛날 중국에 편작이라는 사람이 있었습니다. 그는 죽어가는 사람도 살린다는 의술로 명성이 드높았던 명의였지요. 편작은 삼형제 중 막내였는데, 삼형제는 모두 의사였다고 합니다.

편작은 전국적으로 칭송받을 정도로 유명한 의사였지만, 그의 두 형은 작은 동네에서 마을 사람들을 치료해주는 정도였어요. 어느 날 왕이 편작을 불러 이렇게 물어봅니다.

"자네 삼형제는 모두 의사라고 들었는데, 그중 누구의 의술이 가장 뛰어난가?"

이에 편작은 이렇게 대답합니다.

"맏형의 의술이 가장 뛰어나고, 그다음이 둘째 형이며, 저의 의술이 가장 미천합니다."

예상 밖의 대답에 의아해진 왕은 다시 묻습니다.

"그렇다면 어찌해 그대가 삼형제 중에 가장 유명한 것이지?"

편작은 그 이유에 대해 이렇게 설명합니다.

"맏형은 환자가 병세를 느끼기도 전에 표정과 음색으로 큰 병을 알아채고 미리 치료해줍니다. 그래서 환자들은 맏형이 자신의 큰 병을 치료해주었다는 사실조차 모르죠. 최고의 진단과 처방으로 아무런 고통도 없이 환자의 목숨을 구해주지만, 사람들은 형의 의술을 대수롭지 않게 여깁니다.

둘째 형은 맏형보다 못하긴 하지만, 병이 나타나는 초기에 그 싹을 잘라버립니다. 아직 병이 깊지 않은 단계에서 미리 치료를 하기에 환자들은 그대로 두었다면 목숨을 앗아갈 큰 병이 되었을 거라는 사실을 눈치 채지 못합니다. 단지 둘째 형이 대수롭지 않은 병을 치료해주었다고만 생각할 뿐이지요.

이에 비해 저는 병세가 아주 위중해진 다음에야 비로소 알아채고 치료를 합니다. 병세가 심각하니 온갖 법석을 떨며 큰 수술을 할 수밖에 없습니다. 그래서 환자들은 제가 심각한 병을 고쳐주었다는 것을 알게 되고, 저를 생명의 은인으로 여깁니다. 이처럼 심각한 병을 자주 고치다 보니 저의 의술이 가장 뛰어난 것으로 잘못 알려지게 된 것입니다."

의술 분야에서 최고는 편작의 큰형님이라고 치고, 이제 우리의 배당주 이야기로 다시 돌아와보겠습니다. 그렇다면 미국 배당주 투자에 있어 최고의 고수는 어떤 사람일까요?

배당컷을 치명적인 질병에 비유한다면, 최고의 고수는 이러한 위험을 미리 예방하는 사람일 것입니다. 배당컷을 할 가능성이 있는 종목에는 애초에 투자하지 않는 것이지요. 이를 위해서는 매수할 때 좀 더 신중하게 투자 종목을 선별할 수 있어야 합니다.

물론 사람들의 눈에는 이런 투자자들이 특별한 고수처럼 보이지 않을 것입니다. 왜냐하면 사람들이 얼핏 보기에는 안전한 종목을 몇 개 골라놓고 주기마다 추가 매수만 반복하는 것으로 보일 테니까요. 하지만 치명적인 위험을 경험하지 않으면서 안정적으로 배당금을 늘려나가는 투자자야말로 배당주 투자에 있어서 최고의 고수라고 할 수 있습니다.

그다음으로 뛰어난 고수는 배당컷의 위험을 미리 감지해 사전에 피할 수 있는 투자자입니다. 배당 성향이나 배당금 동결, 향후 실적 전망과 같은 배당컷 시그널들을 미리 감지해 한발 앞서 대처할 수 있는 투자자죠.

2단계에서 아무리 좋은 종목들만 골라서 배당주 그릇에 담았다고 해도, 시간의 흐름에 따라 경제 환경 또한 끊임없이 변합니다. 한때 잘나가던 기업들도 배당컷을 할 수가 있다는 뜻입니다. 하지만 병이 깊지 않을 때 미리 치료하는 둘째 형처럼, 배당컷을 당하기 전에 미리 대처할 수 있다면 치명적인 손실은 피할 수 있을 것입니다.

마지막 고수는 배당컷을 당했을 때 즉시 매도할 수 있는 투자자입니다. '배당컷을 당하고 나서 매도하는 게 무슨 고수야?'라고 생각하실 수도 있어요. 하지만 실제로 배당컷을 당했을 때 바로 매도하는 일은 생각처럼 쉽지 않습니다. 배당컷으로 주가가 떨어진 상태에서 매도해 손실을 확정하는 것은 정신적으로 매우 어려운 일이거든요.

💲 AT&T의 배당컷 시그널과 배당컷

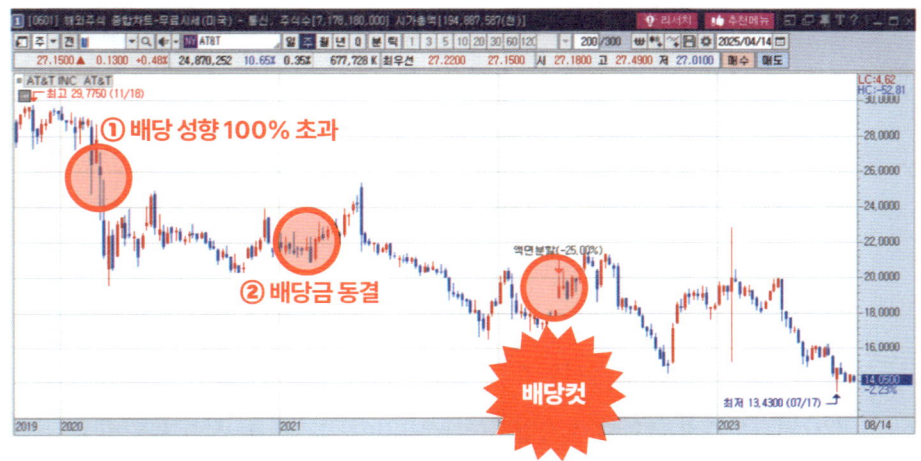

배당컷을 당한 투자자들은 주식을 바로 매도하는 대신, 반등을 기대하면서 매도 타이밍을 재기도 하고, 또 다른 정보들을 수집하면서 팔지 말아야 하는 이유를 찾기도 합니다. 하지만 매도를 주저하는 과정에서 손실의 폭을 더욱 키우는 케이스들이 상당히 많아요.

AT&T에 처음으로 배당컷 시그널이 발생한 것은 2020년 1분기였습니다. 이때부터 배당 성향 100%를 처음으로 넘기면서 순이익만으로 배당금을 감당할 수 없는 상황이 된 것이죠. 이 당시의 주가는 25달러 정도였습니다.

그다음 배당컷 시그널이 발생한 것은 1년이 지난 2021년 2월이었습니다. 36년이나 매년 올려왔던 배당금을 동결한 것입니다. 이 당시의 주가는 첫 번째 시그널로부터 10%가량 하락한 22달러 수준입니다.

마지막으로 실제로 배당컷이 일어난 것은 배당금 동결로부터 또 1년
이 넘게 흐른 2022년 5월입니다. 주가는 20달러를 하회하기도 했습니
다. 이때, 실적 부담의 원인이 되었던 미디어 사업에서 완전히 철수하기
로 결정하면서 주가가 잠시 반등하기도 했어요. 하지만 만약 배당컷에
도 주식을 완전히 정리하지 못했다면, 그 이후로 주가가 최저 13.43달러
까지 떨어지는 모습을 지켜보아야 했을 것입니다.

배당컷 시그널에도 미리 대비를 하지 않았다면 낭패를 봤을 주식
은 월그린스 부츠 얼라이언스도 마찬가지입니다. 첫 번째 시그널은
2022년 3분기의 순이익 적자입니다. 순이익이 적자가 난 것을 확인하고
주식을 정리했다면 한 주당 40달러에는 매도할 수 있었을 것입니다.

그로부터 1년 후인 2023년 9월에는 두 번째 시그널인 배당금 동결이

Ⓢ 월그린스 부츠 얼라이언스 배당컷 시그널과 배당컷

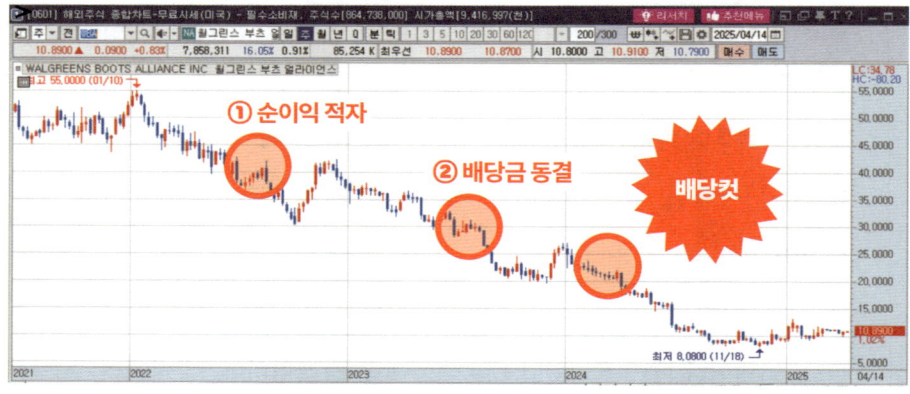

발생합니다. 이때의 주가는 30달러 정도였죠. 만약 이때마저도 주식을 정리하지 못했다면, 최소한 배당컷이 발생한 2024년 3월에는 백기를 들고 매도했어야 합니다. 그랬다면 주당 20달러는 건졌을 테니까요. 하지만 마지막 결심조차도 하지 못한 투자자들은 결국 주가가 최저 8.08달러까지 떨어지는 모습을 지켜봐야 했을 것입니다.

한편, 모든 주식이 배당컷을 하기 전에 모든 시그널들을 친절하게 보여주는 것은 아닙니다. 2024년 4월에 배당컷을 공시했던 레겟 앤드 플랫(Leggett & Platt)의 경우에는 배당금 동결 시그널 없이 바로 배당컷을 했거든요.

이 주식의 배당컷을 미리 알아채기 위해서는 2023년 3분기 실적 발표에서 배당 성향이 100%를 초과했을 때 조금 더 집중했어야 합니다.

💲 레겟 앤드 플랫의 배당컷 시그널과 배당컷

만약 이때 뭔가 잘못되고 있음을 알아차렸다면 우리는 한 주당 28달러에 주식을 매도할 수 있었겠지요. 하지만 이 기회를 놓쳤다면 다음 해인 2024년도에 배당컷이 발생했을 때 한 주당 15달러까지 떨어지는 충격을 받았을 것입니다. 그리고 배당컷에도 매도를 망설였다면 결국 주가는 최저 6.47달러까지 떨어졌을 것입니다.

배당컷 종목들의 주가 움직임을 보면서 우리는 명심해야 합니다. 최고의 고수는 배당컷을 당할 만한 종목은 애초에 투자하지 않는 투자자이고, 두 번째 고수는 배당컷 위험을 감지해 미리 대처할 수 있는 투자자이며, 마지막 고수는 배당컷을 당했을 때 그 즉시 매도할 수 있는 투자자라는 것을 말입니다.

마지막으로 이번 장의 내용을 간단히 요약해보겠습니다.

기억해야 할 내용

- 배당성장률, 배당금 동결, 배당 성향 등으로 배당컷을 예측할 수 있다.
- 배당컷 위험 종목은 미리 매도하자.

손실이 나는 종목은
언제 팔아야 할까?

주린이 최근에 제가 산 종목 중에 하나가 큰 폭으로 하락 중이에요. 손실이 커서 이 종목을 팔아야 할지 고민인데, 어떻게 하면 좋을까요?

모니뜨리 주가가 떨어져서 걱정이 많으시군요. 일단은 마음을 가라앉히고 차분히 생각해볼게요. 미국 배당주는 주가가 하락하면 그만큼 배당수익률이 높아지기 때문에, 주가의 하락을 더 좋은 투자 기회로 보고 추가로 매수하는 것이 기본 전략입니다.

주린이 그러다가 주가가 더 떨어지면 어떻게 하죠? 지금이라도 팔아야 하는 거 아닌가요?

모니뜨리 팔지 말고 무작정 기다리라거나, 무조건 추가 매수를 해야 한다는 얘기는 아니에요. 주가가 왜 떨어졌는지 원인을 알아보는 과정이 반드시 필요하죠. 우선은 이 종목에 어떤 이슈가 있는지 파악해야 합니다.

야후파이낸스나 시킹 알파에서 종목 뉴스를 검색해보고 특별한 악재가 없는지 살펴보세요. 자동 번역 기능을 켜두시면, 영문 뉴스도 어렵지 않게 읽을 수 있을 거예요. 혹시 사이트에서 뉴스를 찾는 것이 어렵다면 간단하게 AI에게 물어보셔도 됩니다. 챗GPT나 제미나이에게 이렇게 물어보는 거죠.

"최근에 AAA 종목의 주가가 많이 떨어졌는데 그 이유가 뭐야?"

"AAA 종목의 주가와 관련된 최근 기사를 찾아줘."

이런 식으로 말이에요. 쉽죠?

주린이 그렇지 않아도 걱정이 돼서 뉴스를 많이 검색해봤어요. 그런데 저는 뉴스를 보고 나서도 결정을 내리기가 어렵더라고요.

모니뜨리 주가가 떨어진 원인을 알아봤다면, 그 종목을 매도할지 아니면 그대로 놔둘지, 혹은 추가로 매수할지 잘 판단해야 합니다. 매도 여부를 판단할 때는 기준이 중요해요.

독자님께서 책을 잘 읽었는지 잠깐 복습해볼게요. 미국 배당주 투자를 할 때, 가장 중요한 한 가지가 뭐라고 했었죠? 제가 백 번 정도는 강조를 했었는데요.

주린이 음…… 배당컷 당하지 않을 종목을 선정하는 거?

모니뜨리 네, 잘하셨어요. 바로 배당컷을 당하지 않을 종목을 고르는 것이었죠. 배당금을 줄이지 않을 거라는 확신만 있다면 주가가 아무리 떨어져도 그 주식을 매도할 이유는 없으니까요. 오히려 배당수익률은 높아질 테니까 매수 기회로 삼는 것이 마땅합니다. 그러니 미국 배당주의 매도 결정도 '배당컷 가능성'과 연결지어서 판단하시면 됩니다.

정리하자면, 우선 뉴스를 검색해보시고, 1) 향후에 배당컷이 일어날 거라고 생각되면 매도를 고민해보시되, 2) 배당컷이 발생할 확률이 낮거나 없다면 추가 매수를 고려해보셔도 좋습니다.

주린이 이해가 될 듯 말 듯 하네요.

모니쯔리 주가의 하락 원인을 네 가지로 나눠서 생각해볼게요.

① 주가가 떨어진 이유가 기업의 개별적인 요인이 아니라 전체 주식시장의 침체 때문이라면 어떨까요? S&P500이나 나스닥이 하락하면서 내 주식의 가격도 덩달아 떨어진 거죠.

결론부터 말씀드리자면, 이 경우는 크게 걱정하실 필요가 없습니다. 기업의 배당 능력과는 상관이 없이 주가가 떨어진 것이니까요. 여력만 있다면 추가로 투자하시는 것도 좋습니다.

② 주식시장에는 문제가 없는데, 유독 내 주식만 크게 하락하는 경우도 있습니다. 이때는 주가가 하락한 원인이 영업이익이나 순이익의 감소와 직접적인 관련이 있는지 파악해야 합니다.

만약 영업이익이나 순이익과 관련이 없는 요인, 예를 들어, '경영진의 교체'와 같은 부수적인 이유로 주가가 하락한 것이라면, 크게 걱정하실 필요는 없을 것으로 보입니다. 영업이익이나 순이익의 감소와 직접적인 연관이 없다면, 배당금을 줄이게 될 확률은 낮으니까요.

③ 만약 영업이익이나 순이익에 영향을 미치는 요인에 의해서 주가가 하락했다면, 그 요인이 일시적인 것인지 지속적인 것인지 파악해야 합니다. 공장에 불이 났다거나 법정 소송에 휘말리는 등 '일시적, 단기

적으로' 기업의 순이익에 악영향을 미치는 요인이라면 당장은 배당컷을 할 확률이 그리 높지 않습니다. 오히려 일시적인 악재가 해소됐을 때 주가는 더 크게 오를 가능성 있으니 급하게 매도할 필요가 없겠죠.

다만 이 경우에 일시적으로 순이익이 줄어든 상태에서도 배당금을 계속 지급하면서 버틸 능력이 있는지, 기업의 현금 보유량 등을 파악해둘 필요는 있겠네요.

Ⓢ **미국 배당주 주가 하락과 매도 여부 판단**

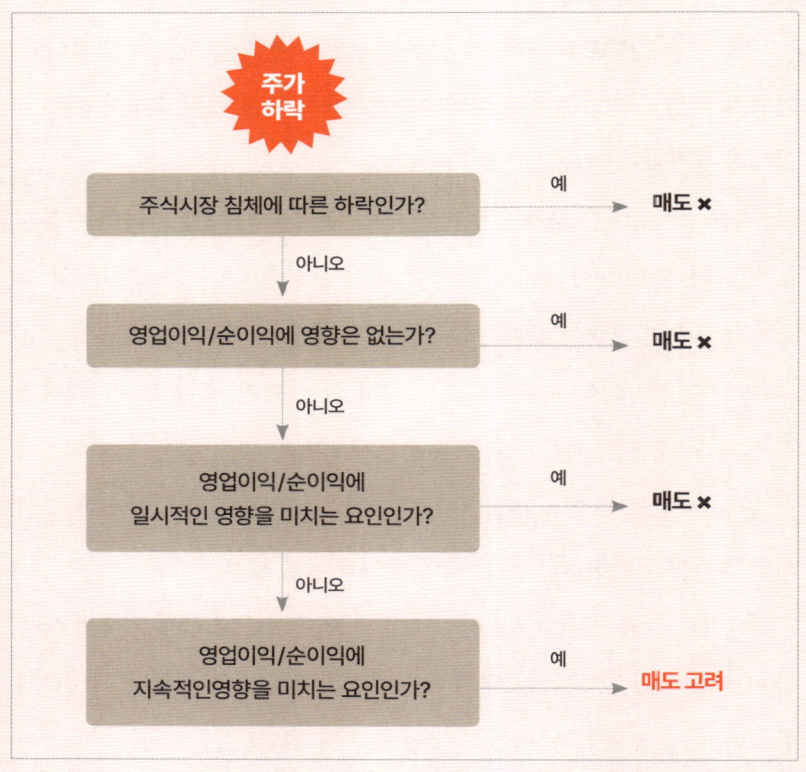

④ 주가가 하락한 원인이 '지속적, 장기적으로' 영업이익과 순이익에 악영향을 미치는 것이라면, 그리고 그 결과, 배당금을 감당하지 못할 정도로 순이익이 감소할 것으로 전망된다면, 매도를 진지하게 고려해야 합니다.

예를 들어, 소비자 트렌드는 계속 변하는데 이에 따른 적절한 대응을 하지 못해서 매출액이 계속 줄어든다거나, 경쟁사에 비해 기술력이 떨어져서 점유율이 지속적으로 하락한다거나 하는 경우가 있겠네요. 매출액의 지속적인 감소는 영업이익과 순이익의 감소를 불러와서 결국은 배당금을 줄일 수밖에 없을 테니까요.

관리하기
MANAGEMENT

스텝 4

한 달에 한 번,
배당가계부를 작성하라

지금까지 공부한 내용만으로도 여러분은 이미 미국 배당주 투자를 시작할 준비가 되었습니다. 우리는 어떤 배당주를 사야 하는지 고를 수 있게 되었고, 정기적으로 추가 매수를 하며 매월 배당금을 늘리는 방법을 알게 되었습니다. 또한 주가가 충분히 올랐을 경우나 배당컷이 발생했을 경우에 주식을 매도하고 종목을 교체하는 방법도 공부했죠. 배당주를 사는 것과 파는 것에 대한 기준을 세웠으니, 투자 준비는 모두 끝났다고 할 수 있습니다. 이제 용기를 내서 첫걸음을 떼기만 하면 됩니다.

하지만 시작은 언제나 어렵죠. 투자에 대한 두려움은 여전히 남아 있습니다. 초행길을 나서는 많은 투자자들이 아직도 걱정하는 부분이 있습니다. 투자할 대상이 한국의 주식이 아니라 미국 주식이라는 점에서 관리가 더 힘들 것이라는 염려입니다.

미국 주식시장의 정규 거래 시간은 한국 시간으로 밤 11시 30분에서 다음 날 새벽 6시까지입니다(서머타임 적용 시, 밤 10시 30분~다음 날 새벽 5시) 그렇다 보니 미국 주식에 투자하려면 매일매일 밤을 새야 하는 건 아닌지도 걱정이 됩니다. 혹시 내가 주식시장을 지켜보지 않고 있을 때 주식에 큰 문제가 생겨서 손실이 나지 않을까 하는 것이죠.

하지만 결론부터 얘기하자면, 우리는 미국 주식시장이 열리는 시간 동안 깨어 있을 필요가 전혀 없습니다. 포트폴리오만 제대로 구성되어 있다면, 장중에는 해야 할 일이 하나도 없거든요. 오히려 너무 자주 주식을 들여다보지 않는 것이 우리의 주식 계좌를 건강하게 만드는 일이 될 수도 있습니다.

우리가 할 일이라고는 한 달에 한 번, 그달의 마지막 날에 5분 정도 시간을 내어서 계좌가 잘 돌아가고 있는지 점검하는 것밖에 없습니다. 많은 시간도 필요치 않아요. 딱 5분입니다.

이번 장에서는 미국 배당주 투자를 하기 위해서 계좌를 관리하고 점검하는 방법에 대해 알아보도록 하겠습니다.

한 달에 한 번, 5분으로 계좌 점검하기

배당주 투자의 장점은 신경을 많이 쓰지 않아도 된다는 점입니다. 많은 투자자들이 매일매일 호가창을 들여다보며 시간별로 주가를 확인하는 이유는 걱정이 많아서입니다. 주가가 오르면 떨어지기 전에 차익

실현을 해야 할 것 같고, 반대로 주가가 떨어지면 발 빠르게 손절해서 손실을 최소화해야 할 것 같지요. 그러다 보니 실시간으로 주식을 확인하면서 주가를 모니터링해야지 안심이 됩니다. 그런 걱정 때문에 미국 주식에 투자하는 사람들은 새벽 시간에도 자신이 투자한 주식(가끔은 자신이 투자하지 않은 주식까지도)의 주가를 확인하느라 잠을 설치기 일쑤죠.

하지만 미국 배당주는 일반 주식에 비해 주가가 크게 오르거나 내리지 않기 때문에 상대적으로 마음을 편하게 먹고 투자할 수 있습니다. 만약 주가가 떨어지더라도 이는 해당 주식의 배당수익률을 높여주기 때문에 오히려 추가 투자의 기회가 됩니다. 그러니 미국 배당주 투자자들은 매일매일 주가가 오르는지 떨어지는지 확인하며 노심초사할 필요가 없습니다. 그야말로 마음 편한 투자를 할 수 있는 것이죠.

그렇다고 해서 미국 배당주 투자자들이 자신의 계좌를 그저 방치해도 된다는 것은 아닙니다. 미국 배당주 투자에도 최소한의 관리가 필요해요. 한 달에 한 번, 딱 5분 정도의 시간을 내서 말이죠.

1장에서 미국 배당주 투자를 '황금알을 낳는 거위'에 빗대어 표현한 적이 있습니다. 여러분이 황금알을 낳는 거위를 한 마리 키운다고 생각해보세요. 거위를 키운다고 해서 축사 앞에 진을 치고 앉아 매일매일 거위를 지켜보고 있을 필요는 없습니다. 여러분이 해야 할 일은 단지 주기마다 거위가 황금알을 잘 낳았는지 확인하는 것으로 충분합니다. 몇 가지 업무(?)를 더 추가하자면, 황금알을 확인하러 가는 김에 거위의 건강

상태는 양호한지, 혹시 축사에 비가 새고 있진 않은지 확인하는 정도면 관리자로서 할 도리는 다했다고 볼 수 있겠네요.

미국 배당주를 관리하는 일도 마찬가지입니다. 매일 새벽마다 스마트폰에 MTS를 켜둔 채로 잠을 설쳐가며 주가를 지켜보고 있을 필요는 없습니다. 여러분의 일은 단지 매월 말일마다 배당금이 잘 입금되었는지 확인하는 것으로 충분합니다. 몇 가지 업무를 더 추가하자면, 배당금을 확인하면서 혹시 문제가 생긴 종목은 없는지 점검하고, 포트폴리오 전체 수익률이나 종목별 투자 비중에 문제가 생기진 않았는지 확인하는 정도면 됩니다. 한 달에 5분이면 되니 특별히 어려운 일도 아닙니다.

주기적으로 미국 배당주 계좌를 점검하기 위해서는 이를 관리할 수 있는 도구가 있으면 좋겠습니다. 시중에는 스마트폰으로 앱을 다운받아서 증권사 계좌를 연동하기만 하면 자동으로 배당금을 관리할 수 있는 편리한 도구들도 있어요.

이런 배당금 관리 앱을 사용하면, ① 내가 매월 받게 될 예상 배당금이 얼마인지, ② 투자 종목들의 보유 비중은 각각 얼마인지, ③ 내 포트폴리오의 전체 배당수익률은 얼마인지 등을 손쉽게 파악할 수 있습니다.

하지만 저는 앱을 사용하는 대신, 직접 만든 엑셀 파일인 '[6×3+2] 배당가계부'를 사용해 배당금을 관리합니다. [6×3+2] 배당가계부는 제가 배당주를 관리하기 위해 필요한 내용들을 보기 쉽게 직관적으로 만든 엑셀 파일입니다. 3I 시스템에 딱 맞도록 제작한 배당주 관리 도구죠.

지금부터 저는 배당주 계좌를 관리할 때 어떤 내용을 체크하고 점검

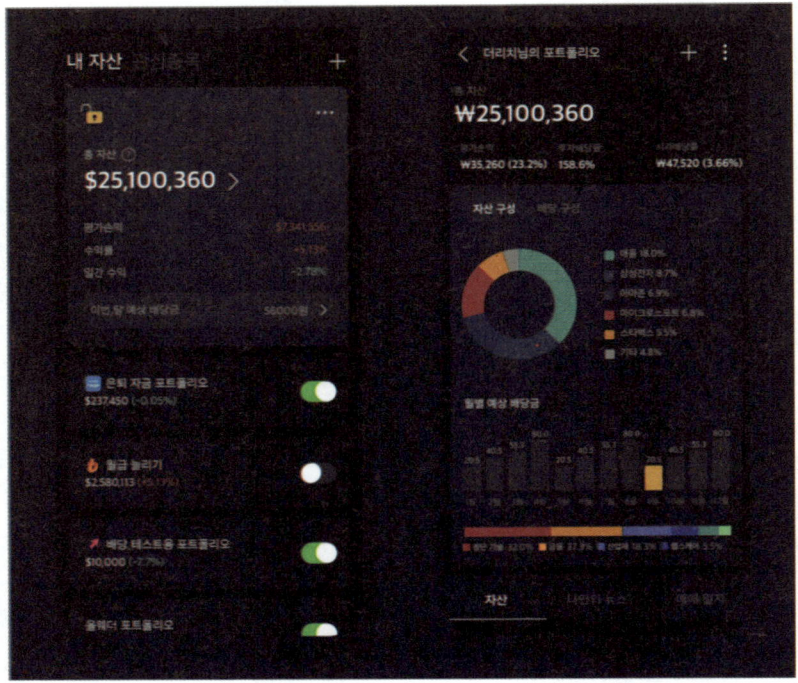

해야 하는지, [6×3+2] 배당가계부를 활용해 이 내용들을 확인하는 방법을 알려드리도록 하겠습니다. 여러분은 제 엑셀표를 참고하고 보완해서 여러분에게 딱 맞는 엑셀 파일을 새로 만들거나(가장 추천하는 방법입니다). 혹은 제가 만든 엑셀 파일을 그대로 다운로드해서 활용해도 됩니다(301쪽 QR코드 접속). 혹시 엑셀 사용이 어렵다면, 시중에 있는 포트폴리오 관리 앱을 다운로드해 사용하셔도 좋겠습니다.

[6×3+2] 배당가계부

차근차근 이야기를 진행해보도록 하겠습니다. [6×3+2] 배당가계부는 1장에서 이미 소개해드린 바가 있습니다. 아래의 그림과 같은 배당가계부를 앞에서 봤던 기억이 나실 것입니다.

우선, 제가 왜 이런 배당가계부를 만들었는지부터 설명해야겠네요. 제가 이 배당가계부를 만들게 된 목적은 무척 단순합니다. 배당금을 매월 얼마씩 받는지 기록하고 관리하기 위한 용도였죠. 목적이 단순한 만큼 그 사용 방법도 무척 간단합니다.

Ⓢ **[6×3+2] 배당가계부**

종목명	1월	2월	3월	4월	5월	6월	7월	8월	9월	10월	11월	12월	합계
<2020년 배당>													
알트리아										15.35			15.35
PPL										5.29			5.29
													0.00
													0.00
													0.00
													0.00
Hoegh LNG 파트너스 LP								11.49			11.49		22.98
AT&T											7.07		7.07
													0.00
													0.00
													0.00
													0.00
푸르덴셜 파이낸셜									13.09			13.09	26.18
페니맥 모기지 B(우)									7.65			7.65	15.30
													0.00
													0.00
													0.00
													0.00
													0.00
													0.00
합계	0.00	0.00	0.00	0.00	0.00	0.00	0.00	11.49	20.74	20.64	18.56	20.74	92.17

ⓢ 기본 배당가계부의 구성

종목명	1월	2월	3월	4월	5월	6월	7월	8월	9월	10월	11월	12월	합계
<2020년 배당>													
알트리아										15.35			15.35
PPL										5.29			5.29
													0.00
													0.00
													0.00
													0.00
Hoegh LNG 파트너스 LP								11.49			11.49		22.98
											7.07		7.07
													0.00
													0.00
													0.00
													0.00
푸르덴셜 파이낸셜									13.09			13.09	26.18
패니맥 모기지 B(우)									7.65			7.65	15.30
													0.00
													0.00
													0.00
													0.00
													0.00
													0.00
합계	0.00	0.00	0.00	0.00	0.00	0.00	0.00	11.49	20.74	20.64	18.56	20.74	92.17

① 투자 종목 입력

② 종목별 배당금 입력

③ 월별 배당금 입력

① 투자 종목명을 기록하고, ② 매월 받은 종목별 배당금을 입력하면, ③ 월별 배당금 합계를 자동으로 확인할 수 있는 구조입니다. 이 배당가계부를 이용하면, 이번 달에 받은 배당금이 지난 달에 비해서 늘어났는지 혹은 줄어들었는지 비교도 할 수 있지요.

하지만 이런 단순한 모델만으로는 한계가 있습니다. 배당금을 좀 더 체계적으로 관리하기 위해서는 몇 가지 기능들이 더 필요합니다.

우선 배당가계부에서는 매월 얼마의 배당금을 받게 될지 ① 예상 배당금을 미리 확인할 수 있어야 합니다. 예상 배당금을 알 수 있다면, 우리가 목표로 하는 배당금 수준을 달성하기 위해서 어떤 종목을 몇 주나 더 매수해야 하는지 계산할 수 있습니다. 또한 종목마다 배당금이 입금되었을 때 내가 예상한 금액과 일치하는지 점검도 할 수 있어요. 만약 내가 예상한 배당금과 실제 입금된 배당금이 다르다면, 해당 종목에 어떤 문제가 생긴 것을 의심해볼 수 있겠지요. 이것이 배당가계부에서 체크해야 할 가장 중요한 내용입니다.

다음으로 배당가계부에서는 ② 각 종목의 투자 비중도 확인할 수 있어야 합니다. 포트폴리오 투자를 할 때(여러 종목에 나눠서 분산 투자할 때)는 투자 비중을 관리하는 것이 중요합니다.

예컨대 전체 금액을 열 개의 종목에 나눠서 투자한다고 했을 때, 각 종목의 비중은 1/10씩, 즉 10%씩 나눠서 균등하게 투자하는 것이 분산 효과가 가장 높습니다. 물론 주식시장의 상황에 따라 특정 종목의 비중이 다소 높아지거나 낮아지는 경우가 생길 수도 있어요. 하지만 어떤 한 종목의 투자 비중만 너무 높으면, 이는 올바른 포트폴리오를 구성했다고 볼 수 없습니다. 극단적으로 한 종목에 91%를 투자하고, 나머지 아홉 종목에 각각 1%씩 투자했다면 이런 경우에는 위험 분산 효과가 거의 없다고 할 수 있겠지요.

마지막으로 배당가계부에서는 ③ 포트폴리오의 전체 배당수익률도 확인할 수 있어야 합니다. 전체 배당수익률은 내 포트폴리오의 투자 성과가 어떠한지 직관적으로 보여줄 수 있는 지표이기 때문입니다.

만약 여러분이 은행의 예금 상품에 가입했다고 생각해볼게요. 예금 상품은 3.2%, 4.1%과 같은 식으로 금리가 하나의 숫자로 표시되기 때문에 내가 돈을 맡기면 얼마나 벌 수 있는지 이해하기 쉽습니다.

반면 배당주 투자는 개별 종목의 배당수익률만 직접적으로 확인할 수 있기 때문에, 전체 배당수익률은 따로 계산해줘야 합니다. 그래서 배당가계부에는 포트폴리오 배당수익률을 확인할 수 있는 기능이 포함되어 있어야 해요. 하나의 숫자로 표시된 전체 배당수익률을 알 수 있다면 은행의 예금이나 다른 금융 상품과 비교해 나의 투자 성과가 어떠한지 비교도 할 수 있습니다.

한 가지 덧붙이자면, 전체 배당수익률은 어떤 종목을 추가로 매수하면 좋을지 기준을 잡아주는 역할을 합니다. 예를 들어, 나의 기대 배당수익률이 7%라고 가정하겠습니다. 이 경우에 현재 나의 배당수익률이 7%보다 낮다면, 추가로 매수할 종목은 7%보다 배당수익률이 높은 종목 중

ⓢ **[6×3+2] 배당가계부 확장판**

에서 선택하는 것이 도움이 됩니다. 반대로 현재의 배당수익률이 7%보다 높으면, 추가로 매수할 종목은 배당수익률이 다소 낮더라도 더 안전한 종목(예를 들어 배당 성향이 50% 이하인 종목) 중에서 고를 수 있겠지요.

자, 이제 드디어 이런 기능들이 모두 포함된 [6×3+2] 배당가계부의 최종 버전을 소개해드릴 차례가 되었네요. 제가 소개해드릴 배당가계부는 아래 그림과 같습니다.

얼핏 보기에도 초기 버전의 배당가계부보다 항목이 많고 복잡하게 느껴지는군요. 하지만 다행스럽게도 기본형과 구조가 같기 때문에, 여러분이 이해하시는 데에는 불편함이 없으리라 생각합니다.

우선 ① 투자 종목 입력란에는 몇 가지 항목을 추가로 입력해야 합니

9월	10월	11월	12월	합계	배당총액	세금	예상배당금	평가금액	배당수익률	비중	배·비
						1,4,7,10월	0.00		2,5,8,11월	0.00		3,6,9,12월	0.00
				0.00	0.00	0.00	0.00	0			
				0.00	0.00	0.00	0.00	0			
				0.00	0.00	0.00	0.00	0			
				0.00	0.00	0.00	0.00	0			
				0.00	0.00	0.00	0.00	0			
				0.00	0.00	0.00	0.00	0			
				0.00	0.00	0.00	0.00	0			
				0.00	0.00	0.00	0.00	0			
				0.00	0.00	0.00	0.00	0	③ 배당금 관리를 위해 점검할 내용		
				0.00	0.00	0.00	0.00	0			
				0.00	0.00	0.00	0.00	0			
				0.00	0.00	0.00	0.00	0			
				0.00	0.00	0.00	0.00	0			
				0.00	0.00	0.00	0.00	0			
				0.00	0.00	0.00	0.00	0			
				0.00	0.00	0.00	0.00	0			
				0.00	0.00	0.00	0.00	0			
0.00	0.00	0.00	0.00	0.00		평가총액	0		배당수익률	0.00	

다. 수량과 현재가, 배당금이 추가되었군요. 수량과 배당금(분기별) 칸은 변동 사항이 있을 때에만 수정하면 되고, 현재가는 월말 관리를 할 때 한 번씩만 갱신해줍니다. 현재가를 변경하면 종목별 비중이나 배당수익률 숫자도 연동되어 함께 바뀌기 때문에 계좌를 점검하는 데 편리합니다.

② 종목별 배당금 입력란에는 해당 월에 배당이 들어온 종목에 대해 실지급액을 적어주면 됩니다. 쉽게 말해, 하늘색으로 표시된 칸에 숫자를 채우면 됩니다. 저의 경우에는 월말에 한꺼번에 한 달 치 배당금 정리를 합니다.

③ 배당금 관리를 위해 점검할 내용으로는 예상 배당금, 종목별 비중, 개별 종목 및 전체 배당수익률 등이 있습니다.

각 항목을 입력하는 방법이나 계좌를 관리하는 방법에 대해서는 지금부터 차근차근 알려드리겠습니다. 지금은 배당가계부가 눈에 잘 들어오지 않는 것이 당연하니 마음 편하게 다음 내용으로 넘어가시기 바랍니다.

배당금 입력하기

이제 막 미국 배당주 투자를 시작한 당신! 첫 종목으로 1/4/7/10월에 배당금을 준다고 하는 AAA 주식을 10주 매수했다. 주식의 가격은 1주당 55달러였다. 시킹 알파 사이트와 HTS를 확인해보니, 이 주식은 매

분기마다 1.02달러의 배당금을 준다는 사실도 알게 되었다.

첫 투자 이후에 드디어 기다리던 배당지급일이 되었다. 1주당 1.02달러의 배당금을 준다고 하니까, 10주를 가지고 있는 나는 총 10.2달러의 배당금을 받으리라 기대하고 있었다. 하지만 이게 웬일인가? 정작 내 계좌에 입금된 금액은 예상과 달랐다. 10.2달러에 미치지 못하는 숫자가 찍혀 있었던 것이다. 뭐가 잘못된 것일까?

먼저 예상 배당금을 확인하는 방법부터 알아보도록 하겠습니다. 만약 여러분이 분기마다 1달러의 배당금을 주는 어떤 주식을 1주 보유하고 있다고 가정해보죠. 그리고 이 주식의 배당지급일이 되었습니다. 여러분의 계좌에는 얼마의 배당금이 들어오게 될까요?

'무슨 질문이 이래? 1달러의 배당금을 준다고 했으니까 1달러가 들어오겠지!' 하지만 안타깝게도 1달러는 정답이 아닙니다. 실제로 우리의 계좌에 입금되는 돈은 원래 주기로 했던 분기 배당금(1달러)에서 '배당소득세'를 차감한 금액이거든요. 세금을 먼저 떼고 난 다음에 나머지 금액만 제 통장으로 넣어주는 것이죠. 쫀쫀하긴!

배당소득세란 말 그대로 배당소득에 대해 매기는 세금입니다. 세금이라고 하니 굉장히 복잡할 것 같지만, 사실 우리가 신경을 쓸 부분은 딱히 없어요. 왜냐하면 배당금을 지급할 때 증권사에서 알아서 세금을 떼어가기(원천징수) 때문입니다. 저희가 따로 세금 신고를 하거나 납부 절차를 거쳐야 할 게 없다는 뜻입니다.

다만 우리가 기억해야 할 것이 있다면, 배당소득세가 얼마나 되는지 정도는 알고 있는 편이 좋겠네요. 기억하세요. 미국 주식의 배당소득세는 15%입니다[참고로 한국 주식의 배당금에 대한 세금은 15.4%(배당소득세 14%+지방소득세 1.4%)].

만약 1달러의 배당금을 받기로 되어 있었다면, 그중 15%를 빼고 나머지 금액인 0.85달러만 받게 되는 것입니다. 배당금을 온전히 다 받을 수 없다니, 뭔가 손해를 보는 기분이 들기도 하네요.

[6×3+2] 배당가계부에서는 배당소득세를 감안해 배당금이 정확히 입금되고 있는지 확인할 수 있어야 합니다. 이제 배당가계부에 해당 정보를 입력하고 확인하는 방법에 대해서 알아보겠습니다.

⑤ 주식 정보 입력과 예상 배당금 확인

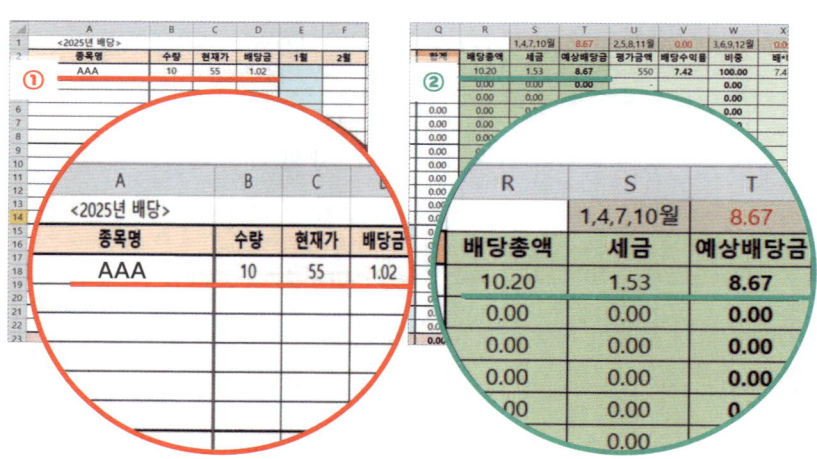

배당가계부에 내용을 입력하는 방법은 간단합니다. 우선, 매수한 주식의 정보를 ①과 같이 입력합니다. 매수한 종목의 이름을 적고, 매수 수량과 현재가를 채웁니다. 배당금 칸에는 시킹 알파 사이트나 HTS를 확인해 1주당 분기별(월별) 배당금을 입력합니다. 앞의 사례를 예시로 작성해 본다면, 'AAA / 10 / 55 / 1.02'의 내용을 입력할 수 있을 것입니다.

①의 내용을 입력했다면, ②의 예상 배당금과 관련된 내용들은 자동으로 채워집니다. 작성 원리를 이해하기 위해 조금 덧붙이자면, 배당 총액은 표면상으로 원래 받기로 되어 있는 배당금의 총액이 표시됩니다. 즉, 분기별 배당금(1.02)에 보유 수량(10)을 곱한 숫자죠. 10.20이라는 숫자를 확인하시면 되겠습니다(엑셀에서는 해당 셀에 이와 관련된 수식이 들어가 있기 때문에 자동으로 계산됩니다).

세금은 배당 총액에서 15%를 곱한 금액입니다. 배당소득세 15%를 적용한 것이지요. 배당 총액 10.20달러에 0.15를 곱하면, 1.53이라는 숫자가 표시됩니다. 즉, 배당소득세는 1.53달러입니다.

최종적으로 우리가 알고 싶은 것은 계좌에 입금될 최종 금액인, 여상 배당금입니다. 예상 배당금은 배당 총액(10.2)에서 세금(1.53)을 뺀 것으로, 그 결과값은 8.67입니다.

배당가계부의 구조를 이해하느라 설명이 길어지긴 했는데, 단순히 얘기하자면, 여러분은 배당가계부에 'AAA/10/55/1.02'라는 정보를 입력하고, '예상 배당금은 8.67'이라는 결과를 확인하면 됩니다.

⑤ 배당금 실지급액과 예상 배당금 비교

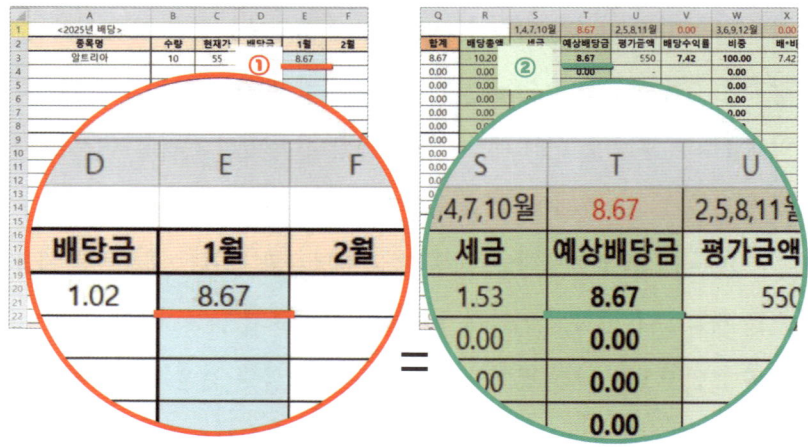

주식을 매수한 뒤, 시간이 흘러 투자의 결실을 확인할 때가 되었습니다. 배당지급일이 된 것이죠. 저는 개인적으로 증권사에서 배당금 알림 문자를 받을 때가 가장 즐겁더라고요.

증권사마다 약간씩 다르겠지만, 배당금 지급 내역은 주로 문자나 카카오톡 메시지로 받을 수 있습니다. 만약 메시지를 따로 받지 못했다면, HTS에서도 배당금 내역을 확인할 수 있습니다.

배당금이 입금된 것을 확인했다면, [6×3+2] 배당가계부에 앞의 그림과 같이 입금된 금액을 기록합니다. ① 하늘색으로 표시된 칸에 '8.67'이라고 입력하는 것이죠. 그리고 그 금액이 ② 예상 배당금에 계산된 금액과 일치하는지 비교해보면 됩니다. 간단하죠? 배당금 계좌를 관리하면서 가장 중요하게 체크해야 할 부분이 바로 배당금이 제대로 입금되었는지 확인하는 일입니다.

만약 두 금액이 서로 같다면, 이번 달의 배당금도 아무 이상 없이 입금되었다는 뜻입니다.

하지만 두 금액이 서로 일치하지 않는다면, 몇 가지를 점검해봐야 합니다. 우선 입금된 배당금이 더 많다면, 배당금이 인상되었는데 내가 배당가계부에 인상된 금액을 갱신하지 않았을 가능성이 큽니다. 이때는 배당금 셀에 인상된 배당금을 새로 업데이트만 해주면 됩니다. 어쨌든 배당금이 인상되었다니 축하할 일입니다.

배당락일 이후에 주식을 매수하거나 매도했을 때도 금액이 서로 다를 수 있습니다. 하지만 이건 큰 문제가 아니에요. 다음 배당 지급일부터는 배당금이 제대로 입금될 테니까요. '앞으로는 배당락일을 제대로 확인하고 주식 거래를 해야겠구나!' 생각하고 넘어가면 될 일입니다.

문제는 배당컷이 발생해서 예상에 훨씬 못 미치는 배당금이 입금되었을 경우입니다. 최악의 사태죠. 배당컷이 발생했다면 그 원인이 무엇인지 확인하고 발 빠르게 대처하는 것이 좋습니다. 이와 관련해서는 지난 6장의 내용 '배당컷 발생 종목은 매도하라'를 참고하시기 바랍니다.

배당수익률 점검하기

배당 포트폴리오를 관리할 때 배당수익률을 확인하는 것도 매우 중요한 일입니다. [6×3+2] 배당가계부에서는 '개별 종목의 배당수익률'과 '전체 포트폴리오의 배당수익률'을 점검할 수 있습니다.

⑤ 종목별 배당수익률 확인하기

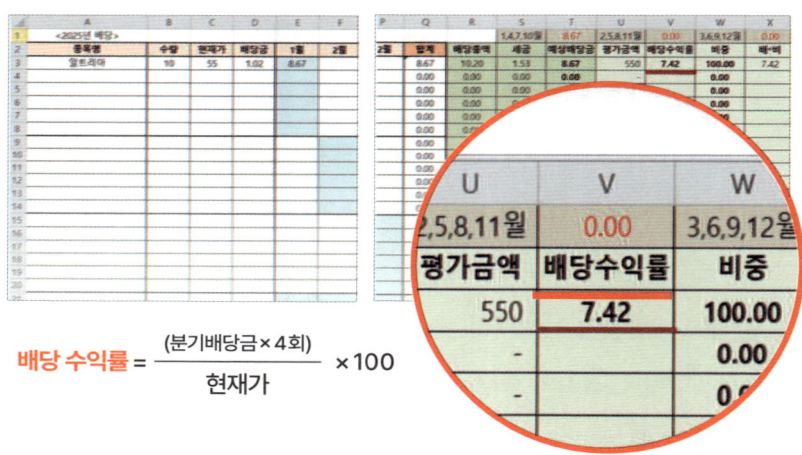

$$\text{배당 수익률} = \frac{\text{(분기배당금} \times \text{4회)}}{\text{현재가}} \times 100$$

우선 종목별 배당수익률입니다. 개별 종목의 배당수익률은 예상 배당금과 마찬가지로 자동으로 계산됩니다. 앞서 입력했던 정보들을 기초로 위의 그림과 같이 '7.42'라는 배당수익률 숫자가 표시되는 것이죠. 연 배당수익률이 7.42%라는 뜻입니다.

배당수익률은 현재가에 따라 변하기 때문에 지금 시점의 배당수익률을 알고 싶다면 현재가 정보를 갱신해주어야 합니다. 제 경우에는 한 달에 한 번씩 배당가계부의 현재가를 갱신하면서 배당수익률이 어떻게 변했는지를 점검합니다. 배당수익률에 따라서 매도해야 할 종목이 있는지, 혹은 추가로 매수할 종목이 있는지 전략을 세울 수 있거든요.

다만 배당수익률을 기준으로 매도한다거나 추가 매수를 하려고 한다면 포트폴리오를 전체적으로 살펴보면서 판단할 수 있어야 합니다.

Ⓢ 배당 포트폴리오 구성 예시

A <2025년 배당>	B	C	D	E		Q	R	S	T	U	V	W	X
						1,4,7,10월	24.82	2,5,8,11월	25.03		3,6,9,12월	25.19	
종목명	수량	현재가	배당금	1월	2	합계	배당종액	세금	예상배당금	평가금액	배당수익률	비중	배·비
AAA	10	55	1.02	8.67		8.67	10.20	1.53	8.67	550	7.42	9.86	0.73
BBB	25	20.5	0.32	6.80		6.80	8.00	1.20	6.80	513	6.24	9.39	0.57
CCC	10	55.3	0.83	7.05		7.05	8.30	1.25	7.06	553	6.00	9.92	0.60
						0.00	0.00	0.00	0.00	-		0.00	
						0.00	0.00	0.00	0.00	-		0.00	
						0.00	0.00	0.00	0.00	-		0.00	
DDD	50	11.2	0.18			0.00	9.00	1.35	7.65	560	6.43	10.04	0.65
EEE	13	43.7	0.68			0.00	8.84	1.33	7.51	568	6.22	10.19	0.63
FFF	11	54	0.81			0.00	8.91	1.34	7.57	594	6.00	10.65	0.64
						0.00	0.00	0.00	0.00	-		0.00	
						0.00	0.00	0.00	0.00	-		0.00	
						0.00	0.00	0.00	0.00	-		0.00	
GGG	14	40.3	0.74			0.00	10.36	1.55	8.81	564	7.34	10.12	0.74
HHH	7	75.5	1.34			0.00	9.38	1.41	7.97	529	7.10	9.48	0.67
III	30	19.2	0.24			0.00	7.20	1.08	6.12	576	5.00	10.33	0.52
						0.00	0.00	0.00	0.00	-		0.00	
						0.00	0.00	0.00	0.00	-		0.00	
						0.00	0.00	0.00	0.00	-		0.00	
JJJ	10	57	0.27	2.30		2.30	2.70	0.41	2.30	570	5.68	10.22	0.58
						0.00	0.00	0.00	0.00	-		0.00	
합계				24.82	0.	24.82			평가총액	5,576		배당수익률	6.33

그렇다면, 이제 하나의 종목이 아니라 여러 개의 종목으로 포트폴리오를 구성해 투자했을 경우를 알아보도록 하죠. 여러분은 위의 그림처럼 AAA부터 JJJ까지 열 개의 종목에 투자했습니다. 그리고 배당가계부에 각 종목의 수량과 현재가, 분기별(월별) 배당금까지 입력을 마쳤습니다.

앞서 얘기했던 것처럼 이 정보를 입력하는 것만으로도 여러분은 각 종목의 '예상 배당금'과 '배당수익률'을 확인할 수 있습니다. 이제 여기까지는 어렵지 않죠?

그런데 이것만으로는 여러분의 투자가 과연 잘 되고 있는 것인지 직관적으로 판단하기 어렵습니다. 종목마다 배당수익률이 다르거든요. 어떤 종목의 배당수익률은 7%가 넘는데, 다른 종목의 배당수익률은 5%밖에 되지 않습니다. 개별 종목의 배당수익률이 제각각이다 보니 포트폴리오 수익률은 전체적으로 어느 정도인지 파악하기가 어렵습니다. 제가 포트폴리오의 성과를 판단하기 위해 추가로 알고 싶은 것은 이 배당 포트폴리오 '전체의 배당수익률'입니다.

[6×3+2] 배당가계부의 우측 하단에는 포트폴리오 전체의 배당수익률이 표시됩니다. 개별 종목의 배당수익률을 투자 비중대로 가중평균해 계산한 값이지요. 여러분은 이 위치에 포트폴리오의 배당수익률이 6.33%라고 적혀 있는 것을 확인하시면 됩니다. 이 수치는 세전 배

⑤ 포트폴리오의 배당수익률

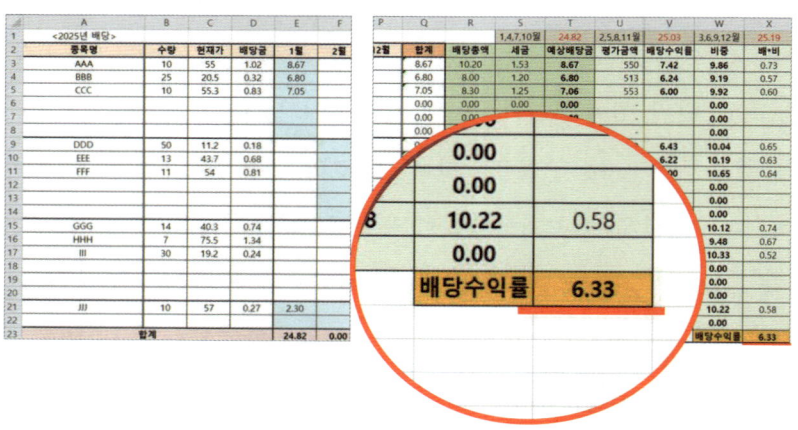

당수익률입니다. 배당소득세를 떼고 난 이후의 세후 배당수익률을 알고 싶다면, 세전 배당수익률 6.33%에 0.85를 곱하면 됩니다(여러분도 아시다시피 배당소득세율은 15%이니까요).

포트폴리오 배당수익률 '6.33%'라는 숫자에 대해 생각해보죠. 어떤 투자자에게는 6.33%라는 수익률은 만족스럽게 느껴질 것입니다. 시중 은행의 적금 금리가 2~4%라는 점을 감안했을 때, 6.33%는 충분히 만족스러운 수익률이라고 판단할 수 있어요.

반면 어떤 투자자들은 6.33%라는 배당수익률이 낮다고 불평할 수도 있습니다. 투자 위험까지 감수하며 주식을 매수했는데 6.33%만으로는 부족하다고 느껴질 수도 있겠죠. 만약 현재의 포트폴리오 배당수익률이 만족스럽지 못하다면, 추가 투자할 때는 6.33%보다 배당수익률이 높은 종목에 투자해 전체 배당수익률의 수준을 높일 수 있습니다. 앞의 배당 가계부를 예로 들자면, AAA(7.42%)나 GGG(7.34%), III(7.10%) 종목의 비중을 늘릴 수 있겠네요.

정리하자면, 만약 포트폴리오의 배당수익률이 여러분의 목표수익률보다 낮다면, 배당수익률이 높은 종목을 추가로 매수해 전체적인 배당수익률을 올릴 수 있습니다. 반대로 현재의 포트폴리오 배당수익률이 목표수익률보다 높은 편이라면, 여러분은 배당수익률이 조금 낮은 종목들까지도 투자할 수 있기 때문에 종목 선택의 폭을 넓힐 수 있을 것입니다.

투자 비중 관리하기

포트폴리오를 관리할 때는 각 종목의 투자 비중도 신경을 써야 합니다. 우리가 한 종목에 투자를 몰빵하지 않고, 여러 종목으로 나눠서 분산 투자하는 이유는 바로 위험을 줄이기 위해서죠. 1장에서 이미 설명해드린 것처럼 말입니다.

만약 월 배당 주식 1종목에 전액을 모두 투자했다고 생각해볼게요. 그런데 이 종목이 배당컷을 당하거나 주가가 큰 폭으로 떨어진다면 어떻게 될까요? 복구하기 힘들 정도로 큰 손실을 입고 투자를 접어야 하는 상황이 올 수도 있습니다. 반면 이 종목이 내가 투자한 많은 종목들 가운데 하나라면, 그래서 이 종목의 투자 비중이 전체 투자금의 5~10% 정도라면, 손실 금액도 5~10% 정도로 축소시킬 수 있습니다.

ⓢ 각 종목의 투자 비중 점검하기

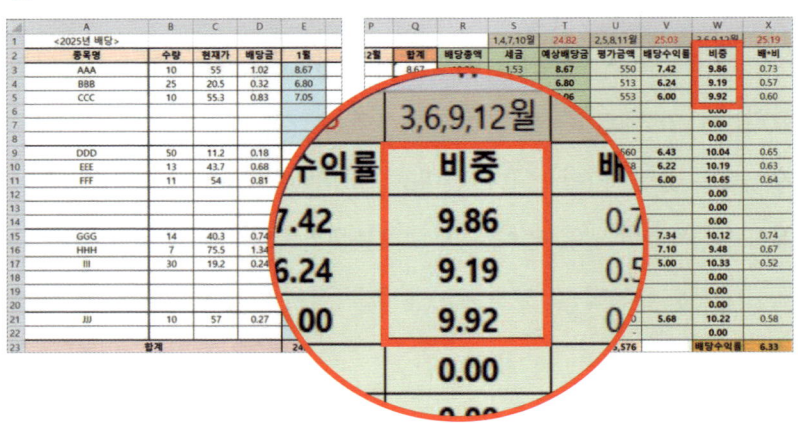

이처럼 우리의 배당 포트폴리오가 특정 한두 종목에 너무 치중되어 있는 건 아닌지 관리하기 위해서, 투자 비중을 주기적으로 확인할 필요가 있습니다.

[6×3+2] 배당가계부는 각 종목이 포트폴리오에서 차지하는 투자 비중을 자동으로 계산해줍니다. 앞의 그림을 보면, AAA 종목의 비중은 전체의 9.86%, BBB는 9.19%, CCC는 9.92%라는 것을 알 수 있어요. 그 외에도 포트폴리오에 포함된 모든 종목들의 비중이 10% 내외라는 점을 확인하셨다면, 다음으로 넘어가겠습니다.

앞서 지금 현재 포트폴리오의 배당수익률은 6.33%라고 했습니다. 그리고 어떤 투자자들은 이 정도의 배당수익률이 성에 차지 않을 수 있다고 했죠. 그래서 A라는 투자자는 추가로 투자할 수 있는 돈이 생기자, 포트폴리오에서 배당수익률이 가장 높은 AAA 종목을 100주나 추가로 매수하겠다고 결정했습니다. 투자 비중은 고려하지 않은 채로 말입니다. 그럴 경우 우리의 배당가계부는 어떤 식으로 변하게 될까요?

우선, ① **AAA의 수량은** 100주를 추가 매수했으므로, 10주에서 110주로 바뀝니다. 다시 한 번 말하지만, '수량'은 여러분이 직접 입력을 해야 합니다.

추가 매수에 대한 결과로 ② **포트폴리오의 배당수익률은** 크게 증가해 6.87%가 되었습니다. 이건 당연한 결과겠죠? 배당수익률이 높은 종목을 대량으로 추가 매수했으니까요.

문제는 투자 비중입니다. AAA에만 집중적으로 추가 투자를 함으로

💲 추가 투자로 인한 비중의 변화

써 ③ AAA의 비중이 54.62%까지 올랐어요. 포트폴리오 성과의 절반 이상을 AAA 한 종목에만 의존하고 있다는 뜻입니다. 만약 AAA 종목에 문제가 생긴다면, 포트폴리오 전체에도 큰 악영향을 미치게 될 것임을 누구라도 쉽게 예상할 수 있습니다.

포트폴리오의 위험 분산 효과를 가장 크게 하기 위해서는 모든 종목을 완전히 동일한 비율로 나눠서 투자하는 것이 좋습니다. 이른바 완전 균등 배분 투자를 하는 것이지요. 만약 10종목에 투자를 한다면, 각 종목에 모두 10%씩 투자하면 됩니다.

하지만 이렇게 완전 균등 배분을 하는 것은 불가능합니다. 특정 종목을 사고팔 때마다 투자 비중은 달라질 테니까요. 근본적으로 투자 비중은 주가가 조금만 움직여도 달라지는데, 동일한 비중을 영구적으로 유지한다는 것은 말이 안 되죠.

그래서 제 경우에는 최대 투자 한도를 정해두고 투자하는 편입니다. 현재 제 포트폴리오에는 13개 종목의 주식이 담겨 있어요. 13종목을 완전 균등 배분해 투자한다면, 한 종목당 7.69%의 비율로 투자해야 하죠(100÷13종목). 하지만 저는 투자 비율을 7.69%로 고정하는 대신에, 각 종목의 투자 비중이 5~10% 범위 내에서 움직이도록 관리하고 있습니다. 특히, 한 종목의 투자 비중이 아무리 높아지더라도 10%는 넘지 않는 것을 원칙으로 세워두고 있지요.

　　각 종목의 투자 비중 한도는 여러분이 투자하고 있는 종목 수에 따라서 다르게 설정할 수 있을 것입니다. 예를 들자면, 여러분이 열 개의 종목에 투자하고 있다면, 각 종목의 투자 비중은 8~12% 범위에서 관리할 수 있습니다. 그리고 한 종목의 투자 비중은 아무리 높더라도 12%를 넘지 않는다는 원칙을 세울 수 있겠네요.

포트폴리오 월별 예상 배당금 확인하기

　　여러분은 AAA~JJJ의 10종목에 투자한 결과, 1월에 24.82달러의 배당금을 받았습니다. 그리고 이 책의 초반부터 얘기한 것처럼, 우리의 목표는 매달 배당금을 꾸준히 늘려나가는 것이죠. 1월에 24.82달러를 받았다면, 2월에는 1월보다 더 많이 받고, 3월에는 2월에 받았던 것 이상을 받는 것이 좋겠죠.

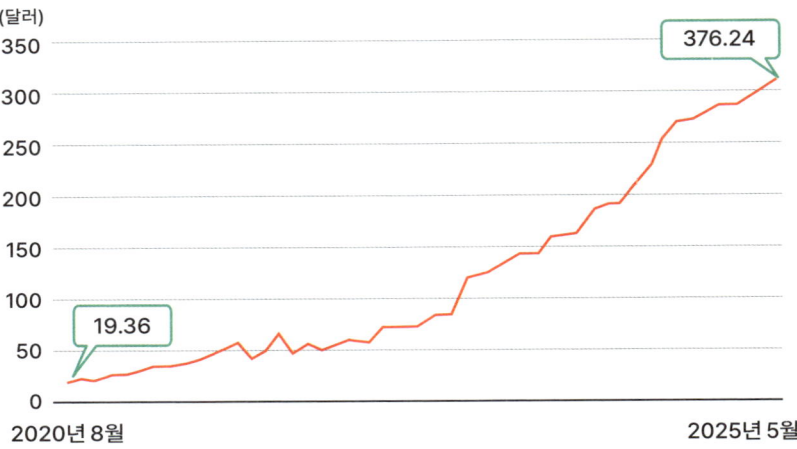

(달러)

350

300

250

200

150

100

50

0

376.24

19.36

2020년 8월   2025년 5월

이와 같이 배당금을 늘려나간다면, 나중에는 배당금만으로 생활해도 부족함이 없는 수준에 다다를 것입니다. 말 그대로 경제적 자유를 얻는 것이지요.

그런데 월별로 배당금이 늘어날 수 있도록 관리하려면, 배당가계부에 종목별 배당금뿐만 아니라 포트폴리오 전체의 월별 예상 배당금도 확인할 수 있으면 좋을 것 같습니다. 295쪽의 그림처럼 말입니다.

[6×3+2] 배당가계부의 우측 상단에는 포트폴리오 전체의 월별 예상 배당금이 자동으로 계산되어 표시되도록 해두었습니다. 이 그림에 따르면, 우리의 포트폴리오는 1, 4, 7, 10월에는 24.82달러를, 2, 5, 8, 11월에는 25.03달러를, 3, 6, 9, 12월에는 25.19달러를 배당금으로 받을 수 있습니다.

참고로, 1, 4, 7, 10월 배당금은 분기 배당주(1, 4, 7, 10월)와 월 배당주의 배당금을 합한 금액입니다. 마찬가지로 2, 5, 8, 11월 배당금도 분기 배당주(2, 5, 8, 11월)와 월 배당주의 배당금을 합한 금액이고요. 3, 6, 9, 12월 배당금도 같은 방식으로 계산됩니다.

⑤ 포트폴리오의 월별 예상 배당금

S	T	U	V	W
1,4,7,10월	24.82	2,5,8,11월	25.03	3,6,9,12월
세금	예상배당금	평가금액	배당수익률	비중

1월에 총 24.82달러의 배당금을 받은 시점에서 여러분은 이런 고민을 하게 될 것입니다.

'이번 달에 받은 배당금 24.82달러와 신규 투자금 50만 원을 추가로 투자하고 싶은데, 어떤 종목에 투자하면 좋을까?'

추가로 투자할 종목은 앞서 설명한 대로 개별 종목의 배당수익률과 투자 비중을 고려해 결정하면 됩니다. 기존 종목 가운데 투자 종목을 골라도 되고, 새로운 종목을 발굴할 수도 있겠지요.

예를 들어, 저는 AAA 종목 3주, BBB 종목 5주, CCC 종목 2주를 추가로 매수하기로 마음을 먹었습니다. 이때, 추가로 매수하는 종목들의

수량을 배당가계부에 미리 입력해보고, 월별 배당금이 어떻게 변동하는
지 확인할 수 있어요.

💲 추가 투자와 예상 배당금의 변동

① 우선, AAA, BBB, CCC의 수량을 10, 25, 10에서 13, 30, 12로 바
꿔줍니다. 추가 매수한 수량을 반영해 직접 입력하는 것이죠.

이렇게 수량을 바꿔주면, ② 배당수익률이 6.33%에서 6.36%로 약간
증가한 것을 확인할 수 있습니다. 배당수익률이 높은 AAA를 추가 매수
한 결과겠네요.

③ 투자 비중이 각각 12.1%, 10.33%, 11.14%로 바뀐 것도 확인할 수
있겠네요. 투자 비중이 다소 오르긴 했지만, 포트폴리오의 위험 분산 효
과를 해칠 정도는 아닙니다.

우리가 가장 중요하게 살펴볼 부분은 ④ 1, 4, 7, 10월의 예상 배당금
이 24.82달러에서 30.19달러로 상승했다는 점입니다. 추가 투자로 인해

서 1, 4, 7, 10월의 배당금이 5.37달러 증가했습니다.

예상 배당금이 이와 같이 바뀐다면, 4월의 배당금은 3월 배당금인 25.19달러보다 더 많이 받을 수 있겠군요. 이와 같은 결과가 마음에 든다면, 배당가계부에 입력한 그대로 추가 매수를 실행하면 됩니다. 반대로 이 투자안이 마음에 들지 않는다면, 종목과 수량을 바꿔서 다시 한 번 예상 배당금을 확인하는 과정을 반복합니다.

5분 점검 내용 정리

[6×3+2] 배당가계부의 구조를 알아보았으니, 이제 여러분이 월말에 5분 동안 어떤 내용을 점검해야 하는지 지금까지의 내용을 정리해보도록 하겠습니다. 점검할 내용은 크게 네 가지입니다.

💲 월말 점검 사항 네 가지

① 배당금 입금 확인

그 달에 입금된 배당금의 금액을 배당가계부에 전부 입력하고, 예상 배당금과 동일한지 확인합니다. 배당금 입금 메시지나 증권사의 HTS에서 배당금 입금 내역을 확인하고, 배당가계부의 하늘색 칸에 숫자를 입력하는 거죠. 그리고 배당가계부의 예상 배당금에 계산된 금액과 동일한지 확인하면 됩니다.

배당가계부를 제대로 작성했다면, 예상 배당금과 실지급액이 다른 일은 거의 발생하지 않을 거예요. 만약 예상 배당금과 실제로 받은 배당금 간에 차이가 있다면, 그 원인이 무엇인지 반드시 확인해야 합니다. 혹시 내가 모르는 사이에 배당컷이 발생한 것이라면, 해당 종목을 정리해야 할 수 있다는 점도 염두에 두어야 하고요.

② 현재가 갱신

각 종목의 현재가를 확인해 배당가계부에 갱신합니다. 현재가의 숫자를 바꾸게 되면, 배당가계부의 배당수익률과 종목별 비중도 달라지기 때문에 적어도 한 달에 한 번은 점검해주는 것이 좋습니다.

포트폴리오의 보유 종목들을 HTS의 관심 종목으로 등록해놓으면, 현재가를 빠르게 확인하고 갱신할 수 있어요. 현재가를 갱신하면서 한 달 동안 특별히 많이 오른 종목이나 떨어진 종목들이 있다면 별다른 이슈가 없는지 점검해보는 것도 좋습니다. 야후 파이낸스와 같은 해외 경제 뉴스 사이트에서 종목별 뉴스를 확인해볼 수 있어요. 영어 독해 연습을 하실 생각이 아니라면, 구글 자동 번역 기능을 켜놓고 빠르게 확인할 수 있습니다.

③ 종목별 배당금 변동 확인

종목별로 배당금이 변경된 종목은 없는지 확인합니다. 분기 배당주의 경우에 보통 1년에 한 번은 배당금을 증액시킵니다. 즉, 4분기마다 한 번은 배당금을 올려준다는 뜻이지요.

HTS의 종목별 배당 화면에서 배당 일정을 확인하면서 변경된 내용이 없는지 체크하면 됩니다. 배당금이 오른 종목이 있다면, 배당가계부에 변경된 내용을 입력해줍니다. 만약, 4분기가 지나서 배당금이 인상되어야 할 타이밍인데도 오르지 않고 동결되었다면, 이것은 배당컷의 시그널일 수도 있으니 유심히 살펴보아야 합니다.

④ 추가 매수 종목 결정

여러분의 계좌에는 이번 달 배당금과 매월 적금처럼 추가로 입금하신 현금이 예수금으로 남아 있을 거예요. 그 금액으로 어떤 종목을 추가로 매수할지 결정을 하는 것이 여러분이 마지막으로 해야 할 일입니다.

추가 매수할 종목을 결정할 때에는 포트폴리오의 전체 배당수익률과 종목별 배당수익률을 감안하고, 보유 비중이 정해둔 종목별 한도를 넘어서지 않도록 결정하시면 됩니다. 이때 추가로 매수할 종목의 수량을 배당가계부에 미리 반영해보면, 월별 포트폴리오 예상 배당금이 의

도한 대로 바뀌는지 확인할 수 있습니다.

이번 장에서는 [6×3+2] 배당가계부의 구조를 소개하고, 월말에 여러분의 배당 포트폴리오를 점검하는 방법에 대해 알아보았습니다.

엑셀로 배당가계부를 만들어 변동사항을 일일이 입력하는 일은 다소 번거롭고, 구식처럼 느껴질 수도 있을 것입니다. 지금 시대가 어느 시대인데, 이걸 하나하나 입력하고 있으란 말인지.

반면 배당금 관리 앱을 이용하면 모든 일이 자동으로 이루어지기 때문에 편리해요. 증권사 계좌와 연동이 되어 있어서 주식 매매를 하면 내가 따로 입력할 필요 없이 수량이 변경되어 반영됩니다. 현재가도 실시간으로 불러오기 때문에 내가 주가를 따로 입력하지 않아도 배당수익률과 투자 비중이 알아서 갱신되죠. 매월 얼마의 배당금이 들어왔는지도 깔끔하게 정리해서 보여줍니다. 그래프까지 그려가면서 말이죠. 이렇게 편리한 앱을 굳이 쓰지 않을 이유는 없습니다.

하지만 모든 숫자들이 자동으로 반영되어 결과만 보여주는 앱을 사용하다 보면 내 계좌에서 일어나는 세세한 변화들을 간과하기 쉽습니다. 알아서 모든 것을 해주는 장치에 의존하다 보면 그게 독이 될 수 있는 법이죠. 운전할 때 항상 내비게이션에 의존하며 길을 따라가기만 하다 보면, 언제부터인지 내비게이션 없이 스스로 길을 찾기 어려운 것과 마찬가지입니다.

이런 이유로 이번 장에 상당한 지면을 할애해 배당가계부를 입력하는 방법을 소개해드린 것입니다. 저는 배당주 투자를 시작한 초반에는 조금 느리고 번거롭더라도 투자의 결과들을 배당가계부에 스스로 입력해보는 것을 추천합니다. 주가가 움직일 때 내 포트폴리오에는 어떤 변화가 생기게 되는지 고민도 해보면서 말이죠.

계좌를 스스로 통제할 수 있고 투자에 자신감이 생겼을 때, 그때 서서히 배당가계부 대신에 배당 관리 앱을 사용하더라도 늦지 않으리라 생각합니다.

이번 장의 내용을 정리해보도록 하겠습니다.

기억해야 할 내용

- 계좌 관리는 한 달에 한 번, 5분이면 충분하다.
- [6×3+2] 배당가계부로 배당금 입력, 배당수익률 점검, 투자 비중 관리, 포트폴리오 월별 예상 배당금 확인 등을 할 수 있다.

배당가계부 양식 다운로드 사이트 QR 코드
https://blog.naver.com/moneytree1004/224115374757

1년에 한 번,
양도소득세를 계산하라

배당소득과 매매차익

이 책을 읽으며 미국 배당주 투자를 시작한 A씨, 어느 날 문득 자신이 배당주에 투자하면서 얼마나 많은 돈을 벌었는지 확인해보고 싶어졌습니다.

A씨는 먼저, 지금까지 해외 주식 계좌에 ① 입금한 돈이 얼마인지 집계해보았습니다(입금할 때마다 엑셀에 기록해 관리하면 나중에 수익이 얼마인지 파악하기 쉽습니다). 확인해본 결과, 지금까지 입금한 금액은 총 4,000만 원이었다고 해요.

다음으로 A씨는 HTS를 열어 현재의 ② 계좌 잔고 금액을 확인했습니다. A씨의 원화 환산 추정 예탁 자산에는 5,000만 원이라는 숫자가 표시되어 있었습니다.

오호라, 투자 원금이 4,000만 원인데 현재의 추정 자산은 5,000만 원이니까…… A씨가 지금까지 미국 배당주 투자로 벌어들인 돈은 약 1,000만 원 정도가 되겠네요. 계산하기 참 쉽죠?

참고로 HTS에는 평가손익이라고 표시되는 내용도 있는데, 이는 현재의 보유 종목을 기준으로 계산되기 때문에 투자로 인한 순수익을 파악하기에는 적합한 자료가 아닙니다.

ⓢ A씨의 투자 성과 분석

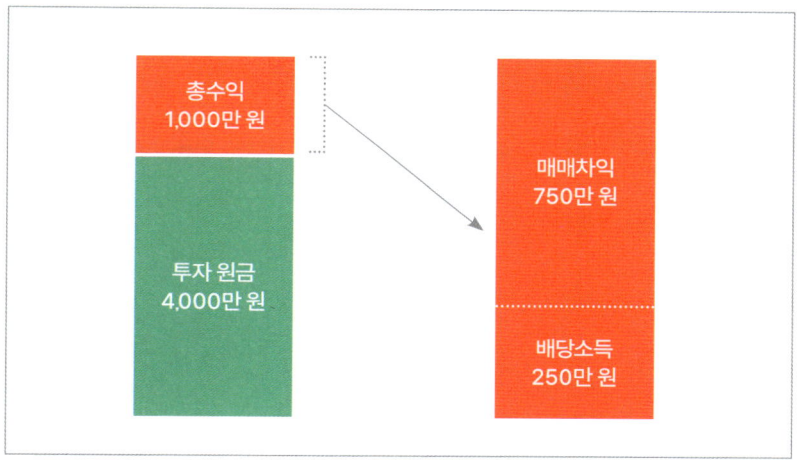

이제 다음 단계로 넘어가보죠. 그렇다면 1,000만 원의 수익은 어디서 비롯된 것일까요?

A씨는 투자 기간 동안 총 250만 원(원화 환산 기준)의 배당금을 받았다고 합니다(배당가계부에 기록된 배당금을 모두 더하면 됩니다). 그리고 입금된 배당금은 따로 인출해서 사용하지 않고, 전액 재투자했죠.

배당금을 따로 인출하지 않았으므로 1,000만 원의 수익금 안에는 250만 원의 배당수익이 포함되어 있겠네요. 250만 원을 제외한 나머지 750만 원은 매매로 인한 수익(환차익 포함)이라고 판단할 수 있을 것입니다.

내가 배당주 투자로 벌어들인 돈이 배당금으로 인한 수익인지, 아니면 매매로 인한 수익인지 굳이 나눠서 따질 필요는 없습니다. 순수익이 늘어나는 만큼 내 계좌 잔고가 불어나고 있다는 사실에 감사하면 그뿐이죠. 그럼에도 제가 앞의 그림과 같이 수익금의 출처(?)를 구분해본 이유는 지금부터 여러분께 배당주 투자에 따르는 '세금'에 대한 설명을 하기 위해서입니다.

배당소득세와 양도소득세

미국 건국의 아버지라고 불리는 벤저민 프랭클린은 "죽음과 세금은 피할 수 없다"라는 명언을 남겼습니다. 또한 세법을 공부하다 보면 "소득이 있는 곳에 세금이 있다"는 말도 자주 듣게 됩니다.

이 두 가지 명제를 종합해보면, '모든 소득에는 세금이 뒤따르는데, 이 세금이란 것은 죽음만큼이나 피할 수 없는 것이다' 정도로 정리할 수 있겠네요. 여기서 모든 소득이라고 했으니, 우리가 미국 배당주에 투자하면서 얻게 되는 '소득'도 예외는 아닐 것입니다.

Ⓢ 모든 소득에는 세금이 따른다

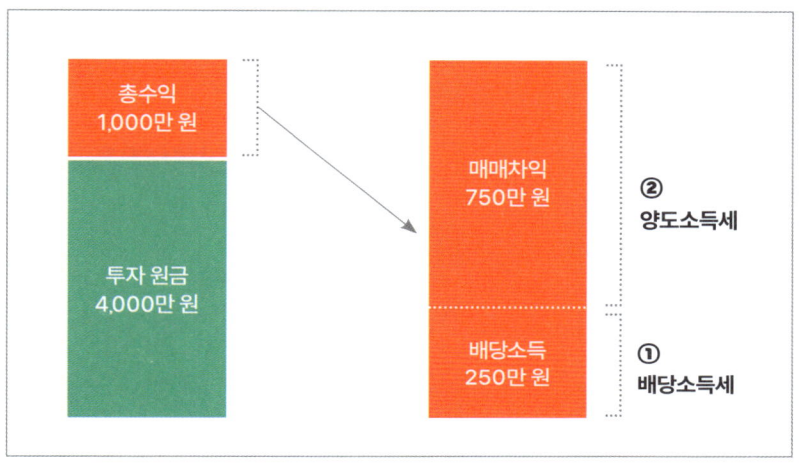

　미국 배당주 투자로 인한 세금은 크게 두 가지로 나눌 수 있습니다. 첫 번째인 배당소득세는 이전 장에서 이미 살펴본 바가 있어요. 기억나시나요? 배당금을 받을 때 증권사에서 15%의 배당소득세를 '알아서' 떼어간다고 했었죠. 그러니 여러분은 따로 신경을 쓰지 않아도 된다고 했습니다.

　이번 장에서 중점적으로 알아볼 것은 두 번째 세금인 양도소득세입니다. 주식 양도소득세는 주식 매매를 통해 발생한 소득, 즉, 매매차익에 대해 매기는 세금인데요. 정확히는 주식을 매도해서 이익이 생기면 부과되는 세금입니다.

　지금까지 국내 주식에만 투자하셨던 분들은 '주식 투자에도 양도소득세가 있어?'라고 의아해하실 수도 있어요. 그도 그럴 것이, 국내 주식 투자에서는 일반적인 투자자가 양도소득세를 낼 일이 거의 없거든요. 국내 주식 양도소득세는 여러분이 대주주이거나, 장외에서 거래했거나, 비상장주식을 거래하는 등 특정한 조건에서만 부과됩니다. 그러니까 국내 주식에 양도소득세가 없는 건 아니지만, 여러분이 내야 할 일은 없었을 테니 모르셨다고 해도 이상한 일이 아닙니다.

국내 주식 양도소득세와 다르게 해외 주식 양도소득세는 모든 투자자에게 적용이 됩니다. 말 그대로, 피할 수 없는 세금인 셈이죠. 더군다나 우리가 신경 쓸 필요가 없었던 배당소득세와는 다르게, 양도소득세는 관심을 가져야 할 필요가 있습니다. 양도소득세를 어떻게 관리하느냐에 따라 납부해야 할 세금이 달라질 수도 있기 때문이죠.

그렇다고 해서 너무 걱정하실 필요는 없어요. 내용이 그리 어렵지 않을뿐더러 1년에 한 번, 연말에만 살짝 관심을 가져주는 것으로 충분하거든요. 그럼 지금부터 해외 주식의 양도소득세에 대해 본격적으로 알아보도록 하겠습니다.

미국 주식 양도소득세 계산 방법

양도소득세는 주식을 매입한 금액과 매도한 금액의 차액, 즉, 양도차익에 대해서 매기는 세금입니다. 예를 들어, A씨가 테슬라 주식 2,000만 원어치를 매수했는데, 주가가 올라서 3,000만 원에 매도했다고 생각해보겠습니다. 2,000만 원에 샀는데 3,000만 원에 팔았으니, 1,000만 원을 벌었네요. 양도소득세는 이 1,000만 원의 양도차익에 대해 매기는 세금입니다.

양도소득세는 1년에 한 번, 연말에만 관심을 가지고 관리를 해주면 된다고 했습니다. 그 이유는 양도소득세는 1월 1일부터 12월 31일까지 1년 동안 매도한 종목의 양도차익을 모두 합산해 계산하기 때문입니다.

예를 들어 아래의 그림과 같이 2025년 3월에 테슬라 주식을 매도해서 1,000만 원의 양도차익이, 그리고 10월에는 엔비디아 주식을 매도해 250만 원의 양도차익이 발생했다고 가정해보죠(주식을 언제 매수했는지는 상관이 없습니다).

Ⓢ 양도차익 합산 예시

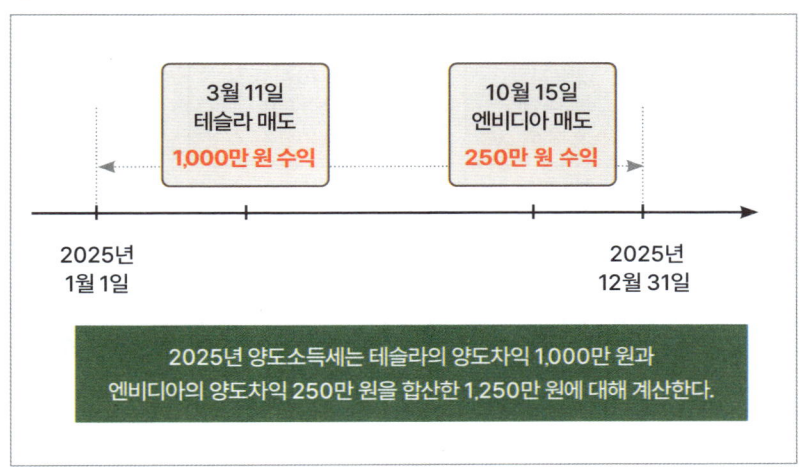

> 2025년 양도소득세는 테슬라의 양도차익 1,000만 원과 엔비디아의 양도차익 250만 원을 합산한 1,250만 원에 대해 계산한다.

이 경우 '2025년 양도소득세'는 기간 내에 발생한 '양도차익의 합계액'인 1,250만 원에 대해 계산하는 것입니다. 그리고 이때 계산된 양도소득세는 다음 해인 2026년 5월 중에 신고하고 납부하게 됩니다. 이것이 해외 주식 양도소득세 과세에 대한 기본적인 흐름이에요.

그렇다면 양도소득세는 얼마쯤 내야 할까요? 양도소득세를 계산하는 방법은 어렵지 않습니다. 이 두 가지만 기억하면 돼요. ① 양도소득 250만 원까지는 세금을 내지 않는다는 것과 ② 세율은 22%라는 것입니다. 한마디로, 양도소득세는 1년간 양도차익의 합계액에서 250만 원을 차감하고, 나머지 금액에 22%를 곱해주면, 그것이 바로 우리가 내야 할 세금입니다.

앞의 예에서 양도소득세는 다음의 순서대로 계산할 수 있겠네요.

ⓢ **양도소득세의 계산**

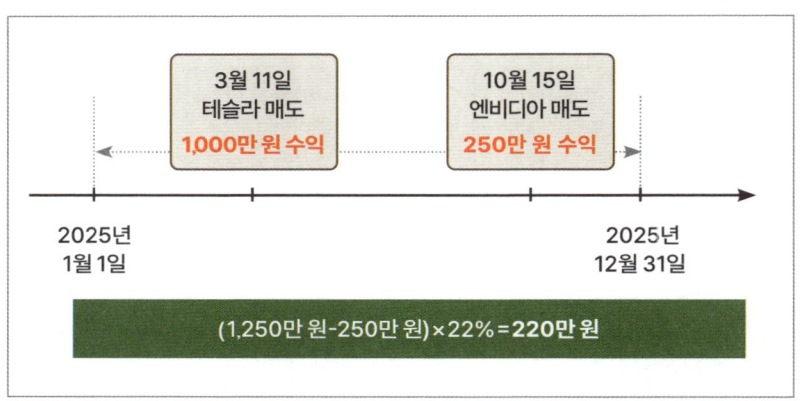

① 1년간 양도차익의 합계액은 1,250만 원

② 여기서 250만 원을 차감

③ 과세표준은 1,000만 원

④ 여기에 양도소득세율 22% 반영

⑤ 최종 양도소득세는 220만 원

이걸 한 줄의 수식으로 (1,250만 원 - 250만 원)×22% = 220만 원, 이렇게 정리할 수 있습니다. 쉽죠? 세금으로 내야 할 돈이 의외로 많다는 점을 제외하면, 양도소득세를 계산하는 것에는 문제가 전혀 없습니다.

양도소득세를 0원으로 만드는 기본 전략 1
손실상계

그나저나 1,250만 원의 이익 중에서 세금을 220만 원이나 물어야 한다니 아까운 마음이 드는 것은 어쩔 수 없습니다. 양도소득세를 줄일 수 있는 방법은 없을까요?

원천징수를 하기 때문에 따로 손 쓸 도리가 없는 배당소득세와는 달리, 양도소득세는 조금만 신경을 쓰면 그 금액을 줄일 수 있습니다. 경우에 따라서는 세금을 전혀 내지 않는 것도 가능해요. 여기에는 크게 두 가지 방법이 있는데, 그중 첫 번째 방법은 손실상계를 이용하는 방법입니다. 용어가 좀 어렵나요?

양도소득세는 세액을 산출하는 과정에 몇 가지의 특징이 있다고 했습니다. 1년 동안 매도한 종목들의 양도차익을 '합산'해 계산한다는 점이나 양도차익 합산액 250만 원까지는 세금을 내지 않아도 된다는 점이 기억나네요. 이때 1년간 합산하는 양도차익에는 이익을 본 금액뿐만 아니라 손실을 본 금액도 포함됩니다. 다시 말해, 손실이 나고 있는 종목을 매도해 양도차익 합산액을 250만 원 이하로 줄일 수 있다면, 여러분은 양도소득세를 내지 않아도 됩니다.

예를 들어 살펴보도록 하죠. 연말이 가까워진 12월의 어느 날, 여러분은 문득 해외 주식 양도소득세를 납부해야 할 일이 걱정되었습니다. 그래서 올해 매도한 주식들의 양도차익 합산 금액을 조회해보았어요. 참고로 양도차익 합산 금액은 증권사 HTS의 '해외 주식 양도소득세 조회' 메뉴를 통해서 손쉽게 조회할 수 있습니다.

조회해본 결과, 여러분의 양도차익 합산 금액은 다음의(311쪽) 그림과 같이 1,250만 원이었어요. 만약 올해 더 이상의 매도 종목이 없다면 220만 원의 양도소득세를 내야 하는 상황이죠.

여러분이 현재 보유하고 있는 종목으로는 AAA, BBB, CCC 세 종목이 있었는데, 그중 AAA의 평가손실이 1,000만 원 정도 되었습니다.

이때 여러분이 양도소득세를 줄이기 위해 할 수 있는 가장 간단한 방법은 AAA 주식을 12월 31일 이전에 매도하는 것입니다. 그럼 올해의 양도차익은 AAA 매도 손실 1,000만 원까지 합산되므로 총 250만 원이 되

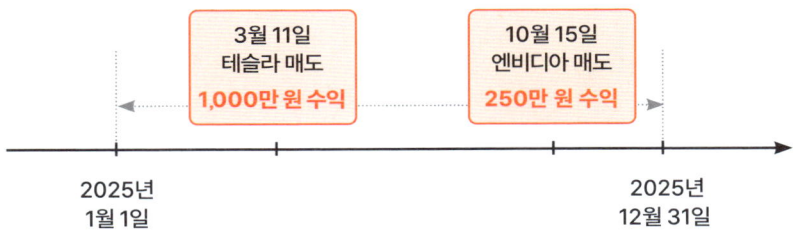

종목	매수 가격	현재 가격	현재 손익
AAA	100달러	85달러	**-1000만 원**
BBB	50달러	55달러	**+150만 원**
CCC	70달러	72달러	**+30만 원**

*현재 보유 종목

겠군요. 그리고 양도차익 250만 원까지는 비과세라고 했으니 여러분은 양도소득세를 낼 필요가 없어지게 됩니다. 빙고~! 이것이 바로 손실상계를 활용해 양도소득세를 줄이는 방법입니다.

하지만 신중한 배당주 투자자인 여러분은 이런 의문을 가질 수도 있습니다. '나는 배당을 받는 것이 목적이라 지금 당장 AAA 주식을 팔 생각이 전혀 없는데, 꼭 이 주식을 팔아야만 해?'

이 경우에는 '매도 후 재매수', 즉, 해당 종목을 매도해 손실을 확정시키고 난 이후에 바로 재매수하셔도 무방합니다(이와 관련해 여러분의 해외 주식 거래 계좌가 선입선출법인지 후입선출법인지 확인해야 합니다. 만약 선입선출법이라면 주식을 매도 후 당일에 바로 재매수를 해도 아무런 문제가 없습니다. 하지만 후입선출법 계좌라면 매도를 한 후 다음 날 매수해야 손실상계가 가능합니다. 참고로 우리나라 대부분의 증권사들은 양도소득세 계산 시 선입선출법 방식을 사용합니다).

양도소득세를 줄이기 위해 손실 종목을 매도한 후 바로 재매수를 했다면, 여러분의 계좌 상황은 아래의 그림과 같이 바뀌게 될 것입니다.

우선, 손실상계를 통해 양도차익을 250만 원까지 줄였으므로 여러분이 납부해야 할 양도소득세는 0원이 됩니다. 그 외에도 달라지는 점이

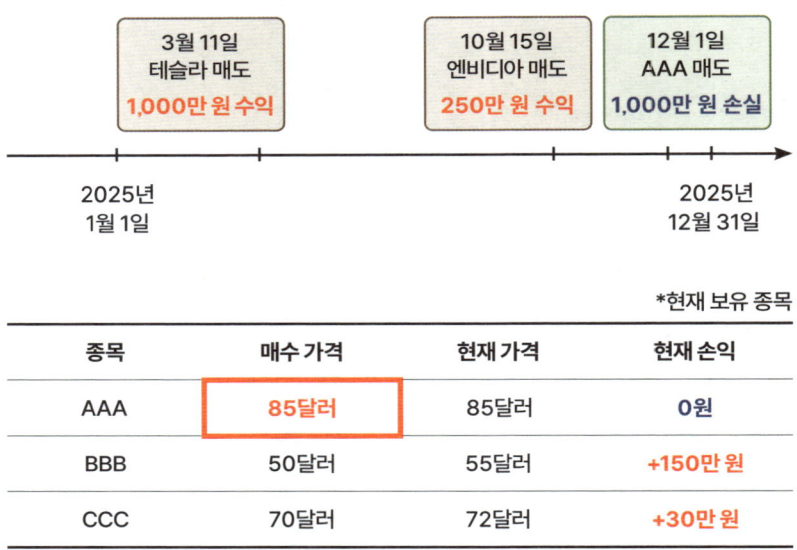

⑤ 해외주식 양도소득세 손실상계 예시 ②

| 3월 11일
테슬라 매도
1,000만 원 수익 | | 10월 15일
엔비디아 매도
250만 원 수익 | 12월 1일
AAA 매도
1,000만 원 손실 |

2025년 1월 1일 ————————————— 2025년 12월 31일

*현재 보유 종목

종목	매수 가격	현재 가격	현재 손익
AAA	85달러	85달러	0원
BBB	50달러	55달러	+150만 원
CCC	70달러	72달러	+30만 원

한 가지 있는데, 여러분은 혹시 찾으셨나요?

추가로 달라진 점은 바로 AAA의 매수 가격이 100달러에서 85달러로 낮아진다는 것입니다. 한마디로, '매도 후 재매수'는 양도소득세를 줄여주는 대신에 손실 종목의 매수 가격을 낮추는 결과를 불러오게 됩니다.

손실상계는 양도소득세를 줄이기 위한 가장 기본적인 방법입니다. 여러분이 미국 배당주에 투자하기 위해서 당연히 알고 있어야 할 기초적인 절세 방법이죠. 하지만 그렇다고 해서, 손실상계가 만능인 것은 아닙니다. 여기에는 한계점도 분명히 있거든요.

손실상계의 첫 번째 한계점은 보유 종목 가운데 손실이 나고 있는 종목이 없다면 사용할 수 없다는 것입니다. 당연한 얘기겠지요. AAA처럼 1,000만 원 손실을 기록 중인 종목이 없다면, 여러분은 양도소득세를 0원으로 만드는 작업을 할 수 없습니다.

두 번째 한계점은 장기적으로 봤을 때 효과가 없을 수도 있다는 점이에요. 지금 당장 양도소득세를 내지 않기 위한 '언 발에 오줌 누기'식 방법일 수 있다는 것이죠.

가령, 이전 예시에서 손실상계를 하기 위해 매도 후 재매수를 했던 AAA 종목의 가격 변동이 314쪽의 그림과 같다고 생각해보겠습니다. AAA의 주가는 처음 매수 시점에 100달러였는데, 손실상계를 하는 시점에 85달러까지 하락했다가, 최종 매도하는 시점에 다시 100달러까지 상승을 한 것이죠.

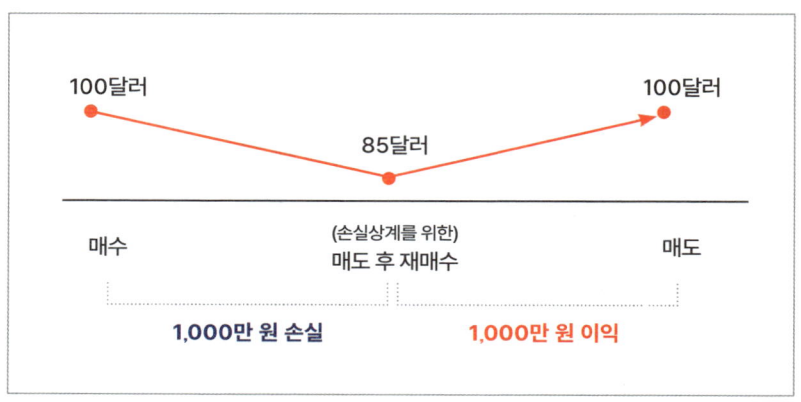

AAA 주식의 가격 변동과 손실상계의 장기적인 영향

100달러

100달러

85달러

매수

(손실상계를 위한)
매도 후 재매수

매도

1,000만 원 손실

1,000만 원 이익

만약, 중간에 손실상계를 하지 않았다면 우리는 AAA 주식을 100달러에 샀다가 100달러에 그대로 팔기 때문에 손익은 0원입니다. 투자기간 동안에 딱 배당수익만큼의 이익만 얻을 뿐이죠. 매매로 인한 손익이 없었으니, 매도하는 시점에 양도소득세 때문에 고민할 필요도 없습니다.

하지만, 손실상계를 위해서 매도 후 재매수를 한다면, 매입가는 100달러에서 85달러로 하락하게 됩니다. 이 상태에서 다시 100달러 가격으로 최종 매도를 한다면, 85달러에 사서 100달러에 파는 것이기 때문에 1,000만 원의 양도차익이 생깁니다. 지금 당장 양도소득세를 내지 않는 만큼, 미래의 양도소득세가 늘어나는 것이죠.

이런 이유 때문에 극단적으로 손실상계는 아무런 효과가 없다고 주장하는 사람들도 있습니다. 그리고 그들은 이 방법이 손실상계를 하는 과정에서 매매 비용만 늘릴 뿐이니 오히려 손해라고 말하기도 합니다.

손실상계의 마지막 한계점은 양도차익이 엄청나게 큰 경우에 사용하기 어렵다는 점입니다. 예를 들어, 양도차익이 1억 원 이상이라면, 그만큼의 금액을 한꺼번에 손실상계할 수 있는 종목을 보유하고 있지 않을 확률이 높겠지요. 이처럼 양도차익이 매우 큰 경우에는 손실상계를 효과적으로 활용하기 어렵습니다.

양도소득세를 0원으로 만드는 기본 전략 2

배우자 증여

그렇다면 손실상계 이외에 양도소득세를 줄일 수 있는 다른 방법은 없을까요? 양도소득세를 절세하는 두 번째 방법을 알려드리기 위해 몇 해 전에 친구와 나눴던 대화를 소개하고자 합니다.

제 친구 중 한 명은 몇 년 전에 미국 기술주에 투자해 큰 수익을 올렸습니다. 돈을 많이 벌어서 좋겠다며 제가 부러워하자, 친구는 엄살(?)을 부리며 말했습니다.

"돈을 벌어서 좋긴 한데, 세금 때문에 걱정이야. 나중에 매도할 때 양도소득세가 너무 많이 나오겠더라고. 그런데 양도차익 250만 원까지는 양도소득세를 낼 필요가 없다며? 당장 급하게 돈을 쓸 일도 없으니, 매년 연말마다 양도차익이 250만 원이 되도록 분할해서 이익 실현을 해볼까 생각 중이야."
이 얘기를 들은 저는 반쯤 농담으로 이렇게 대답했습니다.
"네가 절세를 하기 위해서 해야 할 일은 매년 얼마씩 주식을 매도할지 고민하는 것이 아니라 바로 결혼을 하는 거야!"

먼저, 친구가 하려고 했던 양도소득세 절세 방법에 대한 설명부터 해보겠습니다. 만약 A라는 미국 주식에 1억 원을 투자했는데, 주가가 두 배로 올라서 2억 원이 되었다고 생각해보죠. 이때의 양도차익은 1억 원입니다. 이 경우에 오늘 당장 보유 주식을 전량 매도한다면, 양도소득세는 얼마나 나올까요?

양도소득세를 계산하는 방법을 복습해보겠습니다. 양도소득세는 양도차익에서 250만 원을 공제한 금액에 22%를 곱해주면 된다고 했습니다. 양도차익이 1억 원일 때 양도소득세는 2,145만 원이 나오는군요 [(1억 원 - 250만 원)×22%]. 이제 양도소득세 계산하는 일 정도는 식은 죽 먹기입니다!

2,000만 원이 넘는 세금이 부담스러웠던 친구는 한 해에 양도차익 250만 원까지는 양도소득세가 면제된다는 점을 이용하려고 합니다. 주식을 한 번에 매도하지 않고, 여러 해에 나눠서 이익 실현을 하겠다는 것이지요. 돈이 급하게 필요하지 않은 친구로서는 나쁘지 않은 발상입니다. 하지만 이와 같은 방법으로 분할 매도를 했을 때도 문제가 있어요. 바로 시간이 너무 오래 걸린다는 것입니다.

$ 분할매도를 통한 양도소득세 줄이기

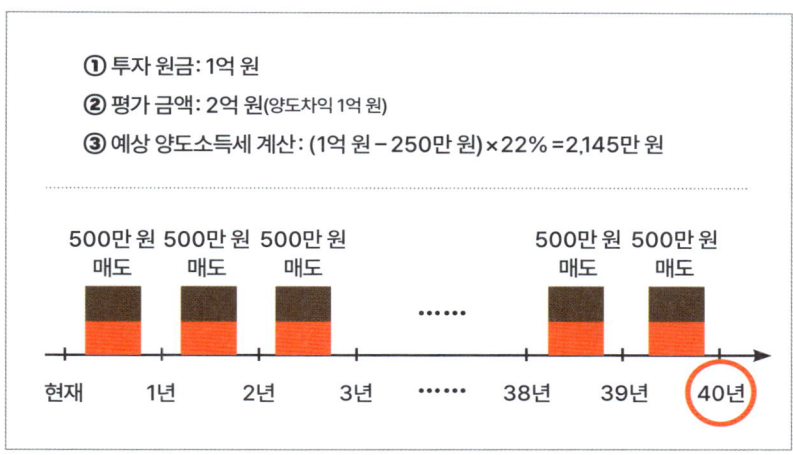

① 투자 원금: 1억 원

② 평가 금액: 2억 원(양도차익 1억 원)

③ 예상 양도소득세 계산: (1억 원 – 250만 원) × 22% = 2,145만 원

500만 원 500만 원 500만 원　　　　500만 원 500만 원
매도　　매도　　매도　　······　　매도　　매도

현재　1년　2년　3년　······　38년　39년　40년

1억 원의 이익을 한 해에 250만 원씩 나눠서 매도하려면 몇 년이나 걸릴까요? 주가나 환율이 움직이지 않고 계속 그대로라고 가정한다면, 무려 40년이나 걸립니다(1억 원 ÷ 250만 원). 양도소득세를 내지 않으려고 하다가 세월이 다 지나가겠네요.

분할 매도의 또 다른 단점은 양도소득세만 신경 쓰다가 매도 타이밍을 놓칠 수 있다는 것입니다. 주가는 시장의 상황에 따라 오르기도 하고, 떨어지기도 합니다. 매매에도 타이밍이 있는 것이죠. 향후에 주가가 떨어질 것으로 예상된다면, 지금 주가가 올랐을 때 주식을 파는 것이 올바른 선택입니다. 단지 양도소득세를 내지 않기 위해서 40년 동안이나 팔지도 못하고 있을 게 아니라 말이죠.

그렇다면 분할매도 말고, 양도소득세 문제를 한방에 해결할 수 있는 방법은 없을까요? 저는 왜 뜬금없이 친구에게 결혼이나 하라고 했을까요?

양도소득세를 줄이기 위한 절세 방법으로 배우자에게 증여하는 방법이 있습니다. 내가 보유하고 있는 주식을 ① 배우자에게 증여한 이후에, ② 배우자가 이 주식을 매도하는 방법입니다.

국내 세법상 배우자 간의 증여는 10년 합산 6억 원까지 비과세되므로, 증여세는 0원입니다.

이제 배우자가 주식을 매도할 차례입니다. 배우자의 취득가액은 증여받은 금액, 즉, 2억 원으로 산정이 됩니다. 그러니 2억 원에 매도한다고 해도 양도차익은 0원이고, 따라서 양도소득세도 0원이 되는 것이죠.

Ⓢ **배우자 증여를 통한 양도소득세 절세**

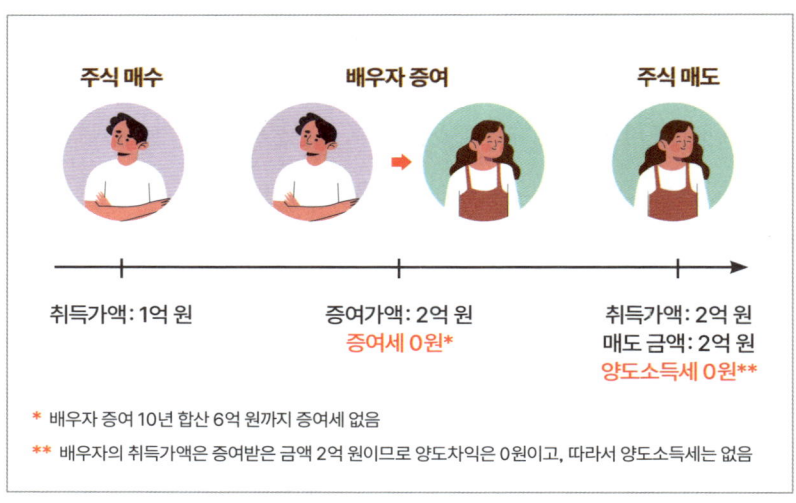

* 배우자 증여 10년 합산 6억 원까지 증여세 없음
** 배우자의 취득가액은 증여받은 금액 2억 원이므로 양도차익은 0원이고, 따라서 양도소득세는 없음

결과적으로 증여세 0원, 양도소득세 0원입니다.

이로써 양도소득세를 2,150만 원 내야 했던 것이 배우자 증여를 통해서 0원으로 바뀌었습니다. 그야말로 한방에 양도소득세를 해결할 수 있는 가장 완벽한 방법이라고 할 수 있겠네요.

그런데 배우자 증여를 활용하려고 해도 주의할 점이 한 가지 있긴 합니다. 2024년까지는 배우자 증여를 받은 이후에 곧바로 주식을 매도해도 양도소득세를 절세할 수 있었어요. 하지만 2025년부터는 세법이 개정되면서 배우자가 증여받고 나서 1년 이후에 주식을 매도해야 절세 효과를 챙길 수 있도록 바뀌었습니다. "증여를 통한 양도소득세 부담 회피 방지를 위해 이월과세 적용 대상 자산에 양도일 전 1년 이내 증여받은 주식을 추가"한다는 내용이 추가(소득세법 97조의2)되었기 때문인데요. 말이 복잡하죠?

쉽게 말해, 증여하고 1년 이내에 주식을 매도하면 양도소득세를 계산할 때 주식을 처음 산 금액을 취득가액으로 하겠다는 겁니다. 이 경우에는 양도소득세 절감 효과는 전혀 없게 되죠. 오히려 쓸데없이 증여함으로써 증여공제액 한도만 줄어들게 되니 손해라고 볼 수 있겠네요. 그러니 배우자 증여를 활용할 계획이라면 기간 체크를 신중히 해야겠습니다.

배우자 증여는 주식을 바로 매도하지 못하고 1년이나 기다려야 하는 방법이지만, 친구의 처음 계획대로라면 40년이나 걸릴 일을 1년 만에 해결하는 꼴이니 굉장히 효율적이라고도 할 수 있습니다. 비록 제 친구는 아직도 결혼을 하지 않아서 배우자 증여를 활용하진 못하지만요.

⑤ 증여 후 1년 이내에 주식을 매도하면

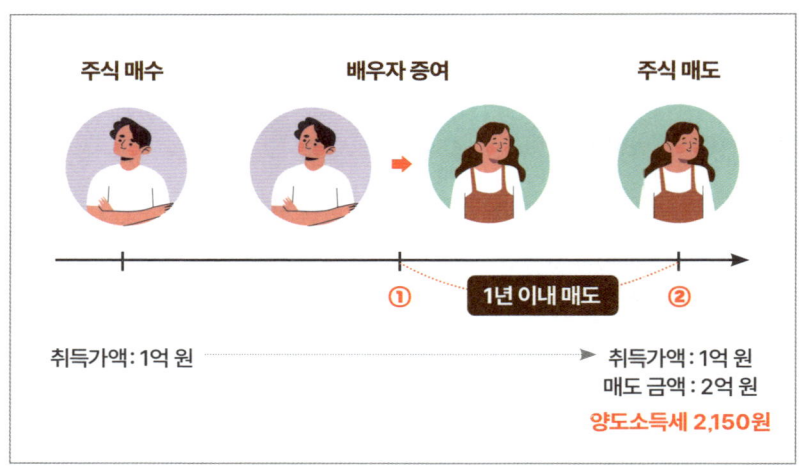

배당주 투자자의 양도소득세 관리

    지금까지 해외 주식 양도소득세를 줄이는 방법으로 '손실상계'와 '배우자 증여'를 알아보았습니다. 이와 관련된 주요 내용을 표로 정리해보았어요.

💲 손실상계와 배우자 증여의 장점과 단점

구분	손실상계	배우자 증여
활용 방법	손실 종목을 매도해, 양도차익 합계액을 250만 원 이하로 낮춘다.	배우자에게 주식을 증여한 후 주식을 매도해, 양도차익을 250만 원 이하로 낮춘다.
장점	누구나 활용이 쉬운 방법	이익이 매우 큰 수준이라도 한 번에 양도소득세를 처리할 수 있음
단점	① 포트폴리오에 마땅한 손실 종목이 없다면 실행 불가능 ② 매도 후 재매수는 장기적으로 절세효과가 없을 수 있음 ③ 이익이 매우 큰 수준이라면, 한 번에 양도소득세를 처리할 수 없음	① 증여 후 1년이 지나기 전에는 매도 불가 ② 미혼인 투자자는 활용 불가

이제 미국 배당주 투자 이야기로 다시 돌아오겠습니다. 배당주 투자는 시세차익보다는 배당금을 받는 것을 목적으로 하기 때문에 양도소득세가 투자에 미치는 영향이 상대적으로 적은 편입니다. 또한 우리는 분산 투자를 하기 때문에 기술성장주에 투자하는 것처럼 한 종목에 큰 매매차익이 생기는 일도 좀처럼 발생하지 않지요.

게다가 우리는 매월 자본금을 늘려나가는 적립식 투자를 할 예정이기 때문에 투자액이 크지 않은 초창기에는 양도소득세를 신경 쓸 일이 거의 없습니다. 초기의 적은 투자 금액으로 1년에 250만 원 이상의 매매차익을 올리는 건 쉬운 일이 아니거든요.

하지만 미국 배당주 투자자들에게도 시간이 흘러 자본금이 쌓이기 시작하면 양도소득세를 신경 써야 할 시기가 찾아옵니다. 포트폴리오에서 주가가 올라 배당수익률이 떨어진 종목들을 매도하고, 배당수익률이 높은 종목으로 교체하는 작업을 계속 해나가다 보면, 뜻하지 않게도 양도차익이 250만 원을 넘기는 순간이 오고야 마는 것이죠. 저 역시도 미국 배당주 투자를 시작하고 4년차에 접어들었을 때쯤, 처음으로 양도소득세를 신경 써야 할 수준이 되었습니다.

그렇다면 미국 배당주 투자자로서 우리는 양도소득세를 어떻게 관리해야 할까요?

배우자 증여는 훌륭한 절세 방법이긴 하지만 배당주 투자에는 다소 어울리지 않습니다. 우선, 배당주 투자에서는 배우자 증여를 활용해야 할 정도로 양도차익이 많이 발생하지 않아요. 배우자 증여는 10년에 6억 원이라는 증여 한도가 딱 정해져 있는 만큼 양도차익이 아주 큰 경우에만 한정적으로 활용하는 것이 좋습니다. 하지만 배당주들은 주가 변동이 상대적으로 크지 않기 때문에 배우자 증여를 써야 할 정도로 큰 폭의 주가 상승이 일어나는 경우는 거의 없죠.

증여하고 난 이후에 1년 동안 매도할 수 없다는 점도 미국 배당주 투자에는 매우 불리한 점입니다. 배당금을 계속 늘려나가기 위해서는 주가가 올라서 배당수익률이 낮아진 종목을 매도하고, 배당수익률이 높은 종목을 새로 매수해야 합니다. 하지만 배우자 증여를 하면 1년 동안 매도할 수 없어요. 그동안에 배당금을 늘릴 수 있는 무수히 많은 기회를 놓치게 될 수도 있습니다.

양도소득세를 줄이기 위한 방법으로 손실상계는 제한적으로 활용할 수 있을 듯합니다. 여기서 제한적으로 활용한다는 말은 보유 종목 중에 마이너스를 기록하고 있는 종목이 있다고 해서 무조건 매도하지는 않겠다는 뜻입니다.

앞서 설명했듯이 미국 배당주 투자를 할 때, 주식을 매도하는 이유는 딱 두 가지만 존재합니다. 첫 번째, 주가가 올라서 배당수익률이 낮아졌을 때와 두 번째, 배당컷이 발생했거나 발생할 가능성이 있는 때입니다.

배당컷 가능성이 없어서 주가가 오를 때까지는 절대로 팔지 않을 주식이 현재 손실을 기록하고 있다고 생각해보죠. 이런 주식을 손실상계에 이용하는 것이 과연 의미가 있을까요? 손실상계를 위해 매도 후 자매수를 한다면 매수 단가가 낮아진다고 했죠. 그 결과, 나중에 진짜로 마도해야 할 타이밍이 왔을 때는 더 큰 양도차익이 발생하게 됩니다. 지금 당장은 양도소득세를 줄일 수 있지만 나중에는 양도소득세를 더 많이 내야 할 요인이 된다는 뜻이죠. 미래의 부채를 당겨와서 지금의 빚을 갚는 모양새입니다. 다시 한 번 말하지만, 언 발에 오줌 누기죠.

이런 이유로 손실상계에 활용할 종목은 배당컷이 발생했거나 발생할 가능성이 있는 주식으로 한정하는 것이 좋겠습니다. 배당을 인상해야 할 타이밍에 인상하지 못했다거나, 몇 분기 연속으로 배당 성향이 100%를 넘긴 종목이 현재 손실을 기록하고 있다면 손실상계에 이용할 수도 있다는 뜻입니다.

이들 종목은 상황이 더 안 좋아지면 가격이 더 떨어질 수도 있을뿐더러, 끝내 배당컷이 발생한다면 손실을 감수하더라도 매도해야 하므로,

지금 당장 매수 단가가 낮춘다 해도 미래의 양도차익에는 영향이 없기 때문입니다.

이처럼 배우자 증여를 활용할 수 없고, 손실상계도 제한적으로만 써야 하는 미국 배당주 투자자 입장에서 양도소득세를 완전히 0으로 만들기란 쉬운 일이 아닙니다. 저 또한 어떻게 하면 양도소득세 부담을 최소화할 수 있을지 고민을 거듭해본 결과, 다음과 같은 결론을 내리게 되었습니다.

"최대한 줄일 수 있는 만큼 줄여보되, 그래도 어쩌지 못한 양도소득세만큼은 쿨하게 내버리자!"

그나마 다행인 것은 양도소득세가 이익이 난 부분에 대해서 내는 세금이라는 점입니다. 긍정적으로 생각해보면, 이익이 났다는 건 어쨌든 좋은 일이잖아요! 손실이 나서 돈을 잃는 것보다는 이익이 나서 그중 일부를 세금으로 내는 게 훨씬 좋은 일 아니겠어요?

양도소득세를 내야 한다는 사실을 인정하고 받아들이면 투자에 한층 여유가 생깁니다. 그야말로 저희가 추구하는 '마음 편한 배당주 투자'에 한발 다가가게 되는 것이죠.

하지만 '어차피 내야 할 세금'이라고 해서 최소한의 준비조차 하지 않으면 양도소득세 때문에 곤란한 일이 발생할 수도 있습니다. 양도소득세를 내야 하는 시기(다음 해 5월)에 현금이 부족하면 보유하고 있는 주식을 팔아야 할 수도 있거든요. 주식을 팔게 되면 그만큼 배당금도 줄어들게 될 텐데, 배당금이 줄어드는 것이야말로 우리가 가장 피하고 싶어 하는 일이죠.

이런 일을 미연에 방지하기 위해 양도소득세에 대한 최소한의 대비 정도는 해두는 것이 좋습니다. 양도소득세를 낼 돈을 미리 준비해두는 것이죠.

양도소득세를 준비하는 방법에 정답이 있는 건 아닙니다. 저는 이익이 난 종목을 매도할 때, 이익의 20% 정도는 양도소득세를 내기 위한 자금으로 따로 빼두는 편입니다. 양도소득세용 계좌를 따로 만들어서 말이죠.

⑤ 증여 후 1년 이내에 주식을 매도하면

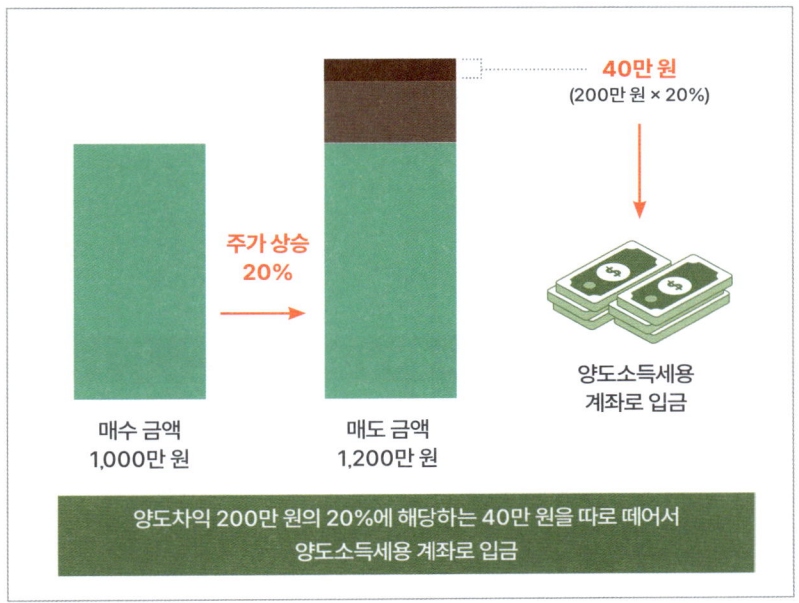

양도차익 200만 원의 20%에 해당하는 40만 원을 따로 떼어서
양도소득세용 계좌로 입금

양도소득세는 ① 250만 원의 공제액이 있고, ② 세율이 22%이기 때문에, 매매차익의 20% 정도만 따로 모아도 세금을 내기에는 충분하더라고요.

예를 들어 A라는 종목에 1,000만 원을 투자했는데, 주가가 올라서 1,200만 원에 매도했다고 해보겠습니다. 양도차익은 200만 원입니다. 이때, 저는 양도차익 200만 원의 20%에 해당하는 40만 원은 따로 떼어내서 양도소득세용 계좌에 입금합니다. 그리고 나머지 1,160만 원은 다른 종목에 재투자하겠지요.

이런 방식으로 적립한 돈은 다음 해 5월에 양도소득세를 납부할 때 사용하면 됩니다. 미리 준비해둔 만큼, 양도소득세를 낼 때 현금이 없어서 주식을 팔아야 하는 참사만큼은 피할 수 있어요. 또한 예상보다 양도소득세가 낮아서 양도소득세용 계좌에 돈이 남는다면 추후에 이를 다시 투자에 활용할 수도 있을 것입니다.

마지막으로 이번 장의 내용을 정리해보겠습니다.

기억해야 할 내용

- 미국 주식 양도소득세 계산식은 '(양도차익 − 250만 원)×22%'이다.
- 양도소득세를 줄이는 기본 전략으로 '손실상계'와 '배우자 증여'가 있다.
- 어차피 내야 할 양도소득세라면, 따로 계좌를 만들어 대비하자.

월급이 평생 오르는 미국 배당주에 투자하라

스텝 5

세금 이해하기
TAX

금융소득종합과세와
건강보험료를 검토하라

이번 장에서는 여러분이 미국 배당주에 투자하게 되면 미래에 겪게될 세금 관련 이슈들에 대해 알아보겠습니다. 세금 문제는 다소 어렵고 복잡하긴 하지만, 미리 알아둔다면 여러분의 현명한 투자에 분명 도움이 되리라고 생각해요. 더불어 이번 장에 나오는 내용들을 토대로 여러분 스스로 배당금 목표 금액을 미리 정해보는 것도 나름 의미 있는 작업이 될 것입니다. 지금부터 차근차근 시작해보도록 하죠.

사실 투자 초반에는 세금 걱정을 할 필요가 별로 없습니다. 미국 배당주 투자자로서 우리가 내야 할 세금은 배당소득세(배당금의 15% 잊지않으셨죠?)가 전부인데요. 이마저도 증권사에서 알아서 떼어가니 우리가 신경을 쓸 일은 없어요.

그러다가 투자 금액이 커지면, 양도소득세가 조금씩 신경 쓰이기 시작합니다. 1년간 양도차익이 250만 원을 초과하면, 그 초과하는 금액의 22%를 세금으로 내야 하는 그 양도소득세 말이죠. 사람마다 편차는 있

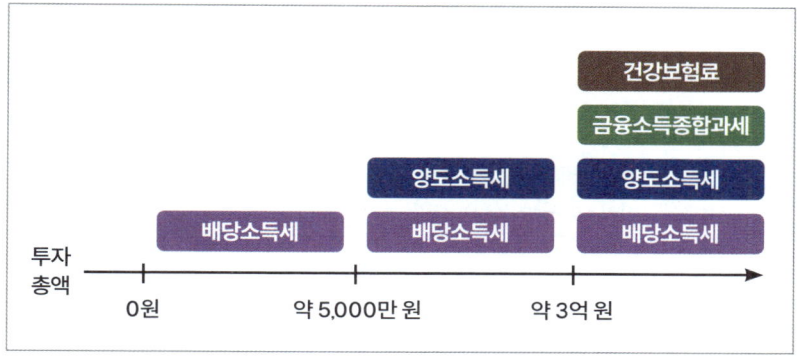

겠지만, 투자 금액이 대략 5,000만 원을 넘기 시작할 즈음부터 양도소득세가 눈에 들어올 거예요. 제 경우에는 미국 배당주 투자로 양도차익을 1년에 250만 원 이상 내기 시작한 것이 딱 그즈음이거든요.

이 시기에 여러분은 양도소득세를 납부하기 위해 시세차익의 일부를 따로 모아두기도 하고, 세금을 줄이기 위해 연말에 손실상계를 시도해보기도 하겠지요. 지난 장에서 자세히 다뤘으니 추가로 덧붙이지는 않겠습니다.

여기서 투자 금액이 더 늘어나서 1년 동안 받게 되는 배당금이 2,000만 원을 넘어가게 되면, 여러분은 ① 금융소득종합과세와(엄밀히 말하면 세금은 아니지만) ② 건강보험료도 추가로 신경을 써야 합니다. 금융소득종합과세와 건강보험료라니, 제목만 들어도 벌써부터 머리가 복잡해지는 기분이군요.

금융소득종합과세란?

우선 금융소득종합과세부터 알아보죠. 일단 아래의 문장을 머릿속에 입력하고 시작하겠습니다.

"**금융소득**(이자, 배당)이 **2,000만 원**을 초과하면 금융소득종합과세 대상이다."

우리는 지금까지 배당을 받을 때 내는 세금으로 배당소득세 15%만을 얘기했습니다. 그런데 위의 문장에 따르면, 우리가 배당을 더 많이 받게 되면 배당소득세 이외에 세금을 더 내야 할 수도 있다고 하네요. 그리고 그 기준은 (꼭 기억하세요!) 2,000만 원입니다.

이 얘기를 들은 우리는 고민하게 됩니다. '세금을 더 내긴 싫은데, 배당금을 2,000만 원 이상 받으면 안 되는 건가?' '생활비로 활용하기에 1년에 2,000만 원(1개월에 약 166만 원)은 조금 부족한 것 같은데.' '2,000만 원을 넘으면 도대체 무슨 일이 생기는 거지?'

일단 이 얘기부터 해보도록 하죠. 배당금으로 1년에 2,000만 원을 넘게 받으면 무슨 일이 벌어질까요?

금융소득에는 이자소득과 배당소득이 있습니다. 그리고 이자소득과 배당소득을 합한 금액이 연 2,000만 원을 초과하는 경우에 그 '초과한 금액'을 다른 소득(근로소득, 사업소득, 연금소득, 기타소득)들과 합산해 종합소득세를 납부해야 합니다. 이것이 바로 금융소득종합과세의 뜻입니다. 얘기가 조금 복잡한가요?

예를 들어 설명해보겠습니다. 직장인 A씨는 회사에서 받는 근로소득이 5,000만 원이라고 합니다. A씨는 미국 배당주 투자도 열심히 해서 배당금도 1년에 3,000만 원이나 받았어요. 이 경우 A씨의 금융소득종합과세는 어떤 방식으로 계산이 될까요?

우선 배당소득이 2,000만 원을 초과했으므로, 우리가 암기한 대로 A씨가 금융소득종합과세 대상이라는 점은 쉽게 이해할 수 있습니다. 그렇다면 배당금 3,000만 원 전체가 금융소득종합과세 대상일까요? 아닙니다. 금융소득종합과세는 2,000만 원을 초과한 금액에 대해서만 다

$ **A씨의 금융소득종합과세 예시 ①**

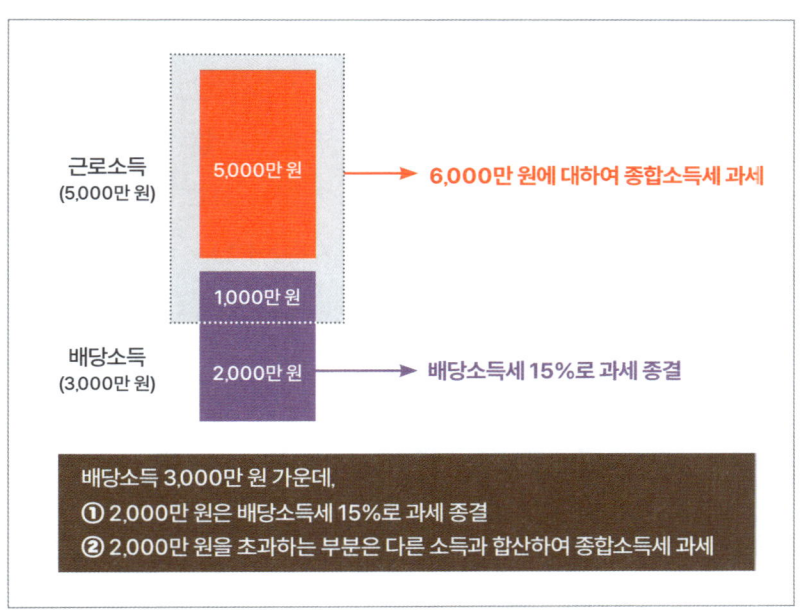

른 소득과 합산해 종합소득세를 과세한다고 했습니다. 즉, 배당소득 3,000만 원 가운데 ① 2,000만 원은 배당소득세 15%를 내는 것으로 끝나고, ② 2,000만 원을 초과하는 부분(1,000만 원)은 다른 소득과 합산해 종합소득세를 내는 구조입니다.

결국 앞의 그림에서처럼 근로소득 5,000만 원과 배당소득 1,000만 원을 합한 6,000만 원은 종합소득세 과세를 하게 됩니다.

세금을 내는 구조는 파악이 되었지만, 여러분에게는 아직 완전히 해소되지 않은 의문이 남아 있습니다. '배당금을 3,000만 원 받으면 그중에 1,000만 원은 종합소득세를 내야한다는 건 이해했어. 그래서 세금을 얼마나 더 내야 한다는 건데?'

금융소득종합과세는 배당소득세(15%)나 해외 주식 양도소득세(22%)처럼 딱 한 가지 세율이 적용되어 계산되는 것이 아닙니다. 종합소득 과세표준이 얼마인지에 따라 세율이 다르게 적용되죠.

335쪽의 표는 종합소득세율표입니다. 이 표를 보면, 과세표준에 따라 종합소득세율이 어떻게 달라지는지 알 수 있어요. 표에 따르면, 과세표준이 1,400만 원 이하일 때 종합소득세율은 6%입니다. 1,400만 원 초과 5,000만 원 이하라면 15%의 세율을 적용하고요, 5,000만 원 초과 8,800만 원 이하라면 24%의 세율로 종합소득세를 계산합니다. 이런 방식으로 소득 금액에 따라 세율이 차등으로 적용되는 것이지요.

A씨의 사례로 돌아가 볼까요? A씨의 종합소득 금액은 근로소득 금액 5,000만 원과 배당소득 1,000만 원을 더해 총 6,000만 원입니다. 과

과세표준	세율	누진공제액	계산식
1,400만 원 이하	6%	-	과세표준 × 6%
1,400만~5,000만 원	15%	1,260,000원	과세표준 × 15% - 1,260,000원
5,000만~8,000만 원	24%	5,760,000원	과세표준 × 24% - 5,760,000원
8,800만~1억 5,000만 원	35%	15,440,000원	과세표준 × 35% - 15,440,000원
1억 5,000만~3억 원	38%	19,940,000원	과세표준 × 38% - 19,940,000원
3억~5억 원	40%	25,940,000원	과세표준 × 40% - 25,940,000원
5억~10억 원	42%	35,940,000원	과세표준 × 42% - 35,940,000원
10억 원 초과	45%	65,940,000원	과세표준 × 45% - 65,940,000원

세표준이 5,000만 원과 8,800만 원 사이에 해당하므로 24%의 세율이 적용되겠군요. 쉽게 말해, 배당금 1,000만 원에 대해 24%의 세금이 매겨진다는 뜻입니다. 그런데 24%의 세금 가운데 15%는 배당소득세로 이미 납부했으므로(기납부세액), 나머지 9%의 세금만 추가로 낸다고 생각하시면 되겠습니다.

정리해보면, A씨의 배당소득 3,000만 원 가운데 2,000만 원은 배당소득세 15%를 납부하는 것으로 과세가 종결됩니다. 2,000만 원을 초과한 1,000만 원에 대해서는 종합소득세율 24% 구간에 해당하지요. 하지만 그중에 15%는 배당소득세로 이미 납부한 상태입니다. 그러므로 추가로 납부해야 할 세금은 1,000만 원의 9%에 해당하는 90만 원이 됩니

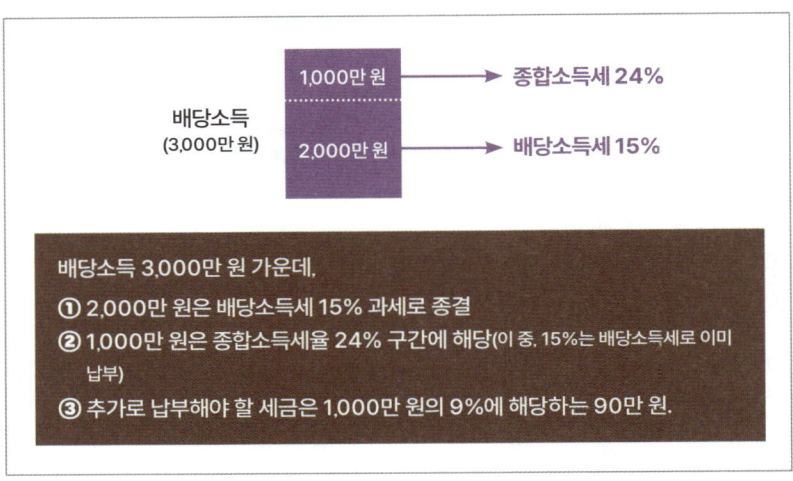

배당소득
(3,000만 원)

1,000만 원 ➡ 종합소득세 24%

2,000만 원 ➡ 배당소득세 15%

배당소득 3,000만 원 가운데,

① 2,000만 원은 배당소득세 15% 과세로 종결

② 1,000만 원은 종합소득세율 24% 구간에 해당(이 중, 15%는 배당소득세로 이미 납부)

③ 추가로 납부해야 할 세금은 1,000만 원의 9%에 해당하는 90만 원.

다(엄밀히 말하자면, 여기에 덧붙여 종합소득세의 10%인 9만 원을 지방소득세로 납부해야 하는데, 간단한 계산을 위해 지금은 지방소득세를 감안하지 않도록 하겠습니다).

만약 A씨가 금융소득종합과세 대상이 되지 않았다면, 세금은 배당소득세 15%를 내는 것으로 끝났을 것입니다. 하지만 A씨는 배당금 2,000만 원을 초과해 금융소득종합과세 대상이 되었고, 이로 인해 90만 원의 세금을 추가로 납부하게 되었네요.

그렇다면 금융소득종합과세 대상이 되는 것은 무조건 나쁠까요? 아니죠! 다른 소득 금액이 얼마인지에 따라 결과는 달라집니다. 만약 배당금 이외의 소득이 많지 않다면, 그래서 과세표준이 5,000만 원 이하라면 금융소득종합과세 대상이 되더라도 아무런 영향이 없습니다. 종합소득세율 구간이 15%라면 배당소득세율과 같으므로 추가로 납부할 세금은 없을 테니까요.

반대로 다른 소득 금액이 높으면, 가급적 금융소득종합과세 대상이 되지 않도록 피하는 것이 좋습니다. 예를 들어, A씨의 근로소득이 10억 원을 초과한다고 생각해보죠. 이 경우에는 세율이 45%입니다. 이미 낸 배당소득세 15%를 차감하더라도 30%나 되는 세금을 추가로 내야만 합니다. 이렇게 많은 세금을 내면서까지 굳이 배당주 투자를 고집할 필요는 없겠죠. 그러니 다른 소득이 매우 많은 분들은 연간 금융소득이 2,000만 원을 넘지 않도록 관리해주는 것이 좋겠습니다.

배당소득만 있을 경우의 금융소득종합과세

우리가 미국 배당주에 투자에 관심을 가지는 이유는 단순합니다. 배당금만으로도 금전적인 걱정 없이 여유 있는 생활을 하기 위한 것이죠. 회사에서 퇴직하거나 사업에서 은퇴하고 난 이후에도 말입니다.

그렇다면 우리가 은퇴한 이후에 다른 소득은 없고, 배당금만이 유일한 소득일 때, 금융소득종합과세는 어떻게 적용될까요?

우선, 금융소득 2,000만 원을 초과하면 금융소득종합과세 대상이 된다는 대전제에는 변함이 없습니다. 문제는 우리가 금융소득종합과세 대상이 되었을 때 과연 얼마의 세금을 더 내야 하느냐는 것이겠죠. 이 문제를 아래의 예시와 함께 풀어보겠습니다.

은퇴 생활자 B씨는 미국 배당주 자산을 꾸준히 늘린 결과, 1년에 무려 8,000만 원의 배당금을 받게 되었다. 배당금 이외에 다른 소득이 전혀 없다고 했을 때, B씨는 얼마의 종합소득세를 '추가'로 내야 할까?

문제를 푸는 과정을 순서대로 차근차근 짚어보겠습니다.

① 배당금이 2,000만 원을 초과하므로 B씨는 금융소득종합과세 대상입니다. 즉, 2,000만 원을 초과한 6,000만 원에 대해서 종합소득세를 내야 합니다.

② 2,000만 원은 배당소득세 15%로 과세가 종결되었습니다. 또한, 종합소득세 대상인 6,000만 원도 배당금을 받을 당시에 이미 배당소득

ⓢ B씨의 금융소득종합과세 예시(배당금 이외에 다른 소득이 없을 때)

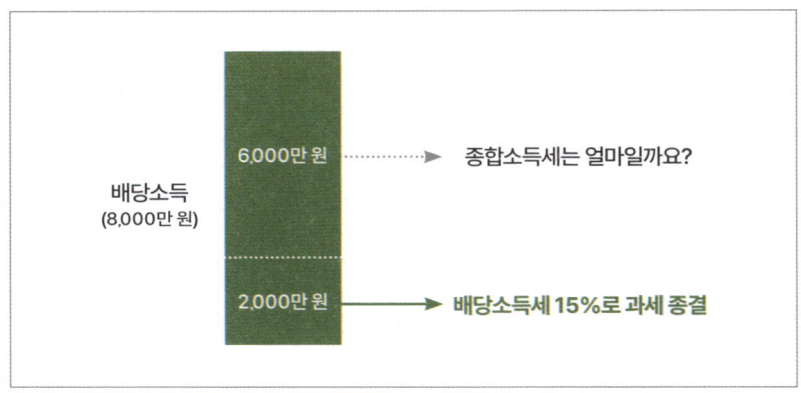

세 15%에 해당하는 900만 원을 납부한 상태입니다.

③ 이제 6,000만 원에 대한 종합소득세를 계산해보겠습니다. 앞서 종합소득세율표에 따르면 5,000만~8,800만 원은 24% 세율 구간에 해당합니다. 종합소득세율표의 계산식에 6,000만 원을 대입해보면, 6,000만 원×24% − 576만 원(누진공제액) = 864만 원이 나옵니다.

④ 여기서 주의할 점이 있습니다. 6,000만 원에 대해서 배당소득세 15%에 해당하는 900만 원을 이미 떼어갔다는 점이죠. 내야 할 세금은 864만 원인데, 이미 낸 세금이 900만 원이니까 추가 세금은 없겠네요.

이와 같이 배당소득세로 원천징수한 금액이 종합소득세 금액보다 크거나 같을 경우에는 추가로 납부할 세금이 없습니다. 반면에 원천징수한 금액이 종합소득세 금액보다 적을 경우에는 그 차액만큼을 종합소득세로 납부해야 합니다.

결론 ①

1년 동안 배당금 8,000만 원을 받은 B씨는 종합소득세로 추가로 내야 할 금액이 없다.

그런데 이상한 일입니다. 아까 첫 번째 예시에서 직장인 A씨는 배당금이 겨우 3,000만 원이었음에도 금융소득종합과세로 90만 원의 세금을 더 내야 하지 않았나요. 하지만 은퇴 생활자 B씨는 배당금을 8,000만 원이나 받았음에도 불구하고 추가로 내야 할 세금이 없네요?

그러고 보니 이상한 일은 또 있습니다. 종합소득세율표에 따르면, 6,000만 원은 24%의 세율이 적용되는 구간인데, 어떻게 배당소득세 15%보다 세금이 적게 나왔을까요?

이를 설명하기 위해서는 종합소득세를 계산하는 방식인 누진세율의 구조를 이해할 필요가 있습니다. 이미 얘기한 것처럼, B씨의 과세표준 6,000만 원은 종합소득세율표 상 24% 세율 구간에 해당합니다. 하지만 24% 세율 구간에 해당한다고 해서 6,000만 원 전체에 대해 24%의 세금을 매기겠다는 뜻은 아닙니다. 세율 구간에 따라 각각 다른 세율이 적용되는 것이지요. 즉, 6,000만 원 가운데,

① 1,400만 원에 대해서는 6%의 종합소득세율이 적용됩니다. '1,400만 원×6%'를 계산하면 84만 원이 나오는군요.

② 1,400만 원 초과 5,000만 원 이하에 해당하는 금액인 3,600만 원에 대해서는 15%의 종합소득세율이 적용됩니다. '3,600만 원×15%'를 계산하면 540만 원이 나오죠.

③ 5,000만 원을 초과하는 금액인 1,000만 원에 대해서는 24%의 세율이 적용됩니다. 마찬가지로 '1,000만 원×24%'를 계산하면 240만 원이 나옵니다.

④ 각 구간의 금액을 모두 더하면 종합소득세는 총 864만 원(84만 원+540만 원+240만 원)이 나옵니다.

이처럼 누진세 구조의 세금을 계산하는 건 조금 복잡합니다. 일단은 6,000만 원 전체에 대해서 24%의 세금을 매기지 않는다는 점만 확실히

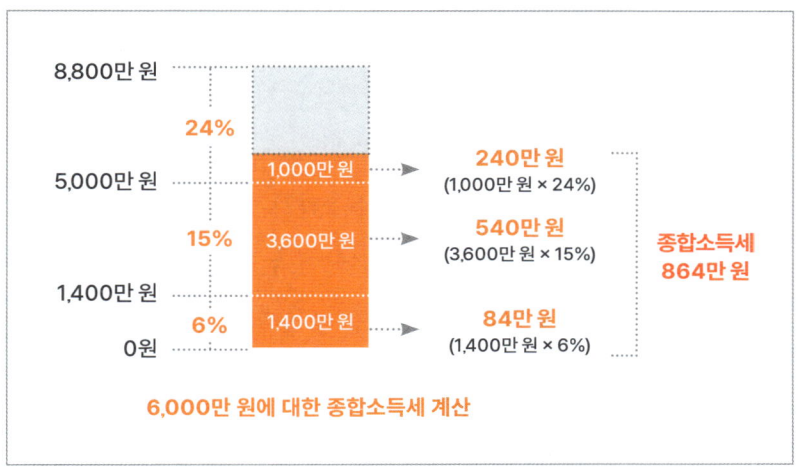

종합소득세의 누진세 구조

8,800만 원

24%

5,000만 원 | 1,000만 원 → 240만 원 (1,000만 원 × 24%)

15% | 3,600만 원 → 540만 원 (3,600만 원 × 15%) | 종합소득세 864만 원

1,400만 원

6% | 1,400만 원 → 84만 원 (1,400만 원 × 6%)

0원

6,000만 원에 대한 종합소득세 계산

기억해두도록 하죠.

그나저나 864만 원이라는 숫자가 꽤 낯익지 않나요? 아까 '6,000만 원×24% − 576만 원(누진공제액)'의 식으로 계산했을 때에도 864만 원이라는 결과가 나왔지요. 이는 너무나 당연한 일입니다. 일반적으로 종합소득세를 구할 때는, 계산을 간단하기 하기 위해서 과세표준에 세율을 곱한 값에 누진공제액을 차감하는 방식으로 계산하거든요. 그러니 우리는 위의 그림처럼 각 구간의 세금을 따로 계산해서 더하지 않아도 종합소득세율표에 나오는 누진공제액을 차감하는 방법으로 간단하게 종합소득세를 구할 수 있습니다.

계산에 능숙하고, 논리적인 사고를 하는 여러분은 이런 반론을 제기할 수도 있겠습니다. "아까 직장인 A씨의 사례에서는 배당소득 1,000만 원에 대해서 24%를 적용한다며? 그래서 9%의 세금을 추가로 내야 한 다지 않았어? 말이 앞뒤가 맞지 않는 것 같은데?" 굳이 이처럼 복잡하게 따지지 않더라도, A씨는 배당소득이 겨우 3,000만 원인데 90만 원의 세금을 추가로 더 내야하고, B씨는 배당소득이 8,000만 원이나 되는데 추가로 낼 세금이 없다는 사실이 공평하지 않은 것처럼 느껴질 수도 있습니다. 하지만 계산에는 오류가 전혀 없어요. 직장인 A씨의 금융소득종합과세에 대해 아래의 그림을 주목해보죠.

Ⓢ **회사원 A씨의 금융소득종합과세**

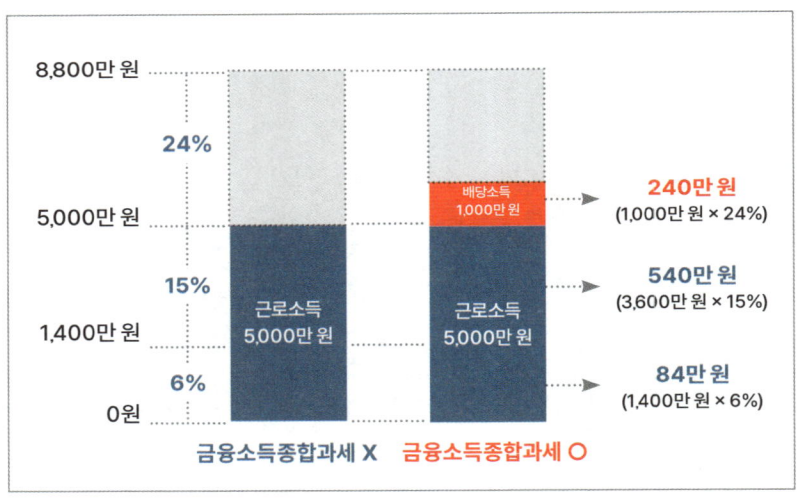

만약 A씨의 배당소득이 2,000만 원을 넘지 않아서 금융소득종합과세를 하지 않았다면, A씨가 내야 할 소득세는 근로소득 5,000만 원에 대해만 계산될 것입니다. 과세표준 5,000만 원 미만은 세율 구간이 15%이

므로 624만 원(5,000만 원×15%-126만 원)이 나오겠네요. 게다가 직장인은 연말정산으로 소득세 납부가 끝나기 때문에 근로소득만 있는 경우에는 종합소득세를 따로 신고할 필요조차도 없습니다.

하지만 A씨는 배당소득 3,000만 원으로 금융소득종합과세 대상이 되었습니다. 이를 반영해 종합소득세를 다시 계산해보면 앞의 그림처럼 세금이 정확히 240만 원만큼 늘어납니다. 이 중 배당소득세 150만 원(1,000만 원×15%)을 이미 납부했으므로 추가로 내야 할 세금은 90만 원이 되는 것이지요. 상황이 이러하니, 이 90만 원은 온전히 배당소득 때문에 추가로 내야 하는 세금이라고 볼 수 있습니다. 이해되셨나요?

이제 복잡한 얘기는 잠시 미뤄두고, 이번 장에서 가장 중요한 얘기를 해보겠습니다. 은퇴 생활자 B씨의 종합소득세를 계산하며 우리는 재미있는 사실을 한 가지 발견하게 되었어요. 우리가 금융소득종합과세 대상자가 되더라도 '내야 할 세금'이 '이미 떼어간 세금'을 초과하지 않는다면, '추가로 납부할 세금'이 없다는 사실입니다. 그럼 여기서 궁금해지는 부분이 있네요.

"은퇴 생활자 B씨는 과연 얼마까지 배당금을 받아도 세금을 추가로 내지 않아도 될까?"

다른 소득 없이 배당소득만 있다면, 얼마까지 배당금을 받아도 배당소득세 이외에 추가로 세금을 내지 않아도 되는지 궁금하지 않나요? 결론부터 말씀드리자면, 정답은 세전 8,400만 원입니다. 연 배당금 8,400만 원까지는 배당소득세 15%면 된다는 뜻입니다.

왜 그런지 검증을 한번 해보지요.

① 배당소득 8,400만 원에 대한 배당소득세는 1,260만 원(8,400만 원× 15% 입니다. 이 가운데, 2,000만 원을 초과하는 6,400만 원에 대한 배당소득세는 960만 원(6,400만 원×15%)입니다.

② 배당소득이 2,000만 원을 초과하므로 금융소득종합과세 대상입니다. 과세표준은 6,400만 원이고, 종합소득세율표 상 세율은 24%입니다.

③ 세율표에 따라 종합소득세를 계산해보면, '6,400만 원×24%−576만 원(누진공제액) = 960만 원'입니다.

④ 종합소득세는 960만 원인데, 배당소득세로 이미 납부한 세금도 960만 원이므로 추가로 내야 할 세금은 없네요. 배당금이 8,400만 원보다 크다면 종합소득세도 960만 원보다 커지므로 이를 초과한 금액만큼 세금을 추가로 내야 합니다.

결론 ②

다른 소득 없이 배당소득만 있다면, 1년에 8,400만 원까지는 추가로 세금을 더 내지 않아도 됩니다.

직장가입자의 건강보험료

배당금이 늘어나면 금융소득종합과세 말고도 신경 써야 할 것이 한 가지 더 있습니다. 그것은 바로 건강보험료입니다. 배당주에 투자하는 사람들은 "금융소득종합과세보다 건강보험료가 더 무섭다"는 얘기를 자주 하곤 해요. 왜 이런 얘기가 나오게 됐는지 지금부터는 건강보험료에 대해서 알아보도록 하죠.

우선, 여러분이 직장인이라면 이 한 문장을 기억해두도록 합시다.

"직장가입자는 배당금이 2,000만 원을 초과하면, 초과하는 금액에 대해 약 8%의 건강보험료를 '추가로' 내야 한다."

문장이 좀 복잡한가요? 일반적으로 직장인은 보수의 약 8%를 건강보험료로 부과합니다. 정확히 말하자면, 약 8%라는 숫자는 2026년 개정 기준, 건강보험료 7.19%와 장기요양보험료 0.9448%를 더한 값인데, 지금부터는 간단하게 '건강보험료 8%'라고 통일해서 얘기하겠습니다.

급여를 기준으로 계산된 8%의 건강보험료는 감사하게도(?) 회사와 직원이 반반씩 부담합니다. 결국 직장인이 내야 하는 건강보험료는 월급의 약 4%(8%의 절반) 정도라고 생각하시면 되겠습니다. 그런데 이마저도 급여에서 알아서 떼어가기 때문에 평범한 직장인이라면 건강보험료를 따로 신경 쓸 필요가 없어요.

하지만 배당소득이 늘어나서 2,000만 원을 초과하게 된다면 얘기가 달라집니다. 급여 외에 다른 소득이 2,000만 원을 초과하게 되면, '보수

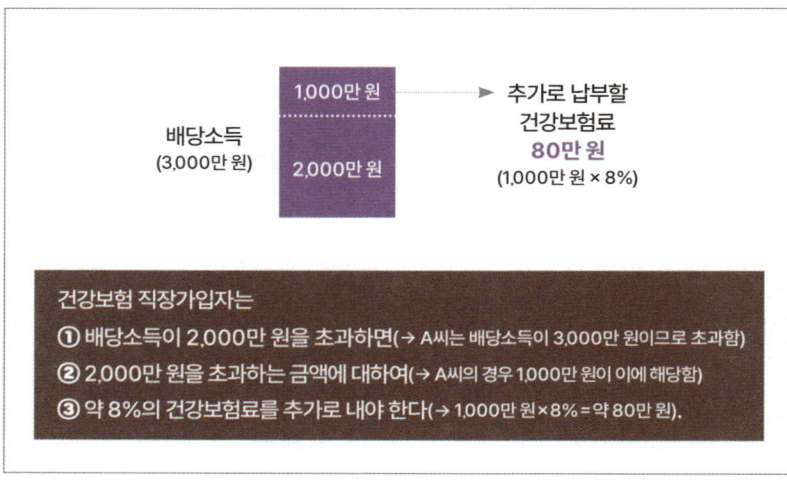

배당소득
(3,000만 원)

1,000만 원

2,000만 원

추가로 납부할
건강보험료
80만 원
(1,000만 원 × 8%)

건강보험 직장가입자는

❶ 배당소득이 2,000만 원을 초과하면(→ A씨는 배당소득이 3,000만 원이므로 초과함)

❷ 2,000만 원을 초과하는 금액에 대하여(→ A씨의 경우 1,000만 원이 이에 해당함)

❸ 약 8%의 건강보험료를 추가로 내야 한다(→ 1,000만 원×8% = 약 80만 원).

외 소득월액 보험료'를 '추가'로 납부해야 하기 때문입니다. 2,000만 원을 초과하는 금액에 대해 8%를 추가로 내야 하는 것이지요. 말로만 설명하면 쉽게 와닿지 않으니, 우리의 회사원 A씨를 다시 소환해보도록 하겠습니다.

A씨는 근로소득이 5,000만 원, 배당소득이 3,000만 원이었습니다. '보수 외 소득월액 건강보험료'를 계산할 때는 근로소득이 반영이 되지 않으므로, 지금은 배당소득만을 놓고 생각하겠습니다.

가장 먼저 신경 써야 할 점은 배당소득 2,000만 원의 초과 여부입니다. A씨의 배당소득은 3,000만 원이므로 이 기준을 초과했군요. 그러므로 A씨는 건강보험료를 추가로 납부해야 할 대상이 되겠습니다.

중요한 것은 추가로 내야 할 건강보험료가 얼마인가겠죠? 추가로 낼 건강보험료는 2,000만 원을 초과하는 금액의 약 8%입니다. A씨의 배당소득은 3,000만 원이니까 2,000만 원을 초과하는 금액인 1,000만 원에 대해, 약 8%에 해당하는 80만 원을 추가로 내야 합니다. 이 금액은 1년치 건강보험료로써, 이를 12개월로 나눈 66,660원 가량을 매월 납부하게 되겠군요.

사실 건강보험료 계산은 그리 복잡하지 않습니다. 금융소득종합과세보다 오히려 심플한 편이죠. 그런데 여기서 궁금한 점이 한 가지 생깁니다. 왜 사람들은 "금융소득종합과세보다 건강보험료가 더 무섭다"는 얘기를 하는 걸까요? '건보료 폭탄'이라는 말까지 만들어가면서 말이죠.

여러분도 기억하시다시피 A씨의 금융소득종합과세로 추가로 내야 할 세금은 90만 원이었습니다. 그런데 건강보험료는 80만 원이니까 금융소득종합과세보다 부담이 덜하지 않나요?

또한 금융소득종합과세는 누진세로 계산되기 때문에 근로소득이 증가하면 무려 45%까지 늘어날 수도 있었습니다. 반면 건강보험료는 단일세율이라서 8% 이상으로 증가하지 않아요. 게다가 2,000만 원을 초과하는 금액에 대해서만 적용하기 때문에, 관리만 잘 한다면 사실 치명적인 수준이라고 할 수도 없습니다.

그런데 사람들은 왜 유독 건강보험료에 대해서 이처럼 부담스러워하는 것일까요? 그 이유는 바로 '지역가입자'가 되었을 때의 건강보험료 때문입니다.

지역가입자의 건강보험료

지금까지는 '직장'가입자의 건강보험료에 대해서 알아보았습니다. 그런데 직장가입자였던 사람이 직장을 은퇴하고 나면 건강보험료에 변화가 생겨요. 직장가입자에서 지역가입자로 신분이 변하는 것이죠.

얼핏 생각하면 직장가입자나 지역가입자나 건강보험료를 내면 그만이니 별 문제가 없어 보입니다. 하지만 지역가입자가 되면 건강보험료가 크게 오를 수 있어요. 왜냐하면 직장가입자와 지역가입자는 건강보험료를 계산하는 방식이 근본적으로 다르기 때문입니다.

소득만을 반영해 건강보험료를 계산하는 직장가입자와는 달리 지역가입자는 '소득'과 '재산'을 함께 반영해 건강보험료를 계산하거든요. 토지나 건물, 주택이나 심지어 전월세까지도 재산으로 감안해, 그만큼 건

⑤ 지역가입자의 건강보험료 계산 방식

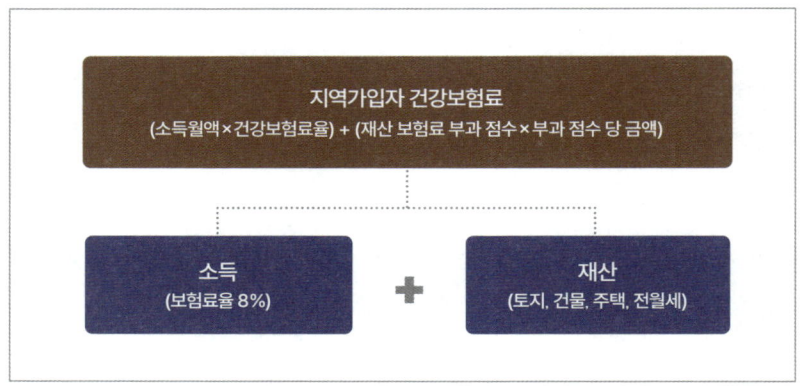

강보험료를 더 내야 한다는 뜻입니다.

다른 말로 풀어보죠. 직장가입자의 경우에는 수십억 원짜리 아파트를 가지고 있더라도 건강보험료에는 전혀 영향이 없습니다. 하지만 지역가입자의 경우에는 그 아파트 한 채 때문에 한 달 건강보험료가 크게 늘어날 수 있는 것이죠.

지역가입자의 건강보험료가 비싼 데에는 또 다른 이유도 있습니다. 직장가입자의 경우, 배당금과 같은 '보수 외 소득'에는 2,000만 원을 초과하는 금액에 대해서만 8% 건강보험료를 내면 됐어요. 하지만 지역가입자의 경우에는 소득의 전체 금액에 대해서 건강보험료를 매깁니다. 그러니 전체적으로 보험료가 올라갈 수밖에 없겠네요.

마지막으로 직장가입자의 경우에는 근로소득에 대한 건강보험료를 회사가 절반씩 부담해주지만, 지역가입자는 그런 게 없습니다.

바로 이런 세 가지 이유 때문에 직장가입자에서 지역가입자로 전환된 사람들은 건강보험료 부담이 더 크게 느껴집니다. 그야말로 '건보료 폭탄'이 만들어지는 것이죠. 하지만 이 역시도 말로만 해서는 와닿지를 않네요. 실제로 계산해서 비교해보겠습니다.

1년에 8,000만 원의 배당금을 받던 우리의 은퇴 생활자 B씨의 사례입니다. B씨가 과세표준이 5억 원인 아파트 한 채를 대출 없이 보유하고 있다고 가정해보죠. B씨의 건강보험료는 과연 얼마나 나올까요?

건강보험료, 특히 지역가입자의 건강보험료는 직접 계산하는 것보다 건강보험공단에서 제공하는 보험료 계산기를 활용하시길 추천합니다. 본인의 주택이 몇 등급에 해당하는지 일일이 찾아서 계산하는 것보다 건강보험료 계산기를 이용하는 편이 훨씬 간편하고 정확하거든요.

건강보험료 계산기를 이용하는 방법은 간단합니다. 국민건강보험 홈페이지에서 ① '민원서비스 〉 모의계산 〉 보험료 모의계산' 메뉴로 이동하신 후에 ② '지역보험료 모의계산'을 선택하면 됩니다.

$ 지역가입자 건강보험료 계산

⑤ B씨의 건강보험료 계산

계산기 화면에서 ① '사업소득 등'(배당소득은 여기에 해당합니다)에 8,000만 원을 입력하고, ② '주택'에 5억 원을 입력한 후 '계산하기' 버튼 만 누르면 자동으로 건강보험료가 계산됩니다. 두둥~ B씨가 한 달 건강 보험료는 과연 얼마나 나왔을까요?

⑤ B씨의 한 달 건강보험료는 얼마일까?

	예상지역보험료(07월) 712,060원	
구분	**금액**	
① 소득월액보험료(사업·금융·연금·근로·기타소득)x건강보험료율		① 472,666원
② 재산(주택·건물·토지·전월세 등) 점수		757점
③ 재산보험료(②x208.4)		② 157,758원
④ 건강보험료 (①+③)		630,420원
⑤ 장기요양보험료(④x0.9182%/7.09%) (2024년 기준)		③ 81,640원
⑥ 지역보험료(④+⑤)		712,060원

그 결과는 위의 그림과 같습니다. B씨의 예상 지역보험료는 한 달에 총 712,060원이라고 나오는군요. 어떤가요? 생각보다 금액이 커서 놀라진 않으셨나요?

세부적으로 따져보면, ① 연 8,000만 원(월 666만 원)의 배당소득에 대한 건강보험료는 472,666원입니다. ② 과세표준 5억 원의 아파트에 대한 건강보험료는 157,758원이고요. 마지막으로 ③ 장기요양보험료는 이 둘을 합한 금액의 약 13%에 해당하는 81,640원입니다. 이 금액들을 모두 합치면 전체 건강보험료 712,060원입니다.

B씨의 입장에서 이 건강보험료 금액은 청천벽력과도 같을 수 있습니다. 그도 그럴 것이 앞서 금융소득종합과세 계산에서 살펴보았듯, B씨가 내야 할 종합소득세는 0원이었습니다. 그런데 건강보험료로 월 70만 원을 넘게 내야 한다니, 이 금액이 건보료 폭탄처럼 느껴지는 것도 무리가 아니죠. 비록 이 금액이 매달 받는 배당금 666만 원의 단 10.7%에 불

과하다고 하더라도 말입니다.

이 건강보험료는 직장가입자였던 A씨와 비교해도 상당히 부담스러운 금액입니다. A씨의 소득 금액은 근로소득 5,000만 원과 배당소득 3,000만 원으로, 배당소득 8,000만 원을 받는 B씨와 소득 합계액이 동일했습니다. 그런데 A씨가 추가로 내야 했던 건강보험료가 66,666원이었던 것과 비교했을 때, B씨의 건강보험료 712,060원은 무려 10배가 넘습니다. 그러니 지역가입자의 건강보험료가 폭탄처럼 느껴지는 것도 당연한 일이겠네요.

회사를 퇴직할 때, 직장가입자에서 지역가입자로 전환되면서 이와 같이 건강보험료가 많이 오르는 경우가 많아요. 사실 B씨의 경우는 단순한 예시로, 만약 재산 금액이 B씨보다 많다면 건강보험료는 훨씬 비싸질 수도 있겠죠. 이처럼 직장을 그만두었을 때 갑작스러운 건강보험료 상승으로 인한 경제적 피해를 줄이기 위해서 '임의계속가입자 제도'라는 것이 있습니다.

임의계속가입자란 실업자(퇴직자)에 대한 경제적 부담을 완화하고자 임의계속보험료(퇴직 전 직장에서 부담하던 수준의 보험료)가 지역보험료보다 적은 경우 3년 동안 임의계속보험료를 납부할 수 있도록 하는 특례 제도입니다. 쉽게 말해, 3년 동안은 직장가입자 수준의 건강보험료를 낼 수 있도록 해주겠다는 뜻이죠. 최초 지역보험료 납부 기한에서 2개월 지나기 전까지 신청해야 혜택을 받을 수 있으니, 건보료 폭탄이 걱정이신 분들은 반드시 기억해두어야겠습니다.

건강보험료 피부양자 제도

앞에서 살펴본 것처럼 건강보험료는 은퇴 생활자에게 특히 더 큰 부담으로 다가옵니다. 건강보험료 부담을 줄이기 위해 임의계속가입자를 신청한다고 하더라도 그 유효 기간은 3년으로 제한됩니다. 즉, 근본적인 해결책은 아니란 뜻이죠.

그렇다면 건강보험료를 줄일 수 있는 다른 방법은 정말 없을까요?

Ⓢ **건강보험료 피부양자 제도**

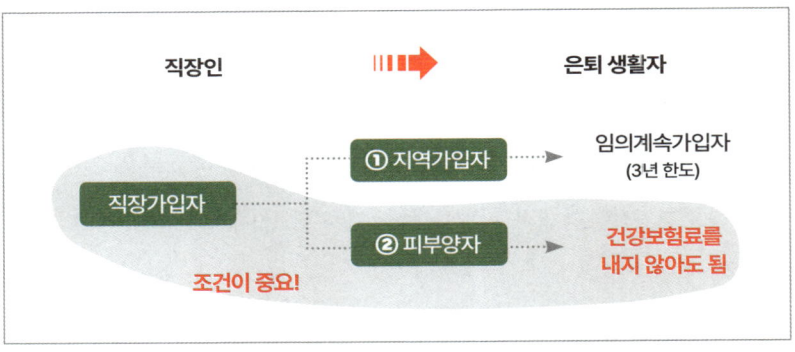

건강보험료를 획기적으로 줄일 수 있는 솔깃한 방법이 한 가지 있습니다. 그 방법이란 바로 직장가입자에서 ① 지역가입자가 되는 대신에 ② 피부양자가 되는 것입니다. 피부양자가 되면 건강보험료를 하나도 내지 않을 수 있어요.

피부양자란 직장가입자에게 주로 생계를 의존하는 사람으로서 소득과 재산이 일정 기준 미만인 자를 말합니다. 피부양자는 지역가입자와 달리 보험료를 전혀 내지 않아도 돼요. 하지만 건강보험에 따른 보장은 동일하게 받을 수 있죠.

피부양자 제도에서 가장 중요한 것은 '등록 조건'입니다. 보험료를 내지 않아도 되는 대신에 피부양자가 되기 위한 조건이 엄격한 편이거든요.

다음 그림은 피부양자가 되기 위한 조건들을 정리한 것입니다. 그림만 보더라도 내용이 꽤 복잡해 보이는군요. 지금은 세세한 부분을 파고

Ⓢ **피부양자가 되기 위한 3가지 조건**

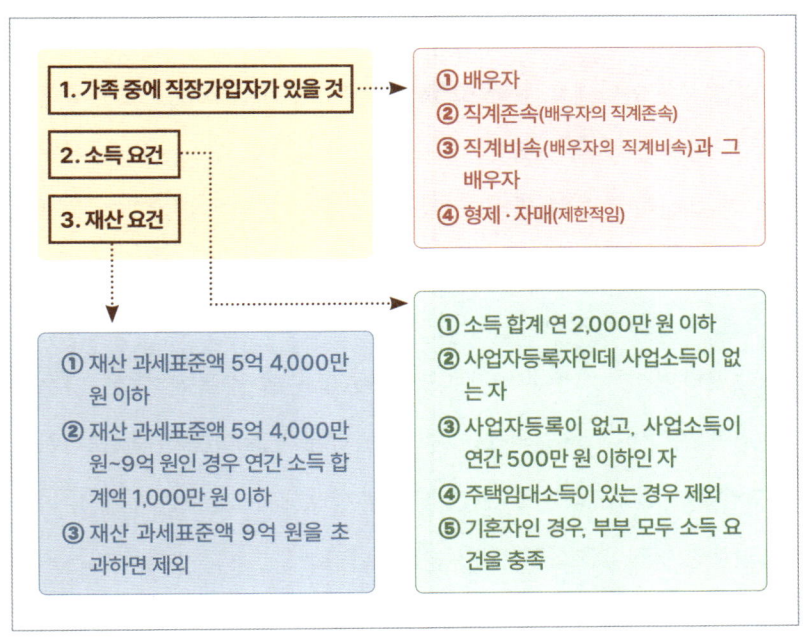

들어가기보다는 전체적인 큰 틀을 잡아보도록 하겠습니다.

피부양자 자격 취득 조건은 크게 세 가지로 구분할 수 있어요. ① 가족 중에 직장가입자가 있어야 하고, 이와 더불어 ② 소득 요건과 ③ 재산 요건을 모두 충족시켜야 하지요.

피부양자가 되기 위해서는 일단 가족 중에 직장가입자가 있어야 합니다. 이건 너무 당연한 얘기입니다. 피부양자의 의미 자체가 직장가입자인 가족에게 생계를 의존하는 사람이기 때문입니다. 이때 가족은 배우자나 직계존속, 직계비속 등이 해당됩니다. 쉽게 말해, 배우자 혹은 부모님, 자녀 가운데 직장가입자가 있으면 피부양자 등록을 할 수 있다는 뜻입니다. 이들 중에 직장가입자가 한 명만 있으면 충분합니다.

그런데 가족 중에 직장가입자가 있다고 해서 무조건 피부양자가 될 수 있는 것은 아니에요. 본인 또한 소득 요건과 재산 요건을 모두 충족해야 피부양자가 될 수 있죠. 그 이유는 쉽게 유추할 수 있습니다. 본인의 소득과 재산이 충분히 많다면, 직장가입자에게 굳이 생계를 의존해야 할 필요가 없겠죠? 그래서 소득과 재산이 일정 수준을 초과하면 피부양자가 될 수 없도록 제한하는 것입니다.

그렇다면 그 기준은 얼마나 될까요? 우선 소득에 대한 기준은 2,000만 원입니다. 본인의 1년 치 소득 합계가 2,000만 원을 초과하면 피부양자가 될 수 없어요. 연간 배당금 합계액이 2,000만 원을 넘는다면, 피부양자 전략을 쓸 수 없다는 뜻입니다.

다음으로 재산에 대한 기준은 5억 4,000만 원입니다. 재산세 과세표준액이 5억 4,000만 원을 초과하면 피부양자가 되기 어려워요(여기서 어렵다고 표현한 이유는 5억 4,000만 원을 초과한다고 해서 무조건 피부양자 자격이 없어지는 것은 아니기 때문입니다. 재산이 5억 4,000만 ~ 9억 원인 경우에 연간 소득 합계액이 1,000만 원 이하라면 피부양자가 될 수 있습니다). 단, 5억 4,000만 원이라고 하는 금액은 매매가격이 아니라 과세표준액이라는 점에 유의하시기 바랍니다.

주택의 과세표준액은 공시가격에 60%를 곱해 계산합니다. 공시가격은 매매가와 대략 70% 정도의 차이가 있지요. 무슨 말인지 바로 이해되지는 않는군요.

간단히 예를 들어볼게요. 지금 현재 매매가 10억짜리 아파트를 소유하고 있다고 가정해보죠. 이 아파트의 공시가격은 매매가의 약 70%, 즉, 7억 원 정도입니다. 그런데 우리에게 필요한 건 과세표준액이에요. 주택의 과세표준액은 공시가격의 60%입니다. 계산해보면, 약 4억 2,000만

$ 아파트의 매매가격 vs 공시가격 vs 과세표준액

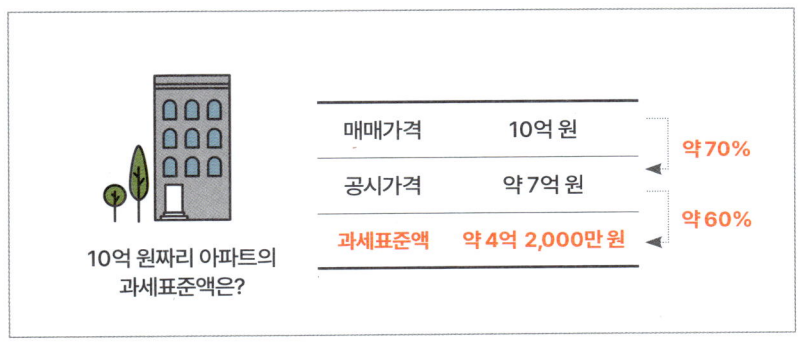

원(7억 원×60%) 정도가 됩니다.

결국 피부양자의 요건을 한 줄로 요약하면 이렇게 정리할 수 있습니다. '가족 중 한 명이 직장가입자이고, 소득 합계가 2,000만 원 이하면서 재산 과세표준이 5억 4,000만 원 이하면 건강보험료를 내지 않아도 된다'라고요.

그런데 피부양자에 대해서 얘기하다 보니 문득 궁금증이 생깁니다. 건강보험료를 줄이기 위해서 피부양자가 되려면 연 소득이 2,000만 원 이하여야 한다는 말인데, 현실적으로 한 달에 166만 원(2,000만 원÷12개월) 남짓한 금액은 은퇴 생활에 너무 부족한 거 아닌가요?

결론부터 말씀드리자면, 피부양자가 되는 것은 배당금을 늘려서 경제적 자유를 얻고자 하는 미국 배당주 투자자들에게는 적합한 방법이 아닙니다. 무엇보다도 피부양자가 되기 위한 소득 요건 2,000만 원이라는 커트라인이 너무 낮아요. 우리가 계속 예시로 들었던 은퇴 생활자 B씨도 배당소득이 8,000만 원이었잖아요? 이 기준에 따르면 B씨는 절대로 피부양자가 될 수 없습니다.

배당소득을 충분히 더 늘릴 수 있는데도 건강보험료를 내지 않기 위해서 2,000만 원을 넘지 않도록 관리하는 것은 그리 현명한 방법이 아닙니다. 그야말로 '구더기 무서워서 장을 못 담그는' 오류에 빠지는 것이죠. 약 8%의 건강보험료(소득 기준)를 내지 않기 위해서 소득 자체를 아예 포기하겠다는 의미니까요.

그렇다고 피부양자 제도를 몰라도 되냐고 묻는다면, 그건 또 아닙니다. 피부양자 제도를 포함해 건강보험료를 전체적으로 잘 이해하고 있어야 각자의 상황에 맞도록 적절한 대응을 할 수 있거든요. 몇 가지 사례를 예시로 들어보겠습니다.

건강보험료 관리하기

먼저, 피부양자의 소득 요건 적용에 관한 사례입니다. 피부양자가 되려고 하는 사람이 만약 기혼자라면, 소득은 어떻게 계산해야 할까요? 부부의 소득을 합쳐서 계산할까요? 아니면 각각 2,000만 원을 넘지 않으면 피부양자가 될 수 있을까요?

앞서 피부양자가 되기 위한 자격 조건을 눈여겨보신 분들은, 소득 요건에서 이와 같은 항목을 발견할 수 있었을 것입니다. "기혼자인 경우, 부부 모두 소득 요건을 충족해야 피부양자가 될 수 있다." 이를 달리 말하면, "기혼자인 경우, 부부 가운데 한 명이라도 소득 요건을 충족하지 않으면 둘 다 피부양자가 될 수 없다"고 말할 수도 있겠네요.

피부양자의 소득 요건 2,000만 원 초과 여부는 부부가 각자 계산합니다. 그런데 부부 둘 중에 한 명이라도 2,000만 원을 초과해 피부양자 자격이 박탈되면, 나머지 다른 한 명도 피부양자가 될 수 없는 것이죠.

이해하기 쉽도록 예를 들어보겠습니다. C씨와 D씨는 부부입니다. 배당주 투자자 C씨의 연간 배당소득은 3,600만 원입니다. 소득 요건

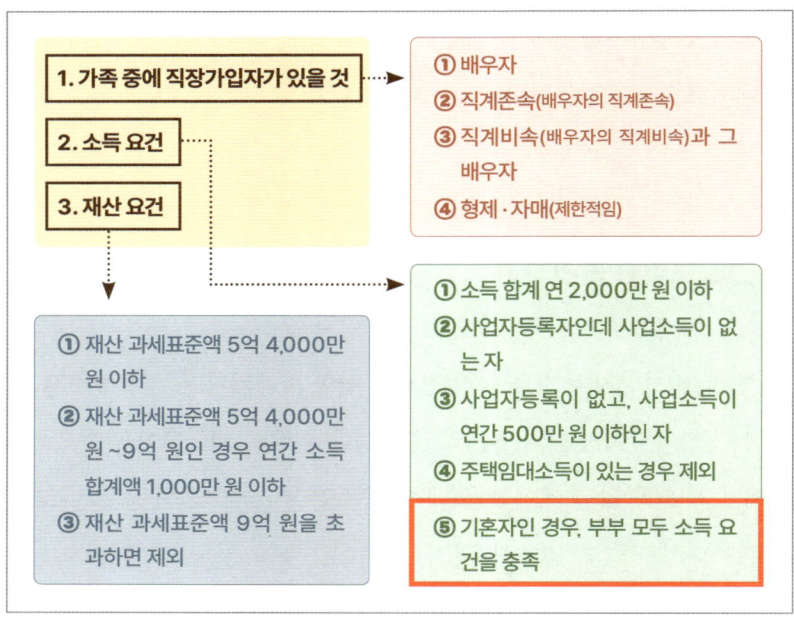

⑤ 피부양자 소득 요건은 부부 각자 계산

1. 가족 중에 직장가입자가 있을 것 ➡️
- ① 배우자
- ② 직계존속(배우자의 직계존속)
- ③ 직계비속(배우자의 직계비속)과 그 배우자
- ④ 형제·자매(제한적임)

2. 소득 요건

3. 재산 요건

- ① 재산 과세표준액 5억 4,000만 원 이하
- ② 재산 과세표준액 5억 4,000만 원~9억 원인 경우 연간 소득 합계액 1,000만 원 이하
- ③ 재산 과세표준액 9억 원을 초과하면 제외

- ① 소득 합계 연 2,000만 원 이하
- ② 사업자등록자인데 사업소득이 없는 자
- ③ 사업자등록이 없고, 사업소득이 연간 500만 원 이하인 자
- ④ 주택임대소득이 있는 경우 제외
- ⑤ 기혼자인 경우, 부부 모두 소득 요건을 충족

2,000만 원을 초과했으니 원칙적으로는 피부양자가 될 수 없죠.

그러다가 C씨는 피부양자 소득 요건을 부부가 따로 계산한다는 것을 알게 되었습니다. 그래서 배우자인 D씨에게 배당주 일부를 나눠주고, 배당소득을 분산하기로 마음먹었죠. 문제는 배당소득을 어떻게 배분하느냐에 따라 그 결과가 크게 달라질 수 있다는 점입니다.

먼저 361쪽 그림의 사례 ①처럼 3,600만 원을 C와 D가 동일하게 1,800만 원씩 나눴다고 생각해보겠습니다. 이 경우 C와 D의 소득이 둘 다 2,000만 원을 넘지 않으므로 부부 모두 피부양자 소득 요건을 충족합

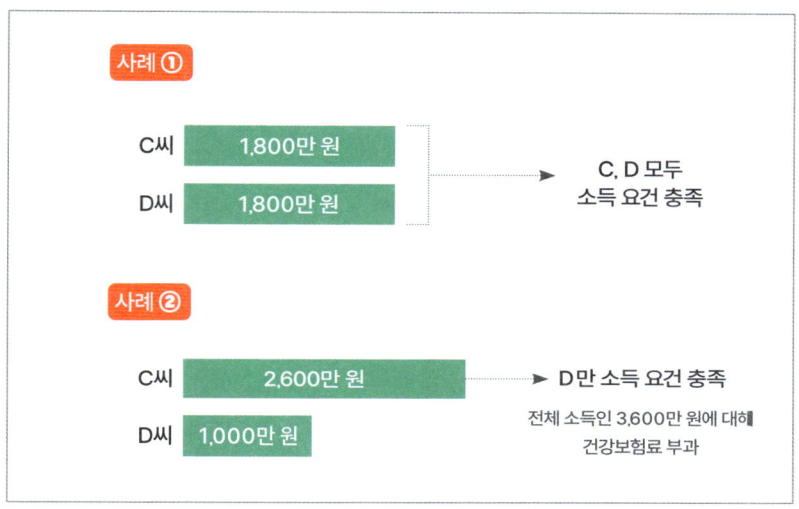

사례 ①

C씨 1,800만 원

D씨 1,800만 원

C, D 모두
소득 요건 충족

사례 ②

C씨 2,600만 원

D씨 1,000만 원

D만 소득 요건 충족

전체 소득인 3,600만 원에 대해
건강보험료 부과

니다. 다른 요건들도 모두 충족한다면, 피부양자로 등록해 건강보험료를
내지 않을 수 있겠네요.

반면, 사례 ②처럼 C에게 2,600만 원, D에게 1,000만 원이 되도록 나
눴다고 생각해보죠. 이 경우에 C는 명백히 2,000만 원을 초과했으므로
소득 요건을 충족하지 못했습니다. 이때 소득 요건을 충족하지 못한 C만
피부양자에서 탈락하는 것으로 착각하기 쉬워요. 하지만 "기혼자인 경
우, 부부 모두 소득 요건을 충족해야 피부양자가 될 수 있다"고 했었죠?
즉, 부부 중 한 명이라도 소득 요건을 충족하지 못하면 둘 다 피부양자가
될 수 없습니다. 결국 건강보험료는 C의 배당소득 2,600만 원에 대해서
만이 아니라 D의 배당소득 1,000만 원까지 더해져 총 3,600만 원에 대

해서 부과하게 되죠.

다행인 점이 있다면, 피부양자의 소득 요건은 부부가 따로 계산된다는 것입니다. 관리만 제대로 된다면, 각자 2,000만 원씩 부부 합산 소득 4,000만 원까지는 피부양자로 등록해 건강보험료를 내지 않을 수 있겠네요.

이때 주의할 점이 한 가지 있습니다. 연간 소득이 얼마나 되는지 파악할 때, 국민연금과 같은 공적 연금도 계산에 포함된다는 점입니다(개인연금이나 IRP는 포함되지 않음) 그러니 이 경우에는 국민연금을 감안해 부부 둘 다 소득이 2,000만 원을 넘지 않도록 잘 관리를 해야겠습니다.

두 번째 사례는 재산에 대한 건강보험료 부과에 관한 것입니다. 저는 여전히 건강보험료를 이유로 배당소득을 늘리지 않는 것에는 부정적인 입장이지만, 여기에는 예외도 있습니다. 재산 금액이 너무 많아서 이에 따른 건강보험료가 과도한 경우입니다.

예를 들어, 재산 과세표준액이 32억 정도라고 가정해보죠. 이때 재산에 대한 건강보험료로만 매월 약 38만 원 정도가 책정됩니다. 여기에 소득까지 반영한다면 건강보험료는 더욱 부담스러운 금액이 되겠지요.

이처럼 재산이 많다면, 건강보험료를 피하는 것이 우선순위가 될 수도 있습니다. 하지만 이 경우에는 피부양자가 되는 것이 불가능해요. 피부양자가 되기 위한 재산 요건은 최대 9억 원인데, 이미 그 기준을 훌쩍 넘어버렸거든요. 그렇다면 이 사례에서 건강보험료를 줄일 수 있는 방법은 어떤 것이 있을까요?

우선, 직장가입자 제도를 이용하는 방법을 생각해볼 수 있습니다. 직장가입자의 경우, 재산에 대한 건강보험료는 부과되지 않는다고 했었죠? 거기다 근로소득에 대한 건강보험료는 회사에서 절반을 부담해 준다는 장점도 있습니다. 배당소득 2,000만 원까지는 건강보험료를 낼 필요가 없다는 점도 기억이 나네요. 그러니 여건만 된다면 재취업을 해서 직장가입자가 되는 것도 건강보험료를 줄이기 위한 방법 중 하나입니다.

그렇다고 해서 건강보험료 때문에 일을 잠시도 쉬면 안 된다는 뜻은 아닙니다. 일을 하더라도 효율적으로 하는 것이 바람직하겠죠. 그러기 위해서는 직장가입자와 임의계속가입자 제도를 적절히 섞어서 활용하면 좋습니다.

임의계속가입자 제도는 실업자(퇴직자)의 지역보험료가 직장보험료보다 높을 경우, 지역보험료 대신 직장에서 부담하던 수준의 보험료를 최대 3년 동안 낼 수 있도록 해주는 제도라고 했습니다. 최근 18개월 동

ⓢ 직장가입자 + 임의계속가입자

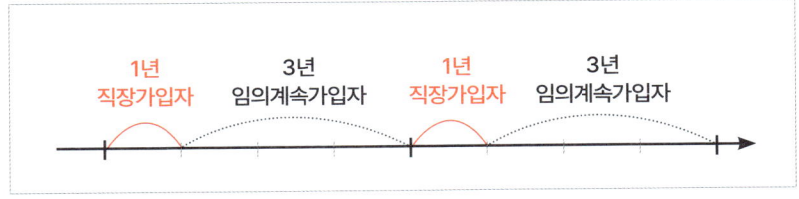

안 1년 이상 직장가입자 자격을 유지한 사람은 임의계속가입자를 신청할 수 있어요. 바꿔 말하면, 1년을 직장가입자로 일하면 최대 3년 동안 임의계속가입자가 될 수 있다는 것이죠. 1년을 일함으로써 총 4년 동안 직장가입자 수준의 보험료를 낼 수 있다는 뜻입니다.

건강보험료를 이유로 취직한다면, 굳이 월급이 높은 일자리를 찾을 필요는 없습니다. 오히려 급여가 적은 편이 임의계속가입자를 신청했을 때 건강보험료가 낮아질 테니, 더 유리할 수도 있겠군요.

지금까지는 건강보험료를 피하거나 줄이는 방법을 위주로 살펴보았습니다. 하지만 피부양자 조건을 충족하지 못하거나, 재취업을 할 여건도 되지 않는 분들도 많습니다. 즉, 어떤 방법으로도 도저히 건강보험료를 피할 수 없는 경우가 존재하겠죠.

이제 관점을 조금 바꿔볼게요. 세금이나 건보료는 무조건 피해야만 하는 것일까요? 무작정 피하는 대신, 일단은 배당금을 늘려나가는 데에만 집중한다면 우리가 지불해야 할 총비용은 얼마나 될까요?

각종 세금과 건강보험료를 정리해보기 위해서 우리의 은퇴 생활자 B씨를 마지막으로 소환해보겠습니다.

B씨는 다른 소득 없이 배당소득만 연 8,000만 원이었습니다. 세금과 건강보험료를 빼고 B씨의 손에 들어가는 돈은 얼마나 될까요? 기본적으로 첫 번째 세금인 ① 배당소득세 15%가 빠져나가겠군요. ② 금융소득종합과세는 배당소득 8,400만 원까지 0원이라고 했으니 계산에서 빼도 되겠습니다. ③ 건강보험료는 소득만을 기준으로 했을 때 8%가 부과

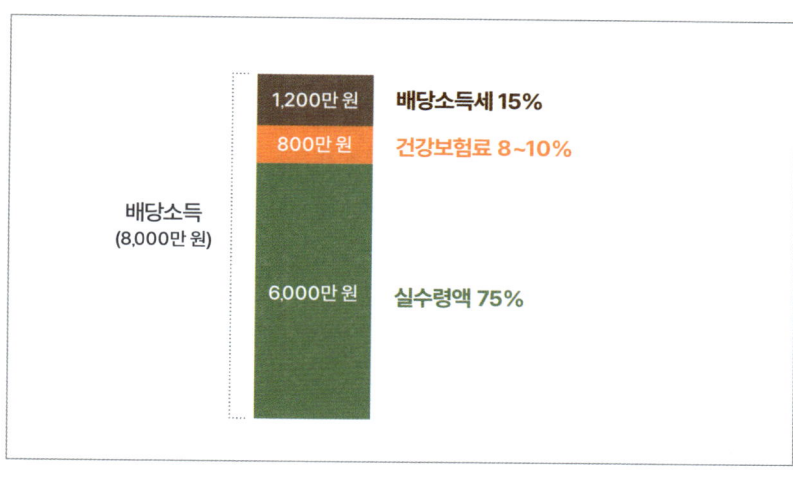

B씨의 세금과 건강보험료

배당소득
(8,000만 원)

1,200만 원 · 배당소득세 15%

800만 원 · 건강보험료 8~10%

6,000만 원 · 실수령액 75%

되지만, 지역가입자의 경우 재산에 따른 건강보험료도 함께 책정되니까 사람마다 편차가 있겠네요. 대략적으로 8~10% 정도로 생각하시면 크게 무리는 없을 것입니다.

결과적으로 B씨가 받는 배당금에서 대략 25%(배당소득세 15% + 건강보험료 10%) 정도가 세금 및 건보료로 빠져나가고, 실제로 받게 되는 돈은 8,000만 원의 75%인 6,000만 원쯤 될 것입니다. 한 달에 대략 500만 원 정도입니다.

비록 세금으로 빠져나가는 돈이 적지 않지만, 이 정도면 꽤 도전할 만한 수준 아닌가요? 그러니 무조건 세금이나 건보료를 줄여야겠다고 고민하는 것보다, 저는 3I 시스템에 따라 차근차근 배당금을 늘려나가시길 추천합니다. 이렇게 차근차근 배당금을 늘려나가다 보면 여러분은 어느새 안정적인 현금 흐름과 함께 경제적 자유를 달성할 수 있을 테니까요.

금융소득종합과세나 건강보험료에 대한 내용은 초심자가 소화하기에는 어려운 부분도 있었을 거라고 생각합니다. 이제 배당주 투자가 처음이신 분은 이번 장의 모든 내용을 이해하지 못했다고 해도 크게 상관이 없어요. 여러분의 계좌에 당장 영향을 미칠 내용은 아니니까요. 하지만 장기적으로 배당금을 계속 늘려나갈 계획이라면, 금융소득종합과세나 건강보험료에 관한 전체적인 이해는 해두시는 편이 좋습니다. 여러분이 꼭 기억하셔야 하는 내용은 아래와 같아요.

기억해야 할 내용

- 금융소득(이자, 배당)이 2,000만 원을 초과하면 금융소득종합과세 대상이다.
- 다른 소득 없이 배당소득만 있다면, 8,400만 원까지는 금융소득종합과세로 추가 납부할 세금은 없다.
- 건강보험료 지역가입자의 경우, 소득과 재산을 반영해 보험료를 계산하기 때문에 건강보험료가 많이 나올 수 있다.
- 건강보험료 부담을 낮추기 위해 부부가 금융 재산을 분할하거나 임의계속가입자 제도를 활용할 수 있다.

월급이 평생 오르는 미국 배당주에 투자하라

이것으로 미국 배당주에 관해 제가 쓰고 싶었던 얘기들은 모두 끝났습니다. 꽤 두꺼운 책이었죠? 제 개인적으로는 하고 싶은 얘기를 모두 쏟아낼 수 있어서 속이 다 후련했습니다(세금과 관련된 부분은 초보 투자자들이 관심을 크게 가지지 않을 것 같아서 마지막까지 넣을지 말지 고민했는데, 결국 저질러버리고 말았네요(눈웃음)). 이 많은 얘기들을 마지막 장까지 끝내 읽어주신 여러분의 인내심과 경제적 자유를 향한 의지에 찬사를 보냅니다.

이 책을 읽던 순간들이 부디 여러분에게 의미 있는 시간이 되었길 빌어봅니다. 돌이켜보면, 우리는 참 많은 얘기들을 했어요. 잠깐 회상을 해볼까요?

우리의 목표는 '매월 소득이 증가하는 투자 시스템'을 만들어내는 일이었습니다. 이번 달에 계좌에 꽂히는 배당금은 지난달보다 많아야 하죠. 우리가 이 목표를 달성하기 위해 선택한 재료가 바로 '미국 배당주'였습니다.

우리가 가장 먼저 한 일은 '투자의 틀'을 잡는 것이었습니다. [6×3+2] 배당가계부 기억나시죠? 우리는 세 종류의 분기 배당주와 월 배당주를 적절히 배합해 매월 배당금을 받을 수 있는 포트폴리오를 만들기로 했습니다.

보유 종목 수는 최대 20개를 넘기지 않기로 했죠. 만약 지금 '보유 종목 수에 따른 위험의 감소' 그래프(56쪽 참조)의 모양이 머릿속에 떠올랐다면, 여러분의 성적은 A⁺를 드려도 될 듯합니다.

우리가 다음으로 했던 일은 매수할 종목을 찾는 것이었습니다. 투자 종목을 발굴할 때 가장 중요한 것은 무엇이라고 했죠? 네, 바로 '배당을 깎지 않을 회사'를 고르는 일이라고 했습니다. 책에서 100번까지 반복해서 말하진 않았지만(진짜 100번을 반복했다면 얼마나 지루한 책이 되었겠어요?), 이 내용만큼은 절대 잊지 않으셨으면 해요. 배당을 깎지 않을 종목만 제대로 선택했다면, 여러분은 주가가 올라도 웃고 떨어져도 웃는, 그야말로 마음 편한 투자를 할 수 있다고 설명해드렸습니다.

우리는 종목을 발굴하는 실습도 실제로 해보았습니다. 블루 배당칩 리스트 엑셀 파일을 다운로드해서, 시킹 알파 사이트와 증권사 HTS에서 각 종목의 배당 증액 연수, 배당 성향, 배당수익률, 배당성장률, 순이익 추세, 현금 보유액 등을 찾아보고, 투자 여부를 결정하는 판단까지 내려보았습니다. 실습 내용을 눈으로만 읽은 것이 아니라 실제로도 따라 해보셨을 거라고 저는 굳게 믿고 있습니다.

3I 시스템의 기본적인 전략은 바이 앤드 홀드지만, 그럼에도 불구하고 주식을 매도해야 하는 상황이 발생하기도 합니다. 언제였는지 기억나시나요? 1) 주가가 '충분히' 올랐을 때와 2) 배당컷의 위험이 있을 때라고 했었죠. 책을 집중해서 읽은 여러분이라면 '충분히'라는 의미가 무

엇이었는지 이해하셨을 것입니다. 또한 배당주 투자의 최고의 고수는 편작의 큰형님처럼 위험에 빠질 일을 애초에 만들지 않는 사람이라는 얘기도 소소하게 나눴었죠.

계좌를 관리하는 일은 한 달에 한 번, 5분 정도만 투자하면 충분하다고 했습니다. 월말에 잠깐 시간을 내어 [6×3+2] 배당가계부를 작성하면서, 이번 달 배당금은 제대로 입금되었는지, 다음 달에는 어떤 종목을 추가로 매수할지 정도만 살피면 됩니다. 제발, 미국 주식에 투자한답시고 주가를 확인하느라 밤잠을 설치는 일은 만들지 마세요.

양도소득세와 금융소득종합과세, 건강보험료와 관련된 내용은 지금 당장은 기억해내지 않으셔도 됩니다. 나중에 이와 관련된 내용이 필요한 상황이 온다면, (축하드립니다! 1년 동안의 매매차익이 250만 원을 넘었거나 배당소득이 2,000만 원을 넘으셨군요) 그때, '아! 이 책에 그런 내용도 있었지!' 하고 다시 들춰보시면 될 일입니다.

이 책의 출발은 '황금알을 낳는 거위' 이야기였습니다. 이 책이 단 한 명에게라도 자신만의 '황금알을 낳는 거위'를 찾는 데 도움이 되었다면, 그건 저에게 너무나 보람차고 행복한 일일 것입니다.

반면, 이 책을 다 읽고 난 후에도 아직 미국 배당주 투자를 어떻게 해야 할지 감조차 잡히지 않은 분들이 있으리라고 생각해요. 만약 그렇다면, 그건 전적으로 저의 설명 방식이 미흡했던 탓입니다. 제 나름대로는 최대한 쉽고 재미있게 설명하기 위해서 노력했지만, 모든 독자들을 만족시키기에는 부족한 점이 많았을 거라고 생각합니다.

원고를 다 쓰고 난 후에 저는 이런 부족한 부분을 어떻게 보충할 수 있을지 고민했습니다. 그리고 많은 분들이 참고 자료로 활용할 수 있도록 미국 배당주 투자 과정 자체를 기록해보기로 마음먹었죠. 이 책을 읽는 독자분들의 입장에서 처음부터 새로 미국 배당주 투자를 시작한 것입니다. 적금처럼 매월 일정한 금액을 넣는 것부터 시작해서, 미국 배당주에 투자하면서 벌어지는 모든 과정을 제 블로그인 '모니뜨리 블로그'에 담아보기로 했습니다. 제 블로그에 방문하시면, [미국 배당주 모으기] 카테고리에서 그 내용을 확인하실 수 있어요.

제가 어떤 종목에 투자하는지를 보고 무작정 따라 하라는 의미는 절대 아닙니다. 다만 입금 관리는 어떻게 하는지, 투자 종목의 선정이나 배당가계부 작성은 어떻게 하는지, 추가 매수는 어떤 식으로 진행하는지, 또한 어떤 경우에 포트폴리오의 종목을 매도하게 되는지 등, 그 전체적인 과정을 포괄적으로 이해하시는 데 참고가 되었으면 좋겠습니다.

끝으로 이 책을 읽어주신 모든 분들의 경제적 자유를 진심으로 응원하겠습니다. 감사합니다.

**월급이 평생 오르는
미국 배당주에 투자하라**

1판 1쇄 인쇄 2026년 1월 7일
1판 1쇄 발행 2026년 1월 15일

지은이 이의석

발행인 양원석 **편집장** 권오준
디자인 유어텍스트 **영업마케팅** 조아라, 박소정, 김유진, 원하경, 정민지

펴낸 곳 ㈜알에이치코리아
주소 서울시 금천구 가산디지털2로 53, 20층 (가산동, 한라시그마밸리)
편집문의 02-6443-8830 **도서문의** 02-6443-8800
홈페이지 http://rhk.co.kr
등록 2004년 1월 15일 제2-3726호

ISBN 978-89-255-6989-5 (03320)